La prise de l'Elysée

Les campagnes présidentielles de la Ve République

Ouvrages de Jacques Séguéla

PUBLICITÉ

Ne dites pas à ma mère que je suis dans la publicité, elle me croit pianiste dans un bordel, Flammarion, 1979
Hollywood lave plus blanc, Flammarion, 1982
Fils de pub, Flammarion, 1984
C'est gai la pub, Hoëbeke, 1990
L'argent n'a pas d'idées, seules les idées font de l'argent, Seuil, 1993
Pub Story, Hoëbeke, 1994
La Publicité, Milan, 1995
Citroën : 80 ans de pub et toujours 20 ans, Hoëbeke, 1999
Tous Ego, Jean-Claude Gawsewitch, 2005

ESSAIS

Demain il sera trop tard, Flammarion, 1988
Le futur a de l'avenir, Ramsay, 1996
Sœur Courage, Presses de la Renaissance, 2006

POLITIQUE

Vote au-dessus d'un nid de cocos, Flammarion, 1992
La Parole de Dieu, Albin Michel, 1995
Le Vertige des urnes, Flammarion, 2000

Ouvrages de Thierry Saussez

Politique séduction, Jean-Claude Lattès, 1985
Le Challenger, Jean-Claude Lattès, 1988
Nous sommes ici par la volonté des médias, Robert Laffont, 1990
Tapie – Le Pen, les jumeaux du populisme, Editions n° 1, 1992
A la table des politiques, Plon, 1994
Le Temps des ventriloques, Belfond, 1997
Le Pouvoir des mentors, Editions n° 1, 1999
Le style réinvente la politique, Presses de la Renaissance, 2004

Jacques Séguéla
Thierry Saussez

La prise de l'Elysée

Les campagnes présidentielles de la Ve République

PLON
www.plon.fr

ISBN : 978-2-259-20563-4

Au vainqueur de 2007.

Jacques SÉGUÉLA
et Thierry SAUSSEZ

Avant-propos
par Jacques Séguéla

Entrez, entrez... Le spectacle va commencer

Chacun ne vit qu'une vie, j'en ai vingt qui coulent dans mes veines : le nombre de mes campagnes présidentielles.

Je l'avoue, je ne connais rien de plus enivrant que le vertige de ces batailles. Le temps s'arrête, chaque moment semble historique, la moindre décision se fait défi, le plus modeste slogan se transforme en mot d'ordre, le plus ringard des logos en étendard. Il y a dans ces affrontements une telle exaltation que l'ordinaire d'une annonce, d'une affiche ou d'un spot s'y fait extraordinaire. Et le spectacle est permanent : à peine un scrutin s'achève-t-il que je suis convié à un autre. Mercenaire nanti de l'imaginaire, je partage sans risque les combats des autres. Conseiller mais pas payeur, actif mais pas acteur, célèbre (si victoire) mais pas sanctionné (si défaite).

Le jeu est d'autant plus tentant que rares sont les compétiteurs doués.

Qui me dira pourquoi le talent franchit si mal la frontière de la publicité politique ? Lorsque le produit à vendre est une idée, les hommes de l'art n'en trouvent plus. Certes, il y a des circonstances atténuantes. Le premier piège d'une telle prestation est qu'elle se conçoit dans l'urgence et dans la découverte de l'autre. Avec nos annonceurs réguliers, nous tissons, des années durant, la toile de la complicité qui nous mène à la confiance. A contrario, la méfiance est de règle lors de la rencontre, forcément épisodique, d'un candidat et d'un communicant.

La défiance est mère de la médiocrité. Tenaillés par le doute, rongés par le mimétisme, paralysés par leur base, la plupart des politiques ne savent, dans leurs briefs, qu'égrener des platitudes. Sans se douter qu'elles vont leur faire perdre tout relief. Une élection est une danse nuptiale. Sans création de désir, pas d'acte. Traduisez : pas de vote. D'où la nécessité, pour tout candidat, de charmer, d'étonner, de séduire. Normal qu'une candidate se prête mieux à ce jeu qu'un candidat, Ségolène ne s'y est pas trompée.

Il y a pis : l'annonceur politique n'aime pas assez la pub. Et elle le lui rend bien. Nos grands patrons ont toujours su que cet investissement était vital pour leurs entreprises. Nos gouvernants vont à la publicité comme on va à Canossa. Par temps d'élections, à l'affût de la moindre voix, ils téléphonent le matin à Madame Irma et l'après-midi à Monsieur Marketing. Pour eux, le publicitaire n'est qu'une cartomancienne de plus. Erreur d'aiguillage : la pub, telle la plus belle fille du monde, ne peut donner que ce qu'elle a. Mais que serait l'amour sans femme ? S'imaginer prendre l'Elysée sans se prêter à l'insoutenable légèreté de la com est un péché d'orgueil que les électeurs ne vous pardonnent pas.

Je vous choque, je le sais, mais foin d'hypocrisie, l'acte électoral est un acte de consommation comme un autre, à la différence de taille que le produit est une femme ou un homme, et le choix, un abonnement pour cinq ans non résiliable. Aussi la grande conso est-elle le règne du marketing commercial. On teste le consommateur sur ses envies pour mieux lui servir le produit attendu. Le marketing politique, lui, est celui de l'offre : j'ai une vision de mon pays, je vous la propose, que vous la partagiez ou non, c'est la mienne. Ségolène Royal vient d'inventer un troisième type de marketing, le marketing participatif, en associant l'électeur à chacune de ses propositions. En quelque sorte le premier marketing démocratique. Certes, bien des politiques, par facilité, préfèrent cultiver la démagogie plutôt que risquer l'affirmation ou l'échange de leurs idées. Mais ils se trompent, les peuples ne sont pas ceux que l'on croit. Ils n'attendent pas qu'on les suive mais qu'on les guide. Je n'oublierai jamais la plus verte semonce que m'ait jamais administrée François Mitterrand.

Début 1981, nous préparions, rue de Bièvre, son premier face-à-face télévisé contre VGE. Un moment décisif de sa campagne. Vint sur la table le sujet de l'abolition de la peine de mort. Je m'emportai bien mal à propos :

— Monsieur le Président, vous n'allez pas, dans cet affrontement tant attendu par tous les Français, les mobiliser contre vous en affichant un engagement qu'ils réfutent à 70 %.

— Pour qui vous prenez-vous ?, riposta Mitterrand, de la voix blanche de ses colères froides. Ce n'est pas un sondage et moins encore un publicitaire qui vont me dicter ma conduite. Je dirai aux Français, qu'elle leur plaise ou non, ma volonté inflexible de supprimer ce qui n'est, à mes yeux, qu'un acte de barbarie indigne d'une démocratie.

Quinze jours plus tard, le candidat socialiste gagnait son débat. Et la France un nouveau président.

Comment ne pas s'interroger : cette curieuse occupation qui consiste à conseiller les candidats à l'Elysée, est-ce un métier ? A-t-elle un nom, un syndicat, un statut ? Certains se disent conseil en marketing politique. Certes, la technique est la même, mais le marketing est la science des marchés, la politique, la passion des hommes. Deux univers opposés. D'autres parlent de publicitaires politiques, termes tout aussi antinomiques. La publicité vend un choix de produits, la politique un choix de société. Certains préfèrent l'appellation de conseillers ; elle est plus vraie, mais réductrice, cette discipline impose d'être à la fois psychologue (parfois psychiatre), stratège, créatif, pro de RP, spécialiste du terrain, lobbyiste, médiaplaneur, écrivain, metteur en scène, imprésario, *sparring-partner* et coach. Une campagne se gagne seul ou presque, en équipe hyper-réduite, les yeux dans les yeux avec son annonceur. Sans staff, sans hiérarchie, sans sous-traitance, afin qu'il n'y ait ni dispersion d'énergie ni fuite médiatique. C'est un exercice solitaire, de là son intensité.

Pour ne pas l'avoir intégré, Lionel Jospin perdra une élection gagnée d'avance. En la confiant au PS et à son capharnaüm d'atelier de campagne, il verra se noyer son destin dans les tourbillons d'ego et de discussions stériles. Une élection n'est pas un champ de bataille où s'affrontent des armées de militants. C'est le combat singulier des chefs, seuls artisans de leur victoire.

La communication politique n'est ni vice ni vertu, ni manipulation ni miracle, mais un simple micro. Mais comment se faire entendre de la foule sans amplificateur ? Sans technique le chanteur est muet, même si la sono n'a jamais remplacé le talent.

Une pub n'a jamais fait élire un candidat, j'ai trop d'estime pour les citoyens, de quelque bord, de quelque pays qu'ils soient, pour imaginer qu'ils puissent se laisser berner par un slogan. Après un quart de siècle de blanchiment sous le harnais d'élections présidentielles aux quatre coins du monde, je persiste et signe : c'est le candidat qui gagne et non son conseiller. Tout au plus, si une bonne campagne ne peut pas faire triompher un mauvais candidat, une mauvaise campagne peut faire trébucher un bon prétendant. Giscard, Balladur, Juppé, Lech Walesa, Shimon Peres, Lionel Jospin et tant d'autres l'ont appris à leurs dépens. Par campagne, il ne faut pas entendre sa com, mais bien plus sa stratégie, son charisme, ses dérapages incontrôlés. Pour certains, le refus d'entrer dans le jeu médiatique. Pour d'autres, la dérive de trop en faire.

Un jeu pervers mais incontournable. Pis, imprévisible tant il comporte de chausse-trappes.

Même les sondages se (et nous) trompent. Nous affichons le triste record de pays le plus sondé du monde, mais le plus comique est que nous ne sommes pas encore guéris de deux décennies d'erreurs en cascade. En 1980, à six mois de la victoire, François Mitterrand se traîne à 36 %, VGE plane à 64 % : plus dure sera sa chute. En 1988, Chirac rampe à 35 %, Barre s'ébroue à 57 %, on se souvient de sa déconfiture, au soir du premier tour ; qui n'aura de pareille que celle de Balladur en 1995. L'année 1997 verra le même renversement, la majorité partira à quatre semaines du vote avec 120 sièges d'avance et se fera doubler au poteau par l'inattendu Jospin. Mais allez faire entendre cela à un candidat. Sa place dans le hit-parade politique de *L'Express* ou du *Figaro Magazine* lui importe plus que son rang ministériel ; ce baromètre est sa seule boussole. Il ne l'affiche jamais, clamant haut et fort que les sondages ne sont que des sondages, mais je n'ai jamais vu démarrer une réunion avec l'un d'eux sans qu'il me pose la question fatidique : « Avez-vous le dernier Ipsos ? »

Poussés par l'ivresse de l'auscultation de l'opinion, les politiques demandent à leur publicitaire de faire du voyeurisme sociologique. Ils nous écoutent avec attention, mais se plient mal aux directives qui en découlent. Je les comprends. De la communication à la manipulation, il n'y a qu'un pas, vite franchi, dont ils doivent se garder en toutes circonstances. D'où leur circonspection, amplifiée par la gêne de voir leur pudeur ou leur orgueil, c'est selon, mis à mal.

Est-ce la raison qui leur a fait chasser la pub de l'arène électorale ? L'interdiction qui nous est faite, depuis la loi de 1992, d'utiliser tout support commercial, qu'il soit de presse ou d'audiovisuel, trois mois avant l'élection a laissé l'exclusivité de l'opinion aux médias. On peut se demander pourquoi nos hommes de pouvoir se sont eux-mêmes privés de cette force communicante. J'en soupçonne la cause : nos grands élus se sentent piètres publicitaires mais bons débatteurs. Se lancer dans un spot de radio ou de télé les effraie, mais face à l'appel d'un micro ou d'une caméra, ils ne disent jamais non. Conséquence, d'interview en affrontement, ils finissent par être non plus le sujet des journalistes mais leur objet. Ils ne mettent plus en scène leurs programmes électoraux, c'est la télé qui fait la programmation. La médiatique a pris la place de la politique. Et le bât blesse. Le média se fait support, l'information, connivence et le public, que rien n'effraie plus que le mélange des genres, se détourne de la politique. Où voir ailleurs son crépuscule ?

En feuilletant ce livre, vous allez relire votre histoire de France de ce demi-siècle écoulé. Une plongée en apnée dans le grand Bleu Blanc Rouge de ces sept campagnes qui ont fait notre Ve République. Elle vous donnera en accéléré le pouls des Français. Une succession d'électrocardiogrammes sociétaux. Cinquante ans de bilans de santé républicaine avec ses tachycardies, ses baisses de tension, ses lésions, ses rebonds. Et un changement brutal de rythme qui nous fera « changer de vie », politique j'entends.

Les années Mitterrand nous ont fait glisser d'une démocratie de représentation à une démocratie d'opinion. La politique jusqu'à lui était exclusivement engagée au service des Français. Désormais, elle se tourne avant toute chose vers les médias. Nos journaux se nourrissent des faits et gestes de quelques hommes de pouvoir dont ils font des stars. Dès lors, ceux-ci sont à leur merci. Les médias vont ainsi réussir le subterfuge de rendre la classe gouvernante dépendante de ceux qu'elle fait vivre. Pis, ils les enchaînent à leur code : éclatement du discours en débats feutrés, reprises tronquées, interviews hachées, petites phrases vides qui rendent presque impossible toute démonstration de pensée. Etre vu à la télé compte plus qu'être entendu. Comment les idées progresseraient-elles ?

Désormais, un homme politique entre sur un plateau en se demandant moins ce qu'il veut dire que ce que le journaliste veut lui faire dire.

Seront en tête, demain, les candidats qui auront la sagacité de ne pas tomber dans le piège de la médiocrité, cette facilité de plus en plus répandue qui consiste à s'abaisser au niveau de la cacophonie pour y faire sa place.

Qu'ils prennent exemple sur de Gaulle ou Mitterrand, les premiers mutants : ils sont devenus médias. Mais en restant maîtres de la chronologie, comme du spectacle. On ne les invite pas, ils s'invitent à l'émission, selon le sujet de leur choix, les premiers. Ils ont compris, dans le rapport dialectique et passionnel que l'on entretient avec l'opinion, que les actes comptent, mais plus encore la symbolique qu'ils créent. Le citoyen n'est pas un consommateur rationnel de la politique. A la différence d'un bien de grande consommation, un homme de pouvoir ne se vend pas pour ses plus-produits, mais pour ses plus-sociétaux. Or, le message, c'est le média, donc le message c'est la télé puisqu'elle est le premier des médias. Or, la télé est émotion, donc le message est émotion.

Les élections sont des masques qui cachent le mal-être des peuples qui les font. Elles en disent plus sur l'état d'un Etat que toutes les déclarations officielles. Elles se repaissent d'études, de sondages, d'analyses en tout genre. Mais la décantation nécessaire que doit faire tout communicant s'il veut toucher l'électeur ne laisse en surface que la potion magique capable de guérir la souffrance du moment. Elle n'éradique pas le mal. Aussi les scrutins ne sont-ils jamais heureux, ils remuent trop de boue, trop d'angoisse, trop de déceptions affichées au grand jour.

Toute campagne a une saveur de mort. D'abord celle du vaincu et de ses fidèles. Pas loin d'une moitié de la population. Celle de sa garde prétorienne, ces exclus de la victoire qui n'auront pas leur part du butin. Celle des chassés de leur place, non qu'ils aient pris parti, mais parce qu'il faut, sitôt élu, renvoyer l'ascenseur. Celle des utopistes qui ont voté pour la lune et se retrouvent sur terre. Celle de tout un chacun qui, passé l'excitation du match, se réveille inchangé, tenu le lendemain du vote, les télévisions du soir encore brûlantes, de se rendre à son bureau ou à son usine pour affronter les mêmes rites et les mêmes angoisses. Le seul divinement heureux, sentant la joie le traverser jusqu'à la moelle, marchant sur les eaux, voyant en une nuit se transcender son existence, est l'Elu.

Il a déjà oublié, comme son vaincu d'ailleurs, qu'il a coupé la moindre tête susceptible, au sein de son propre camp, de lui ravir son trône. Quel carnage ! La couronne est un objet singulier, son pluriel n'a pas de sens. L'entrée dans un palais présidentiel est un long cheminement à travers le cimetière des amitiés, des alliances, des serments, des illusions perdues. Président est le seul métier du monde où il n'y a qu'un poste. Le titre de grand architecte, grand médecin, grand cuisinier ou tout autre se partage, mais pas celui de chef d'Etat. Il offre donc une joie unique qui oublie, dans l'instant, l'âcre goût des compromis et des compromissions, des ralliements et des reniements.

Vous entrez dans le monde antique et toujours en vigueur des duels sans pitié qui ont décidé de notre avenir, si loin de celui qui nous avait été successivement promis. Cœur (républicain) sensible s'abstenir.

L'affrontement qui s'annonce sera sans pitié, car il ne s'agit plus de choix de personnalités, de partis, de programmes, mais de choix de société. Tel 1981 qui vit pour la première fois les Français changer d'horizon pour la seule raison qu'ils voulurent changer d'air. En suivant, 1988 ne fut que la réélection, sans grande lutte, d'un tenant du titre qui n'avait pas de challenger à sa taille. 1995 se limitera à éliminer de Chirac et Balladur le moins sympa des deux. Quant à 2002, il ne fut que la frustration des Français de se voir privés de match. Bien qu'ils en soient les premiers responsables, ils n'ont pas admis ce crime de lèse-peuple. 2007 assouvira leur rancœur, avec l'incontournable volonté de tourner la page, l'insoutenable nécessité de tourner le dos à des mœurs, des pratiques, des têtes qui les ont trop bernés, l'insatiable désir de se tourner vers l'avenir. Mon slogan pour Lionel Jospin, qui lui vit prendre d'assaut Matignon en 1997, était : « Changeons d'avenir ». Il sera le mot d'ordre de cette élection qui se jouera à quelques dizaines de milliers de voix. C'est désormais la règle dans toutes les démocraties dignes de ce nom.

Que ces pages mêlées d'un homme de droite et d'un homme de gauche vous éclairent, le plus objectivement possible, dans cette opposition frontale. Courage, ne fuyez pas.

En vous plongeant d'entrée dans la campagne de 2002, ce livre débute par la fin. Mais rassurez-vous, vous allez retrouver l'ordre chronologique – j'allais écrire « l'ordre juste » – dès le chapitre intitulé « La campagne originelle ».

Il nous a semblé, avec Thierry, que cette campagne inachevée vue chacun de son bord, encore fraîche telle une affiche électorale à peine sèche, vous ferait entrer de plain-pied dans ce morceau d'histoire publicitaire et politique qui vous attend.

Ce choix tronqué du 21 avril 2002 va trouver son dénouement le 6 mai 2007, nous refermerons donc ce livre en livrant, à nouveau séparément, nos intuitions de victoire. Avec flamme mais aussi modestie.

Qui se risquerait à prédire aujourd'hui l'issue de cette campagne à rebondissements ? Joe di Maggio, le seul amour de Marilyn Monroe, ne disait-il pas : « Je hais les pronostics, surtout ceux qui portent sur l'avenir » ?

2002
La campagne fatale

Lionel Jospin perd face à Jacques Chirac

par Jacques Séguéla

En mitterrandolâtre primaire, j'étais, je l'avoue humblement, un antijospiniste primate. J'avais conduit avec lui la pub des deux élections mitterrandiennes, mais je l'avais surtout fréquenté en 1988, le Président l'ayant adoubé patron de la communication. Il était, hélas, flanqué d'Henri Emmanuelli, qui ne m'a jamais inspiré d'amour, et d'André Laignel, dont je n'ai jamais goûté la roublardise dodue. Mais Lionel m'avait paru bien au-dessus de la mêlée. Bon juge de la copie (sans lui « Génération Mitterrand » aurait été refusé dès le premier niveau), cultivé, curieux de tout, toujours à l'écoute, c'était un homme que j'appréciais sans pouvoir lui pardonner les mots si durs qu'il avait eus pour mon idole, notamment à propos de l'affaire Bousquet. Je partageais bien, secrètement, quelques-unes de ses déceptions, mais les mettre sur la place publique est une démarche qui n'est pas la mienne. Je suis fidèle jusqu'à l'obscurantisme, c'est peut-être faire d'une qualité un défaut, mais qu'y puis-je ?

Jospin est entre-deuxiste, traçant son chemin entre les voies extrêmes du moment. En bon politique, il rassemble. Il n'a rien oublié des leçons de son maître, même s'il l'a repoussé. Il y a du Mitterrand en lui, ne lui en déplaise. Je fus donc très étonné lorsque, début mai 1997, il m'invita à petit déjeuner chez lui.

J'arrive chez Lionel, rue du Regard, et, première surprise, c'est sa femme, en robe de chambre, qui m'ouvre. Une avant-première française de Mme Blair entrebâillant la porte du 10, Downing Street, image qui, plus tard, fera le tour du monde. Elle répond à ma surprise d'une voix de miel : « Lionel n'est pas là, il va rentrer d'une minute à l'autre. »

Je suis saisi d'un trouble : comment ce mariage que les médias nous décrivent sans faille peut-il fonctionner alors que le mari couche dehors ? Mais Sylviane renchérit : « Il est allé chercher des croissants. »

Les hommes politiques ont le talent, lorsqu'ils veulent vous séduire, de trouver d'instinct le détail qui vous touche. De ce simple geste, Lionel m'attachait déjà à sa cause. Vous me trouverez un cœur de midinette, je l'accepte. J'ai, dans ma vie professionnelle, le sentiment facile. Pourquoi le combattrais-je ? C'est mon générateur d'enthousiasme.

Nous fîmes campagne et, contre toute attente, la gauche ni vraiment structurée ni vraiment préférée renversa en six semaines une droite réputée inébranlable. Une campagne fraîche, directe, personnelle, naturelle, voire souriante, qui séduisit le pays et installa Jospin à Matignon pour cinq ans.

Fin juillet 2001, lorsque Lionel me proposa à nouveau d'être son communicant pour la présidentielle qui s'avançait, je sautai donc de joie, m'imaginant que les jeux étaient faits d'avance...

Pauvre de moi, cette septième campagne de la Ve République restera dans les annales le modèle parfait... de tout ce qu'il ne faut pas faire. Le pis est que j'en ai été l'empêtré impétrant. Certes, les circonstances atténuantes ne manquèrent pas. Le traître de service, Jean-Pierre Chevènement, avec ses cinq points volés à son propre parti, fut le premier responsable du désastre.

Certes, la multiplication des candidats et leur affrontement sans retenue, même lorsqu'ils étaient issus d'une même majorité, ne cessa de troubler les esprits.

Certes, le jeu dangereux de Chirac instrumentalisant le thème de l'insécurité, avec la complicité plus ou moins intentionnelle des médias, joua son rôle déstabilisateur. On ne comptera pas moins, le mois précédent le vote, de 124 sujets sur l'insécurité aux 20 heures de la Une et de la

Deux, dont un tiers feront l'ouverture. Ce chiffre chutera à 60 le mois suivant, comme si, par enchantement, le scrutin avait réglé le problème de la délinquance !

Certes, force est de le reconnaître, la meilleure, pour ne pas dire la seule campagne bien menée, fut celle de Le Pen. Certes, enfin, la victoire ne se joua qu'à 194 558 voix sur 41 millions d'inscrits. Mais, pour avoir été au cœur du dispositif, je sais que Lionel aurait dû conquérir 3 ou 4 millions de voix de plus, soit son score de 1995.

De mon côté, comment ne pas le reconnaître ?, j'ai laissé cette campagne m'échapper. Sur les deux ou trois décisions qui auraient changé le cours de l'histoire, je n'ai jamais trouvé les mots ni peut-être l'entêtement, à moins que ce ne soit le courage, capables de convaincre mon candidat. Et, surtout, je n'ai jamais pressenti le danger. Or, c'était mon rôle...

S'il y avait une bataille où je voulais voir triompher mon héros, c'était pourtant celle-là. Mais sans doute étais-je trop impliqué. Règle au-dessus des règles : garder la tête froide et l'humilité en bandoulière.

Est-ce un excès de confiance qui me fit baisser la garde à l'approche d'une victoire annoncée par tous ? Est-ce l'influence néfaste des sondages trop cléments jusqu'à la veille du vote ? Est-ce le destin ? Qu'importe, j'ai dans cette guerre d'opinion, dont j'étais l'un des généraux en chef, commis deux ou trois fautes élémentaires. Comment ai-je pu ainsi oublier mes préceptes, construits par trente années de campagnes présidentielles de par le monde et, qui plus est, couchés sur le papier de mes propres livres ? Allô, Maman bobo !

Au 1er janvier 2001, Lionel Jospin bénéficie d'une cote de popularité que tous ses prédécesseurs à Matignon lui auraient enviée après quatre ans d'exercice : un bilan exceptionnel en matière d'emploi, quelques lois emblématiques, comme le PACS ou les 35 heures, sans omettre la ringardisation de celui qu'il n'appelle plus que « l'autre », Jacques

Chirac. « Je suis le Premier ministre qui a eu le plus de pouvoir », aime-t-il à répéter, comme si là était déjà sa victoire.

Premier leader socialiste de la Ve à avoir remporté une élection législative sans bénéficier de l'effet porteur d'une présidentielle, l'hôte de Matignon a réussi, tout au long de son mandat, à désarmer le chef de l'Etat, l'empêchant d'user contre la majorité de gauche de la seule arme encore à sa disposition : le droit de dissolution. Revers de la médaille, cet étouffement de son rival le conduit à retarder dangereusement son entrée en campagne. Dès lors, le temps va jouer contre nous.

Tout le début de 2001 est marqué par cette hésitation. Lionel Jospin considère avec suspicion les avis de ceux qui, comme moi, lui conseillent de démissionner afin de mieux se préparer au combat. Interrogation sincère ou coquetterie de diva ? A mon avis, ni l'un ni l'autre, juste le sens du devoir.

Jamais, à ce jour, la France n'a vu un candidat passer directement du poste de chef de gouvernement à celui de chef de l'Etat. Jacques Chirac en son temps puis Edouard Balladur plus tard connurent la même déroute. Je conseillai donc à Lionel de créer un sas médiatique avant son entrée en lice. Le temps de voir le monde et du monde, le temps de forger ses réseaux et de compter ses amis. Le temps d'écrire un livre sur sa « certaine idée de la France », selon la formule gaullienne.

C'était mal connaître mon homme : j'aurais dû me douter que jamais il n'accepterait la moindre compromission avec lui-même. A chacune de mes relances, il fera la même réponse : « Les Français m'ont élu pour cinq ans à ce poste. Je ne le quitterai pour rien au monde et moins encore par convention personnelle. » Cette rigueur que je respecte, j'ose dire que j'admire, n'en finira pas de nous handicaper.

Tout ce qui fait la singularité élyséenne est à l'opposé même de la fonction de Premier ministre. De ce dernier, on attend des idées, des actes et des résultats. C'est un homme de labeur, jugé froidement sur les faits et oublié dès qu'il quitte Matignon. A contrario, le Président est un demi-dieu thaumaturge dont le peuple espère, voire rêve, des miracles. Homme d'espoir, guide, père à qui l'on confie son pays et que l'on juge plus sur ses promesses que sur ses résultats, il ne gouverne pas, il règne. A lui la grandeur de l'Histoire, à son serviteur la petitesse du quotidien. Dès lors, les Français ne peuvent vous voir en futur hôte de l'Elysée depuis Matignon sans un temps de décompression d'image, une phase de régénérescence, une certaine absence pour un retour en posture nouvelle.

Début juillet 2001, comprenant que Lionel ne quittera pas son bureau, je lui envoie deux notes argumentées lui conseillant au moins de prendre du recul, de libérer du temps pour réfléchir, rencontrer les intellectuels, les patrons, les artistes, bref, les faiseurs d'opinion, et de parcourir le pays pour écouter battre le pouls des Français. Mais il n'en a cure. Tout au plus s'est-il acheté un classeur d'écolier noir dans lequel il compte rassembler les idées et les réflexions qui lui viendront pendant l'été sur la situation politique, l'état de la gauche plurielle et, pourquoi pas, sur la présidentielle qui approche... En bon élève qu'il a toujours été, Lionel fait confiance à sa capacité de travail et à son intelligence.

Mais voici que le 14 juillet vient assombrir le ciel. Lors d'une intervention assassine, Chirac dénonce le « manque de volonté d'agir » du gouvernement en matière de sécurité et son « immobilisme » sur les réformes. Pour un politique roublard, c'eût été l'occasion rêvée de donner sa démission et de laisser le Président face à ses lazzis et ses responsabilités. Dès lors, la victoire était quasi assurée. Le Premier ministre en fut piqué au vif mais, encore une fois, une telle manœuvre n'était pas dans les mœurs jospiniennes.

Après l'intervention chiraquienne, nous sommes quelques-uns, François Hollande, Martine Aubry, Pierre Moscovici notamment, à être informés de la décision de Lionel : « Il veut empêcher Jacques Chirac de continuer à nuire à la France. » Seconde erreur dont je n'ai pas mieux su le dissuader : se focaliser sur son adversaire vous fait oublier le cœur de l'élection, votre propre rencontre avec les Français dans un désir commun d'avancée.

Dès son retour de l'île de Ré où il a passé l'été avec son classeur noir, Jospin répète à ses visiteurs que « les questions des Français ne portent pas seulement sur la vision de la France, mais aussi sur la personne du Président ». N'ayant toujours pas digéré les aigres propos chiraquiens, il s'apprête à se jeter toutes griffes dehors dans la bataille. Hélas, le 11 septembre noir de l'Amérique vient stopper son ardeur belliqueuse. La cohésion entre l'Elysée et Matignon est de règle lors d'une actualité internationale dramatique : le beau rôle sera donc pour le Président, c'est sa prérogative, et il n'y aura pas la moindre place pour les démarrages acides de campagne.

Fin septembre, je suis convié à dîner, avec DSK, Hollande et quelques proches. Notre impatience est perceptible, seul Lionel semble peu pressé d'en découdre. Je n'aurai pas d'explication à ce subit retour de tendance. Qu'importe ! A toutes fins utiles, nous constituons avec Stéphane Fouks, le plus fin analyste de communication politique que j'aie pu connaître, une équipe dévouée corps et âme au combat qui nous attend. Stéphane Schmaltz, jeune loup aux dents blanches et à l'intelligence tout aussi acérée, en sera le coordinateur.

Le 2 novembre, dans le plus grand secret, Pierre Moscovici, qui avait été la plume et la boîte à idées de la campagne victorieuse de 1997, est chargé par le futur candidat de rédiger son projet. L'adoubement se passe à La Lanterne, à Versailles, la résidence secondaire des Premiers ministres. « Tu t'occuperas aussi du débat d'entre deux tours », ajoute aussitôt Jospin, toujours obnubilé par son *mano a mano*. Mosco a beau le mettre en garde, lui dire à son tour de ne pas se tromper de combat, Jospin persiste : « Les choses devront être dites. Je m'y emploierai. » Déjà, le premier tour semble passer par pertes et profits.

Une semaine plus tard, Jean Glavany, alors ministre de l'Agriculture, a droit à un tête-à-tête dans un avion entre Toulouse et Paris. Il sera directeur de campagne, poste que convoitait Moscovici. Les deux hommes ne s'appréciaient guère, ils vont se détester.

A la mi-novembre sont enfin instituées les principales réunions qui rythmeront l'agenda de la campagne. Tous les samedis, un rendez-vous avec François Hollande, Pierre Moscovici et moi à Matignon. Tous les lundis, une réunion plus politique, avec la garde rapprochée socialiste dans un grand hôtel parisien. De la rive gauche, cela va sans dire. Puis en février viendront les brainstormings du mercredi, qui réuniront éléphants et principales figures du PS. Une cascade de structures se superposent ainsi sans se compléter. Elles vont inexorablement alourdir une machine dont la première vertu aurait dû être la réactivité. Qu'y faire ? Le parti est ainsi, si sympathique et si bordélique, en tous points conforme à la définition de Woody Allen : « La dictature, c'est ferme ta gueule, la démocratie, c'est cause toujours. »

Jospin, quant à lui, consacre son rare temps libre au livre d'entretiens qu'il prépare enfin, mais si tard, avec Alain Duhamel. C'est sur la seconde partie de l'ouvrage, relative à son bilan, qu'il est le plus prolixe, renâclant pour la première, dédiée à son passé (y compris trotskiste), et repoussant à plus tard la dernière, celle qui porte sur le projet. Je ne cesserai de clamer que les électeurs votent pour le futur, jamais pour le passé, et donc pour un projet et non pour un bilan. Je prêcherai dans le désert.

Et puis, quel temps précieux perdu ! Alors que Lionel aurait dû se concentrer sur ses préparatifs de guerre, voilà qu'il remet cent fois le métier sur l'ouvrage, reprenant chaque ligne, soupesant chaque page. En communication, il est un temps pour écrire, un autre pour agir.

De son côté, Pierre Moscovici avance dans sa synthèse du projet. Les notes s'enchaînent, venant de tous les ministères. Les réunions se succèdent, tandis que les militants ratifient le programme du PS, coordonné par Martine Aubry et que je titrerai en forme de slogan « La vie en mieux, la vie ensemble ». Le candidat ne le reprendra que marginalement. C'est paradoxalement Chirac qui lui empruntera le plus en faisant son propre slogan de campagne « La France en grand, la France ensemble » ! La « non-imagination » de la droite m'a toujours stupéfié...

Nous sommes à cinq mois de l'échéance. Je tente de précipiter le mouvement. Mi-décembre, je propose au couple Jospin d'être les invités d'honneur du dernier « Vivement dimanche » de l'année. Michel Drucker prépare une émission sur mesure. Au menu : un *best of* de sa saison, la venue en plateau de quelques grandes stars et personnalités pour présenter leurs vœux et la chance, au fil des échanges, de montrer Sylviane et Lionel tels que je les pratiquai dans le privé : intelligents, drôles (ne vous y trompez pas, Lionel dans l'intimité a le charme et l'humour faciles), cultivés, amoureux. Tout était réuni pour qu'en deux heures d'antenne la France découvre l'homme si facile à aimer derrière le Premier ministre fait de trop de rigueur.

Lionel, dans un premier temps, ne dit pas non, me chargeant de convaincre sa femme. Un déjeuner suit, avec Sylviane et... Ségolène, pas encore Royal, jouant les chaperons. Sylviane se laisse convaincre. Aussitôt, j'en rends compte à son mari, lui demandant le feu vert pour lancer l'émission dont les délais de préparation rétrécissent à vue d'œil.

— Laisse-moi en reparler une dernière fois ce soir à mon épouse, je te rappelle demain à 8 heures.

A 8 heures sonnera le tocsin :

— Ne le prends pas mal, Jacques, mais ni Sylviane ni moi ne voulons mêler notre intimité de couple à cette bataille. La « peopolisation » politique est un travers de notre démocratie, pourquoi donnerions-nous le mauvais exemple ?

Je raccrochai, mal à l'aise.

Comment ne pas approuver sa décision ? Mais Chirac, lui, ne se privait pas d'envoyer sa femme dans les grandes émissions populaires... et il gagnait des points à chacune de ses prestations. Existait-il une meilleure façon de rapprocher mon candidat des Français que ce « Vivement Lionel », émission si familiale et si peu people ?

Je compris à cet instant que rien ne serait facile, sans imaginer une seule fois que la victoire pouvait nous échapper. Le 11 février, les choses sérieuses commencent enfin. En Avignon, prenant de court la plupart des commentateurs, Chirac annonce sa candidature en déclarant avec verve et émotion sa passion pour la France. A l'approche du combat, le vieux Président ringardisé semble reprendre du poil de la bête. C'est son inoxydable point fort. Le chef de la droite est avant tout un chef de guerre. Le surlendemain, j'adresse à Lionel une note commençant par « Nous y voici » et dans laquelle j'écris : « Les Français ont retrouvé le Chirac qu'ils aiment et leur jugement risque d'être beaucoup plus modéré. Le populisme chiraquien : “Je vous écoute, je vous comprends, je vous aime”, est bien passé. A toi d'être le meilleur. » Le jour même, Jospin confie à Allègre : « Il faut que les Français n'aient pas envie de réélire Chirac. – Non, il faut qu'ils aient envie de t'élire », rétorque son ancien ministre de l'Education.

Quelques jours plus tard, un coup de téléphone me convoque à 15 heures à Matignon. Dans mon idée, il s'agissait de la mise au point des ultimes préparatifs de l'annonce de candidature. J'avais prévu une entrée en lice en trois étapes. Le vendredi, Jospin était en Suède à un sommet des grands dirigeants socialistes, quelle aubaine ! Je lui proposai donc de se déclarer d'un fax en fin de journée, sachant que le samedi tous les médias montreraient le nouveau présidentiable entouré de ses pairs, Tony Blair en tête. Pas de déclaration, donc, mais un rendez-vous donné à la presse le dimanche matin dans son fief de Cintegabelle. Rien ne vaut l'enracinement pour se déclarer candidat d'« en France ».

Dernier acte, le soir, la déclaration officielle sur TF1, face à Claire Chazal. Lionel est toujours meilleur lorsque c'est une femme qui l'interviewe. Le lundi matin, l'ensemble de la presse française se mettrait à l'heure LJ : notre entrée dans la course allait ainsi mobiliser les médias trois jours et occulter en partie la prestation chiraquienne réussie. Le plan me semblait imparable. Quelle ne fut pas ma déconvenue lorsque, en présence de Hollande, Mosco, Glavany et Schrameck, son directeur de cabinet, Jospin nous annonça :

— J'ai décidé de me déclarer aujourd'hui. Ma décision est prise, n'ergotons pas, préparons-nous.

C'est bien par un fax transmis à l'AFP depuis son domicile parisien que Lionel Jospin annoncera sa candidature ce 20 février. Mais il sera le seul rescapé de mon projet. Il souhaite « restaurer l'esprit de la responsabilité » et prend « cinq engagements » pour une France « active, sûre, juste, moderne et forte ». Le projet est en place. Je n'aurai à nouveau pas d'explication sur cette précipitation qui, à trois jours près, chamboulait une déclaration plus événementielle et plus riche, mêlant les images de chefs d'Etat étrangers à celles de la France profonde, et s'appuyant sur une émission dominicale plus proche et plus joyeuse. Une façon d'humaniser la rigidité jospinienne.

Dès le lendemain, sur France 2, arrive le premier dérapage : LJ, focalisé sur le second tour, déclare dans l'incompréhension des militants que son projet « n'est pas socialiste ». La formule est pour le moins malheureuse. François Mitterrand ne s'était pourtant pas privé de le rappeler lors de ses deux campagnes : au premier tour, on rassemble son camp, au second, on rassemble les Français. Qu'importe ! Le départ est donné.

Malgré ce couac initial, auquel on attribue aujourd'hui plus de dégâts qu'il n'en fit réellement, le démarrage est réussi. En deux semaines, Lionel va bondir de 47 % à 53 %. Journalistes et politologues n'ont plus que la victoire de la gauche à la plume.

24 février : congrès extraordinaire du PS. Il est investi candidat officiel du parti par 99,07 % des suffrages exprimés. Dans une belle envolée, il dénonce une présidence « infidèle », « passive » et « contestée »... Chirac, encore et toujours ! François Hollande a beau souhaiter ce soir-là « donner un véritable successeur à François Mitterrand » (la formule lui resservira plus tard pour Ségolène), l'heure est aux règlements de comptes, non aux lendemains qui chantent.

Lionel, Moscovici, Hollande et moi nous retrouvons un soir sur deux à Matignon pour proposer, débattre, décider. A huis clos. Mais le parti, frustré, exige de participer : « Lionel, ce n'est pas *ta* campagne mais *notre* campagne, tu ne peux en être le seul porte-parole », clament les hiérarques qui s'estiment tenus à l'écart. Jospin me propose donc de transporter nos pénates de son bureau jusqu'à l'Atelier de campagne, installé rue Saint-Martin, dans le mi-populaire mi-bobo X[e] arrondissement de Paris. Nos réunions intimes et efficaces vont aussitôt virer au happening quotidien. Un attelage de quarante éminents socialistes s'autoparalysera chaque matin dans un tour de table de deux heures, chacun tuant l'idée de l'autre d'une petite phrase assassine. Le QG de campagne se fera tour de Babel. Je verrai ainsi, jour après jour, se bunkériser notre ardeur, s'étioler notre action et fondre notre avance. Là est peut-être le plus grand faux pas de Lionel, n'avoir pas retenu cette autre leçon mitterrandienne : une campagne se conduit comme une PME, pas comme une multinationale.

Mais je ne voudrais pas, dans cette litanie des erreurs, minimiser les miennes : j'ai commis à mon tour la plus grande bévue de ma carrière. Sachant la difficulté de troquer les habits de Premier ministre pour ceux de président de la République dans les deux très courtes semaines de l'entre-deux-tours, et sûr de notre présence au second, j'ai proposé début février à Lionel un slogan le positionnant d'emblée pour le sprint final : « Présider autrement ».

Ce slogan qui marqua les esprits excluait une vraie proposition politique. Les Français attendaient que LJ leur parle d'eux, pas de lui. Or, même si la formulation exacte était « Présider autrement une France plus juste », notre deuxième message, lui basique, fut oblitéré par l'impact du premier. Les électeurs ne retinrent que le choc de la formule et oublièrent le poids de l'engagement. La publicité de grande consommation m'a pourtant appris la nécessité de « l'unique sailing proposition » : on ne vend jamais deux idées à la fois. La logique exigeait de consacrer le premier temps de campagne au seul message social et de réserver le message personnel pour le deuxième temps. Quelle bévue !

N'empêche, début mars, notre moral est au beau fixe. Il faut dire que la campagne chiraquienne est pitoyable. Ni souffle, ni idée, ni talent, ni nouveauté. Seules les apparitions du Président, mises en scène par sa fille Claude, sont remarquables de qualité d'image, de décor, d'environnement. Le contenant est moderne, mais le contenu archaïque.

La machine socialiste, de son côté, est désormais en route, dans une confusion joyeuse et optimiste. L'agenda du candidat est scandé par des « déplacements thématiques », héritiers des « visites de terrain » qui avaient tant profité à Chirac en 1995. A cette différence près que notre candidat est Premier ministre. Résultat, ces déplacements incessants useront Lionel, pour des retombées médiatiques inégales. Ces rencontres seront rarement suivies des meetings qui auraient permis de créer une dynamique locale. La direction de campagne ne disposant pas de budgets suffisants, à ses dires, pour faire plus. Elle préfère garder l'essentiel du financement pour l'entre-deux-tours. En guise de visites de terrain, nous assisterons à des parcours de Jospin au pas de course au milieu d'une nuée de journalistes et de hiérarques socialistes.

Une fois de plus, me voilà en train de noircir le tableau après coup. Il nous paraissait pourtant idyllique à l'époque, à l'agence comme au PS ou chez les journalistes. En ce début mars, les indicateurs que nous envoyaient les sondeurs restaient au beau fixe. L'atelier réunissait dans une synthèse inespérée tous les dirigeants socialistes, hier déchirés. Tandis que la multiplication des témoignages d'hostilité envers un Chirac réduit au rôle de « Super Menteur » inventé par les Guignols faisaient leur effet sur l'opinion.

En temps électoral, une seule fausse manœuvre suffit à passer du vent favorable au vent contraire. Mao ne disait-il pas : « Des jours meilleurs en perspective : méfiez-vous ! » ?

Le 7 mars, lors de son premier meeting à Lille, Lionel

Jospin s'enflamme : « Je ressens déjà ce soir la fièvre, l'enthousiasme, la volonté de gagner qui, en général, accompagnent les derniers meetings de campagne. » Curieuse inversion chronologique, emblématique de cette campagne à l'envers... Mais l'euphorie sera de courte durée : bientôt va éclater le premier coup de tonnerre dans cette météo jusque-là clémente.

Le 10 mars, dans l'avion qui le ramène de la Réunion, Lionel Jospin déclare aux journalistes que Jacques Chirac est « fatigué, usé, vieilli, gagné par une certaine usure du pouvoir ». La conversation était *off*, mais Yves Colmou, le directeur de la communication de Lionel, a cédé à l'appétit des journalistes et autorisé le *on*. Je ne suis d'ailleurs pas sûr que l'autorisation fut nécessaire...

Je suis avec Lionel à Matignon lorsque tombe la dépêche AFP. Stupéfait, il convoque aussitôt Colmou, qui bafouille et rédige un pâle communiqué invoquant la confidentialité de propos tenus hors micro et sans véritable intention de nuire. Mais le mal est fait. Dès l'atterrissage de l'avion, la nouvelle s'est répandue, encouragée par une droite trop heureuse de pouvoir enfin trouver un angle d'attaque contre ce Premier ministre dont elle subit depuis bientôt cinq ans la réussite insolente. Dès le lundi matin, tous les ténors chiraquiens montent au créneau, tandis que la gauche se tient coite. Dommage ! Il eût fallu réagir, toutes griffes dehors. Les vieux adages ont toujours raison : « Qui ne dit mot, consent. » Le soir, au 20 heures, Jacques Chirac a beau jeu de se dire victime d'un « délit de sale gueule » pour aussitôt reprendre la main en affirmant être le « seul obstacle à la mainmise totale de la gauche sur le pays ». Il termine en force, critiquant le bilan du Premier ministre et l'accusant de n'avoir effectué aucune des grandes réformes qui étaient nécessaires au pays. D'un coup de rein, « Super Menteur » est devenu super victime. D'autant plus habile que la part des seniors dans l'électorat est prépondérante. Attaqué dans son âge et son orgueil, Chirac retrouve l'énergie qui lui manquait pour reprendre la main sur sa campagne et lutter contre sa défaite annoncée.

Lionel Jospin, de son bord, mesure l'ampleur de la gaffe. Pas de chance, nous sommes en plein bouclage du programme. La campagne va virer là, mais les sondages, toujours en retard d'un train, ne réagiront pas à l'instant, nous laissant croire une fois encore, une fois de trop, que la victoire nous souriait toujours.

Le plus lucide sera Lionel. Son emploi du temps trop chargé finit par l'ensevelir, dans une campagne qui n'est plus tout à fait la sienne. Il me dira plus tard : « A ce moment-là, j'ai douté. » Le 12 mars, on compte pas moins de vingt-neuf visites prévues jusqu'au 5 mai, un étau qui interdit toute réactivité à l'actualité. Le candidat s'en plaignant devant l'équipe du PS, Jean Glavany promet d'alléger mais ne le fera guère. Une campagne est un sport de haut niveau. Il est vital d'économiser les forces de son champion pour la dernière ligne droite, celle du sprint. Tandis que le vieux briscard de l'Elysée, claquemuré dans son bunker, saura faire le service minimum, l'hôte de Matignon brûlera ses forces en déplacements superflus. J'oserai le dire et le répéter, sans hélas être entendu. L'équipe du PS ne m'aura d'ailleurs jamais écouté. Normal, je ne suis pas de la famille. A posteriori, je m'en veux. J'aurais dû prévenir Lionel de l'ankylose. J'avais toute sa confiance, je n'en ai pas assez usé. Le stakhanovisme inutile se poursuivra donc. On compte six cents demandes d'interviews arrivées à l'atelier. L'attachée de presse ne veut pas froisser les journalistes, trop négligés par Jospin : on répondra donc à toutes les demandes. Ubuesque !

Lorsque, le 18 mars, Lionel Jospin présente son projet à la presse, un lapsus plus que significatif résume la situation : « Dans l'hypothèse, que j'appelle de mes vieux... » Jospin n'est plus à ce qu'il fait, il ressasse sa boulette de l'avion, il perd le tempo.

Les quarante pages de son programme sont tirées à huit millions d'exemplaires et envoyées aux fédérations socialistes chargées de les distribuer. Mais l'essentiel est ailleurs. Dans cette polémique sur l'âge du capitaine qui piège le Premier ministre. Celui-ci décide donc d'aller à repentance sur France 3 le 19 mars : « Ce n'est pas à moi, cela ne me ressemble pas. » Amende trop honorable et trop tardive : elle ne fait que rallumer les feux d'une polémique alors presque éteinte.

Autre piège, ce débat vicié sur une insécurité que la droite fait mousser sans vergogne. C'est de bonne guerre, la contre-attaque sur ce sujet n'est jamais aisée lorsque l'on est aux commandes. Le 3 mars, un Jospin déstabilisé avoue avoir « péché par naïveté » en sous-estimant le problème. Face aux attaques répétées d'un Chirac requinqué qui dénonce la « culture de la permissivité et du laxisme » de la gauche, une autre réponse aurait sans doute été nécessaire.

Sentant le poids que prendra ce thème dans le round final, j'ose m'immiscer dans ce qui ne me regarde pas, le fonctionnement du gouvernement. L'impudence étant le moindre de mes défauts, je parle net et propose à Lionel de remplacer, Place Beauvau, Vaillant (qui prendrait la Défense) par Strauss-Kahn, fraîchement blanchi des attaques scandaleuses dont il avait eu à répondre. L'occasion de lancer d'une voix neuve et populaire un énergique plan sécuritaire. Lionel me remet sans ménagement à ma place :

— Je n'ai aucune raison de changer un ministre qui fait parfaitement son job. Et, qui plus est, est un ami.

Rigueur, fidélité, droiture, encore et toujours.

La campagne est de plus en plus belliqueuse, l'humeur du pays se tend, le résultat se fait plus incertain. Comment réagir, paralysé par cette structure émiettée et opaque qu'est l'Atelier ? Toute responsabilité s'y dilue, le pouvoir étant donné à tous, donc à personne. Faute d'équipe réduite et soudée, faute de franchise des premiers ministrables trop soucieux de flatter leur futur président, faute de direction forte, faute d'une stratégie claire, comment infléchir la tendance ? Entre Hollande dirigeant le parti, Glavany animant la campagne et Moscovici chargé du projet, le plus élégant est de dire que le courant ne passe pas. Le premier secrétaire pourra bien essayer de tirer la sonnette d'alarme et Stéphane Fouks de multiplier lui aussi les mises en garde, le train est lancé trop vite pour pouvoir ralentir.

Les dernières semaines sont donc baignées d'une ambiance irréelle de machine sans pilote, dominée par un optimisme de plus en plus forcé que même les derniers sondages n'affectent pas, qui voient pourtant Jospin baisser dangereusement et Le Pen monter inexorablement. Lionel, lui, sent le danger et, en réaction, gauchise brusquement son discours. Mais le temps est désormais compté. A Lens, où se tient l'un des derniers meetings, le candidat rend hommage aux mineurs de la région, avec un ton ouvriériste qui touche enfin la France d'en bas. La campagne s'achève comme elle aurait dû commencer...

Le lundi, sept jours avant le scrutin, je me rends à l'évidence. Il devient impossible pour Lionel de mener la bataille depuis cet antre perfide de l'Atelier. Il est le seul commandant valable de ce navire ivre : soit il reprend la barre, soit nous allons finir le deuxième tour en nous échouant. J'appelle donc Matignon et demande un tête-à-tête. Depuis presque un mois, nos discussions ne se font plus que par téléphone ou par note (j'en aurai écrit une bonne cinquantaine). J'enrage : on ne conseille pas un candidat sans le voir, les échanges virtuels occultent toute avancée.

La rencontre aura lieu le vendredi, quarante-huit heures avant le jour fatidique.

Je retrouve Lionel tel qu'en lui-même, serein après ces semaines de tourbillon, libéré d'une campagne exténuante : trop de voyages, trop d'interviews, trop de pression. « Je n'ai plus eu le temps de réfléchir, de me poser, de respirer », me confie-t-il. Je le sens englouti par la vague aux courants contraires du PS. J'expose mes craintes.

« Lionel, si nous ne revenons pas aux sources d'une campagne resserrée, quels que soient les interlocuteurs que tu choisisses, nous prenons des risques. Il faut nous libérer de l'atelier et retrouver la confidentialité et l'efficacité de nos réunions.

« Souviens-toi de 1981 et 1988 : nous n'étions jamais plus de quatre dans le bureau de Mitterrand, et jamais plus de trente minutes. Mais tous les matins. Et puis laisse-moi envoyer au feu de cette dernière ligne droite les deux socialistes les plus populaires et les plus rassembleurs, Jack Lang et Bernard Kouchner, à qui le PS n'a jamais ou presque ouvert les médias. »

Jospin n'est pas l'homme des décisions express. « Je t'appelle dès ce soir », conclut-il.

J'en profite avant de le quitter pour exposer la stratégie de second tour imaginée avec Stéphane, sans jamais une seconde envisager qu'il puisse se faire sans nous.

L'entretien a duré deux heures, tout semble en place pour la victoire. Je quitte Matignon le cœur en fête.

Le dimanche, je suis avec Bernard Kouchner et Jack Lang en train de préparer le matériel publicitaire du second tour lorsque Lionel m'appelle pour me donner son aval sur un texte. Il conclut notre discussion par une révélation : « Je ne crois pas aux sondages, mais puisque tu en fais tes nourritures terrestres, tu vas être rassuré : le premier comptage du ministère de l'Intérieur, à la sortie des urnes, me met à 18,5 %, Chirac à 18 et Le Pen à 14. » Il est 11 heures du matin, le vote est dans sa deuxième heure. Un ange rose passe.

La journée soudain se fait plus légère... Comme pour mieux préparer la soirée la plus cruelle de ma vie. A 18 h 30, la garde rapprochée de LJ se retrouve dans son bureau de l'atelier. Jack Lang, Dominique Strauss-Kahn, Martine Aubry, Pierre Moscovici, François Hollande, Laurent Fabius, Jean Glavany et l'infortuné publicitaire de service, qui ne le sait pas encore.

Premier coup de fil, en coup de semonce, des sondeurs : « Le résultat est aberrant, nous refaisons nos comptes. » L'ambiance, jusque-là plutôt joyeuse, se glace. Quinze minutes plus tard, tombe le couperet du scrutin : Chirac en tête, suivi par Le Pen. Jospin sort du jeu, écarté de la finale par à peine 200 000 voix. C'est le choc.

Nul ne fait le moindre commentaire, seuls les portables crépitent. Dans cette déroute des esprits et des espérances, on oublie de prévenir le candidat vaincu, à moins que l'on s'y refuse inconsciemment.

Le voici justement, tenant sa femme par la main, qui remonte la rue où nous sommes. Deux mille militants, ignorants du drame, l'accueillent en scandant : « Jospin Président ! » Il est radieux, porté par cette vague humaine à l'écume élyséenne. Dès l'entrée dans le local de campagne, un millier de nouveaux partisans, ceux du premier cercle, prennent le relais des hourras. Jospin ne grimpe pas les étages, il vole. Sylviane, qui n'a pas lâché sa main, se serre contre lui dans un tourbillon de grâce. Rayonnant, LJ ouvre la porte de son bureau. Là, son sourire se brise sur nos têtes d'enterrement. Le Gall, l'homme des études, se dresse comme un hussard et lui assène sans ménagement : « Lionel, Le Pen est devant toi. »

Sylviane prend la couleur blanchâtre des murs, je crains qu'elle ne chavire. Lionel s'affaisse dans le seul siège inoccupé, de tout le poids de sa déconvenue. Un ange noir passe.

Le temps se fige. Cette défaite pour nous jusque-là virtuelle se fait brusquement réelle, son héros blessé nous faisant face. C'est lui qui rompt le silence. « L'heure est grave. Pour la première fois de notre histoire, les forces du fascisme et de l'extrême droite sont en finale d'une présidentielle. Pour stopper la bête fauve, il faut une mobilisation générale des démocrates de tous bords. Ce n'est pas à moi de la conduire. Je vais reconnaître très tôt ma défaite pour laisser le champ libre à Jacques Chirac. »

Je lui demande s'il veut une aide quelconque pour préparer son texte. La réponse est ferme : « Merci, mais c'est une déclaration qui ne regarde que moi. » Et pour cause.

Lorsque nous réintégrons le bureau, une dizaine de minutes plus tard, l'assistante de Lionel nous distribue sa brève allocution. Ce sera notre deuxième K.-O. de la soirée. D'une phrase en uppercut, Lionel raccroche les gants : « Je me retire de la vie politique. »

Bernard Kouchner, qui s'est joint à nous, réagit le premier avec la fougue et la générosité de l'éternel *french doctor* : « Lionel, tu n'as pas le droit de nous abandonner. Sans toi, le PS sera orphelin de son destin. Nul ne sait de quoi demain sera fait, mais tu y auras toujours ta place. »

La scène se fait cène. Lionel calme son apôtre mais on le sent déjà détaché de nous, retiré sur son mont des Oliviers. A mon tour, je tente en vain de le faire renoncer. « Nous avons perdu l'Elysée, mais tu es bien placé, après cinq années de cohabitation, pour savoir que le pouvoir est à Matignon. Les élections législatives sont dans quelques semaines, les Français vont réagir. Ils ne tarderont pas à regretter un vote dont ils n'ont pas mesuré la portée. C'est un vote d'humeur qui va virer au vote d'horreur dès le réveil des consciences. Lionel, reste avec nous ! »

Face au désarroi, avec cette voix douce mais ferme dont il use rarement, LJ va s'adresser à ses disciples qui l'entourent : « Les Français ne m'ont pas voulu, j'en prends acte, quelle que soit l'injustice que je ressens. Le peuple est souverain, ma décision est donc sans appel : je vous passe le relais. A vous de réussir là ou j'ai échoué. La France ne pourra se passer longtemps d'un Président incarnant les forces de la solidarité et du progrès. »

Il n'y aura pas de relance. Est-ce le choc de cette page tournée si brusquement, est-ce l'espoir de trouver sa place dans celle qui s'ouvrait ? Je ne veux pas le savoir, mais je peste encore. Rien ne m'empêchera de penser que si tous les premiers ministrables avaient uni leurs voix ce soir-là, Lionel aurait pu supprimer de son texte ces sept mots qui ont changé le destin de la gauche.

Je rentrai chez moi brisé. Il me faudra trois mois de nuits d'insomnie, de réveils au goût de fiel et de jours lourds de remords rentrés pour gommer cette soirée. Je n'imaginais pas, n'ayant jamais connu l'échec électoral avant celui-ci, combien il pouvait vous percer jusqu'au tréfonds de vous-même.

Qu'imaginer, dès lors, de ce que Lionel a dû vivre dans cette situation que François Mitterrand comparait à un deuil ?

Et c'est ainsi que, ce 21 avril de sinistre mémoire, le candidat de la gauche a été battu par celui de l'extrême droite, éliminé dès le premier tour, et contraint de laisser Chirac bénéficier d'un raz-de-marée historique. Et pourtant, nous avions un bon candidat, un bilan d'exception, des hommes de talent, un contexte favorable...

Morale de l'histoire : si une bonne campagne ne garantit pas l'élection, le mépris des règles de la communication politique peut vous en écarter. La France s'est, ce jour de deuil démocratique, privée de l'homme d'Etat qui lui aurait évité cinq années de décrépitude des esprits et des espérances, cinq années d'économie en berne, cinq années de surplace social, cinq années de recul. Quel gâchis !

Mea culpa.

Quand Jospin fait la campagne de Chirac

par Thierry Saussez

Chaque élection est différente et, on va le voir, aucune campagne ne ressemble à une autre. Chacune de ces campagnes recèle son lot de surprises, la plus grande ayant été, en 2002, l'élimination de Lionel Jospin au premier tour, le 21 avril, et la présence de Jean-Marie Le Pen au second tour.

Pour la première fois, alors qu'il en est à sa quatrième candidature, Jacques Chirac est président sortant, comme François Mitterrand en 1988. Et, comme en 1988, après une période de cohabitation et dans le cadre d'un duel entre les deux sortants de Matignon et de l'Elysée.

L'offre politique continue de s'élargir, seize candidats, un record. La gauche se fait plurielle aussi par les candidatures PS, PC, MRG, Verts, chevénementistes et trois candidats d'extrême gauche. La droite se disperse entre Jacques Chirac, François Bayrou et Alain Madelin. L'extrême droite se scinde en deux : Jean-Marie Le Pen et Bruno Mégret. Jean Saint-Josse donne dans la pêche, la chasse, la nature et les traditions, Corinne Lepage dans l'écologie non partisane et Christine Boutin dans les valeurs familiales.

Aux yeux des Français, le bilan du gouvernement est convenable. Après une forte période de croissance, le climat économique s'est néanmoins dégradé, rejaillissant sur le moral des Français.

D'une façon générale, il est impossible de mesurer précisément l'influence de l'environnement économique et social sur le vote. La plupart des spécialistes pensent que cette influence existe mais loin derrière les caractéristiques propres à l'offre politique : confiance en la personne, capacité d'incarner l'avenir, etc. Il me semble indéniable qu'à court terme, juste avant le vote, cet environnement joue un rôle sur l'humeur collective et donc induit un vote plus ou moins responsable, plus ou moins protestataire à l'égard du pouvoir. Je crois aussi que ces incidences économiques et sociales sont fortes pour les actes lourds, qui marquent la mémoire collective, comme les « 35 heures », les « Emplois jeunes » ou le « CNE ». En revanche, elles sont faibles lorsqu'elles s'appuient sur des statistiques générales qui engendrent la méfiance de l'opinion.

Le Premier ministre a plutôt une bonne image. Fin 2001, les sondages d'intention de vote au premier tour mettent quasiment à égalité Jacques Chirac et Lionel Jospin, loin devant Jean-Marie Le Pen. Le second tour est annoncé à 50/50. Le pronostic de victoire très favorable à Jacques Chirac ne cesse de se réduire. Le souhait émis par les sondés reste à peu près stable, autour de 40 % pour chacun des deux candidats.

Autant dire que la situation de Jacques Chirac pour un Président sortant n'est pas enviable. Privé de bilan, inventeur du septennat de deux ans, la dissolution ratée de 1997 ayant offert cinq années de pouvoir à la gauche, il est jugé peu crédible. Englué dans les affaires de financement du RPR et de la mairie de Paris, il n'est pas considéré comme honnête. Les vacances familiales dans un palace de l'île Maurice, payées en liquide sur les « fonds secrets », ont défrayé la chronique. Les Guignols sont passés de « Mangez des pommes » à « Super Menteur ». Il lui reste, sur le papier, le rayonnement dans le monde et d'être qualifié par l'opinion comme étant plus « sympa » que Lionel Jospin. Mais cette qualité n'est pas, selon nous, structurante de l'acte de vote.

Prendre ses distances à l'avance

L'animal politique Chirac a pourtant flairé le piège dès l'origine. Ce piège est celui d'être sortant, sur la même page que celle de Jospin, c'est-à-dire sans aucune spécificité capable de mobiliser les électeurs, apparaissant de plus comme un véritable « roi fainéant ». Quitte à choisir entre deux sortants, autant prendre celui que les Français considèrent comme le plus proche de leurs préoccupations quotidiennes (ce qui n'a rien à voir avec la proximité affective), et qui a produit le plus de solutions concrètes. En l'occurrence, c'est Lionel Jospin qui répond le mieux à ces deux critères.

Dès les vœux de fin d'année, en 1997, Jacques Chirac parle de « trop de violence, trop d'insécurité ». Année après année, jusqu'au discours de Dreux, le 25 janvier 2001, il enfonce le clou, prend ses distances avec le gouvernement sur un sujet sensible, en France, depuis longtemps. Lors de son intervention télévisée du 14 juillet 2001, alors que les stratégies des candidats commencent à se dessiner, il repart à l'assaut sur l'insécurité à partir du thème : « Cela ne peut pas continuer comme ça ! »

Quand la sécurité rend fou

En janvier 2002, Jacques Séguéla met en cause dans les *Dossiers de l'audiovisuel*, il est vrai avec quelque prudence, le journal de TF1 qui serait passé au service de la droite, consacrant « systématiquement 50 % de son temps aux faits divers dans l'espoir d'affoler l'électorat ». Comme parfois, l'ami Jacques, créatif qui joue magnifiquement avec les mots, se laisse aller à en abuser lorsqu'il passe de publicitaire à militant.

Sur ce thème, à la suite de Julien Dray, de nombreux leaders socialistes, y compris leur candidat, ont mis en cause, durant la campagne, les médias en général, et TF1 en particulier.

Alain Duhamel a crédibilisé cette thèse dans *Le Point* du

6 juin 2003. Il avait, jusque-là, été avec Alain Minc l'un des grands apôtres de la théorie des effets limités, minimisant l'influence de la télévision sur la formation des opinions. Le voici qui développe à son tour l'idée selon laquelle, durant les mois qui ont précédé l'élection présidentielle, l'information télévisée « tétanisée » par l'insécurité, accumulant les « scènes de crime et de violence » sans « commentaires critiques ni recul », a fixé le cadre de la campagne. Il ajoute même : « L'élection présidentielle s'est jouée en réalité le 14 juillet 2001, quand Chirac a choisi de faire de l'insécurité son axe de campagne, dont Jean-Marie Le Pen fut le bénéficiaire. » Les médias auraient donc surinvesti sur l'insécurité, crédibilisé le thème central de Chirac et fait le score de Le Pen. Avec cette conversion brutale, Alain Duhamel nous propose une nouvelle théorie, celle des effets illimités de la puissance médiatique.

Je reste confondu devant la légèreté d'une telle « boucémissairisation ». Nous n'avons pas attendu 2002 pour comprendre que la télévision est émotionnelle, sensationnelle, irrationnelle, qu'il existe à côté de l'information sacrée une information marché, celle qui se construit sur le spectaculaire, afin de fidéliser les audiences et mobiliser les recettes publicitaires. Tout fait matière : la violence, les « affaires », la guerre et, bien sûr, les faits divers, en particulier ceux pour lesquels sont disponibles des images, des témoignages et donc des émotions.

Nous n'avons pas non plus attendu 2002, moi le premier dans plusieurs de mes livres, pour savoir que la télévision influence l'opinion et même le comportement électoral, ne serait-ce qu'en tentant de maîtriser l'agenda, en montrant ce qui est important ou non, en sélectionnant ceux qui ont le droit de parler ou pas.

On peut à loisir s'interroger sur le système médiatique, il y a tant à dire. Mais, en la circonstance, cette polémique tient du faux procès. Chirac a commencé à développer le thème de l'insécurité dès 1997. Avec le chômage, ce thème fait partie depuis vingt ans des deux ou trois grandes attentes du corps électoral. En 2002, c'est évidemment

– n'importe quel débutant en sciences politiques vous le dirait – le point le plus négatif du bilan de Jospin, et donc celui sur lequel tout adversaire va appuyer. En début de campagne, les sondages sont formels, les électeurs ne trouvent pas, très majoritairement, de grande différence entre Chirac et Jospin sur l'insécurité. Alors, oui, Chirac s'est trouvé en conformité avec une forte attente électorale et l'actualité du moment, naturellement exploitée par les médias. Alors, oui, Jospin ne l'a pas compris. La première fois, en avouant en ouverture de campagne avoir été « naïf » sur la sécurité. La seconde fois, lorsqu'il a fallu se positionner plus à gauche en dénonçant « la campagne obsédante » de Chirac sur ce thème et en lui reprochant de se comporter comme s'il était candidat au poste de ministre de l'Intérieur. Dans le premier cas, il est apparu fragile, dans le second, ignorant des vraies préoccupations de millions de Français, parmi lesquels beaucoup de ses électeurs potentiels.

L'actualité et l'agenda médiatiques sont donc, à cette époque, tragiquement en phase avec les préoccupations exprimées par le chef de l'Etat. Attentats du 11 septembre 2001 aux Etats-Unis, notamment à New York où se rend Jacques Chirac avant même George Bush ; explosion de l'usine AZF à Toulouse, le même mois ; mauvaises statistiques répétées de la délinquance ; long cortège de faits divers qui émaillent la campagne : meurtre d'un policier, mort d'un père qui volait au secours de son fils apparemment racketté, incidents dans plusieurs synagogues et mosquées ; passage à tabac et incendie de la maison d'un vieil homme à Orléans, juste avant le premier tour, etc.

Cet environnement a évidemment pesé sur l'élection, en général, et sur le duel des deux cohabitants, en particulier.

Une entrée en campagne poussive

Jacques Chirac a été élu en 1995 sur son dynamisme, son allant, qui sont même devenus une marque de fabrique. Il a entretenu ce style le mieux possible durant un septennat chahuté. On l'a déjà dit, ajouté à une indéniable prestance au niveau international, ce sont des atouts majeurs face à Lionel Jospin. Comme tout sortant, il a décidé d'entrer en campagne le plus tardivement possible. Il finit néanmoins par se ranger aux arguments de Nicolas Sarkozy et de Dominique de Villepin, qui mesurent la difficulté de la situation et le pressent d'accélérer. Il profite d'un déplacement à Avignon, le 11 février 2002, pour répondre à la question pas vraiment spontanée de la fidèle Marie-Josée Roig, maire de la ville : « Oui, je suis candidat. » Il le dit comme s'il était ému, presque embarrassé, un peu comme Mitterrand à la télévision, en 1988, pour une décision identique. Nous sommes à soixante-neuf jours du premier tour. Le soir même, il est au journal de 20 heures de TF1 pour répondre à la longue litanie des critiques sur les « affaires », la dissolution ratée, les promesses non tenues...

A ceux qui, autour de lui, sont accablés, il répond : « Il faut bien crever l'abcès. » Dans les jours qui suivent, pour la première fois dans son parcours politique, Jacques Chirac suscite le doute : a-t-il encore envie de donner l'envie de le choisir ? Le pouvoir est passé par là. Durant des années, à juste titre, sous l'influence de Claude Chirac, l'image présidentielle a été très cadrée, très maîtrisée, très contrôlée. Cette distance a permis de mieux gérer les difficultés, les crises et les affaires mettant en cause l'image du Président et sa crédibilité à exercer la fonction suprême. C'est une pratique très américaine. L'image est un capital qui n'appartient qu'au seul leader politique. A lui de décider quand, comment, dans quel décor, il s'exprime. Aux médias de s'y conformer ou de renoncer à couvrir, ce qui évidemment est quasi impossible lorsqu'il s'agit d'un leader de premier plan. En sens inverse, aux Etats-Unis en tout cas, lorsqu'un leader est à la télévision ou face à un média, il doit accepter les conditions posées et faire face à un journalisme plus agressif qu'en France. Je pense que cette distance nouvelle de Jacques Chirac par rapport aux médias mais également aux Français, qu'il a vus de plus loin étant très occupé par les affaires planétaires, explique son entrée poussive dans la campagne.

Ses premiers déplacements se font à Garges-lès-Gonesse sur le thème de l'insécurité et, presque comme des travaux appliqués, à Mantes-la-Jolie sous les quolibets et les crachats.

Conformément au plan de campagne, le Président enchaîne avec la sortie de son affiche le représentant très souriant, avec un salut de la main levée, sur fond de foule floutée. Le slogan reprend l'idée de la France, comme en 1995. Mais, en 2002, ce n'est plus « La France pour tous », c'est « La France en grand, la France ensemble ». Ironie du sort, comme Balladur en 1995, le Président semble peiner à prendre les habits du candidat, créant ainsi un décalage entre l'énergie qui l'a fait roi et une certaine atonie dans son comportement.

Le contraste est saisissant avec l'entrée en campagne de Lionel Jospin, le 20 février. Jacques Séguéla et une kyrielle de conseillers autour du Premier ministre ont évidemment diagnostiqué un déficit d'affect, insisté sur la préparation très minutieuse des interventions à la télévision, tenue, pose du corps, sourire..., et poussé Lionel Jospin à briser l'armure, y compris avec des reportages photo « sympas » dans les magazines. Le candidat socialiste se déclare officiellement dans une lettre aux Français adressée, par fax, de son domicile, à l'Agence France-Presse.

Attendu en bas de chez lui par une équipe de télévision pour une interview, chacun remarquera qu'il se fait discrètement décaler, par une conseillère, de la porte d'entrée vers la rue qui offre une perspective plus ouverte pour une déclaration de candidature. Il faut toujours penser au cadrage. Le lendemain, sur France 2, le candidat socialiste propose « une présidence restaurée ». Quelques jours plus tard, à la Mutualité, il amplifie le pilonnage contre Chirac entamé depuis des mois par ses proches et résume le bilan du chef de l'Etat à « deux ans de présidence infidèle, plus cinq ans de présidence passive = sept ans de présidence contestée ». Le 6 mars, Jospin augmente la cadence avec un grand meeting populaire à Lille et dénonce « la mystification politique de 1995 », ainsi que le cynisme qui consiste à jouer sur les peurs en matière d'insécurité.

Dans les sondages d'intentions de vote, après une infime remontée à la suite de leur déclaration respective de candidature, Chirac et Jospin sont, à ce moment précis, au coude à coude.

Ne jamais sous-estimer l'adversaire

Dans *L'Art de la guerre*, Sun Zi écrivait qu'il faut agir en fonction des ressources, non des objectifs. Le Premier ministre a agi davantage à partir de ses objectifs que de ses ressources. La gauche a trop méprisé Chirac. Les choses avaient pourtant bien commencé, lorsqu'en 1997, à peine installé au pouvoir, Jospin ne donna qu'un seul mot d'ordre à l'égard du chef de l'Etat : « J'interdis que l'on dise du mal de notre bienfaiteur. » Elles se sont envenimées ensuite, le Premier ministre reprochant à ses ministres de trouver Chirac « sympa » lors de leurs déplacements en commun. Le bienfaiteur devient haïssable, et le pilonnage socialiste de pré-campagne démarre contre « ce cynique doublé d'un incompétent », « ce nul et corrompu ». « Cet homme du passé », comme disait Giscard en parlant de Mitterrand, en 1981, avec cette même erreur de la sous-estimation des forces en présence. L'entourage proche de Jospin pensait ne faire qu'une bouchée de Chirac, comme en témoigne, malgré les réserves, cette description du chef de l'Etat par Olivier Schrameck, le directeur de cabinet du Premier ministre : « Peut-être, sous une magnifique apparence, est-ce un meuble bouffé par les termites ? Il tombera en poussière quand Lionel Jospin le secouera, peut-être. »

Ici, à la sous-estimation de l'adversaire s'ajoute une incompréhension de l'opinion qui, il est vrai dans les sondages, place l'honnêteté en tête des qualités attendues d'un leader politique. Pourtant, les Français considèrent que le pouvoir implique certains moyens financiers comme la violence fait partie du devoir d'Etat. Ils n'ont pas vraiment été choqués par les signes extérieurs de luxe des séjours de rêve du Président, dont les socialistes ont fait leurs gorges chaudes. Ils ont compris que tout le monde s'est débrouillé pour faire fonctionner les partis et financer les campagnes électorales. L'opinion a une conception fonctionnelle de l'honnêteté en politique et n'est prête à condamner, preuves à l'appui, que l'enrichissement personnel. Par leur vote, les citoyens ont renvoyé à leurs études psychologiques et politiques ceux qui, bouffis d'orgueil et de supériorité intellectuelle, se sont mués en professeurs de morale. Ils auraient dû se souvenir de cette phrase de François Mitterrand : « La politique n'est ni une logique ni une morale, c'est d'abord une dynamique. »

Un dérapage qui change tout

Durant cette campagne, le candidat socialiste n'a pas seulement sous-estimé Chirac, il a multiplié les erreurs. D'emblée, il a démobilisé son camp en déclarant : « Le projet que je propose n'est pas socialiste », alors même que l'augmentation sans précédent du nombre de candidats, spécialement à gauche, va conduire à une dispersion des voix. N'oublions pas que, pour être présent au second tour, il faut se qualifier au premier. La finesse consiste à gérer les paradoxes, afin de les rendre fertiles. L'un des moindres n'est pas de réussir à réunir son camp, à être clairement identifié à une famille politique puis à élargir sa cible en démontrant une capacité de rassemblement. Se trompant de campagne, comme Balladur en 1995, Jospin a ensuite rectifié le tir, modifié sa stratégie et affirmé un positionnement « à gauche toute ». Evidemment, comme toujours, trop tard et sans succès. Mieux encore, planant à 10 000 mètres d'altitude, il a en quelques secondes, avec quelques mots – la fameuse petite phrase sur l'âge du Président –, signé sa défaite mémorable.

Ce dérapage qui marque la campagne ne fait pas immédiatement sensation dans un microcosme et une opinion qui partagent peu ou prou ce sentiment. Ce qui change tout, c'est la réaction en chaîne, telle que je n'en ai jamais vu dans aucune campagne présidentielle et qui aboutit pour Jospin à un véritable désastre : effet de contre-image, agression et victimisation de son adversaire, réveil de Chirac.

Contrairement à ce que pensent beaucoup d'hommes politiques, les Français peuvent leur pardonner une erreur surtout s'ils la reconnaissent vite et bien. Ce qui les choque davantage, ce sont l'incohérence des messages et l'inconstance des images. « Le prince ne doit pas être changeant », disait Machiavel. L'opinion n'est pas dupe des inversions de stratégie, des attitudes contradictoires comme celle de Jospin qui passe brutalement d'une image assez lisse, feutrée, calme, pondérée à un attentat symbolique, la volonté (même si c'est seulement avec des mots) de liquider presque physiquement son adversaire. Pis que de lui mentir, l'opinion voit bien qu'au travers de ces revirements, on cherche à la manipuler, et pis encore, sans avoir le talent de réussir le contre-pied.

Comme on l'a vu, l'agression victimise Chirac et le rend donc plus sympathique encore, peut-être spécialement auprès des personnes âgées qui représentent un bon tiers de l'électorat. Le Président ne laisse évidemment pas passer l'occasion. Il fustige dans les médias « une stratégie consistant à essayer de m'abattre par tous les moyens, des méthodes qui rappellent celles de tous les extrémistes » (référence à peine voilée au passé trotskiste du candidat socialiste qui alimente beaucoup la chronique). Mais surtout, le lendemain, au journal de France 2, il contredit l'accusation en direct et prouve par son entrain physique qu'il a la forme, la pêche, le tonus retrouvé, la vertu du combattant. Sur un ton offusqué, il déclare : « Et qu'est-ce que j'entends ? Des propos sur le physique, le mental, la santé... une technique qui s'apparente un peu au délit d'opinion, presque au délit de sale gueule, si j'ose dire. »

Jospin prendra son temps non pour s'excuser, ce qu'il aurait dû faire le lendemain pour couper court à l'affaire, mais pour donner une explication alambiquée. Le 18 mars, lors du 19/20 de France 3, il dit : « Ce n'est pas moi, cela ne me ressemble pas », comme s'il y avait un autre Jospin, ce qui a déclenché une nouvelle salve de polémiques politiques et d'analyses plus ou moins psychologiques. Il faudra attendre l'université d'été des socialistes, en août 2006, à La Rochelle, pour entendre Jospin confesser, les larmes aux yeux, ses erreurs. Il est vrai qu'aux yeux de ses concurrents à l'investiture du parti socialiste, c'est lui qui est devenu « le vieux ».

Du coup de tonnerre au défi

Après le faux pas de Jospin qui casse sa dynamique de campagne et « rebooste » celle de Chirac, on entre dans la dernière ligne droite avant le premier tour, le fameux 21 avril 2002. Le chef de l'Etat a le sentiment d'avoir repris l'initiative et ne veut prendre aucun risque. Chacun présente son projet diffusé à des millions d'exemplaires, brochures et documents, tient de grands meetings. La campagne est terne. Le 15 avril, selon un sondage Ipsos, 72 % des électeurs jugent la campagne dénuée d'intérêt. *Télérama* peut, à juste titre, évoquer une confrontation « morne et aseptisée ». Le seul fait saillant est la multiplication des déplacements de Bernadette Chirac qui est partout où le Président ne peut se rendre. Et elle fait un tabac, signe que l'on n'a pas attendu aujourd'hui pour donner une place aux couples politiques.

La messe est dite mais, coup de tonnerre, Le Pen arrive en seconde position. Chirac fait au second tour la campagne de ses rêves, centrée sur les valeurs républicaines. Il est réélu avec 82 % des voix.

Contrairement à un lieu commun, on n'a jamais élu et encore moins réélu, sous la Ve République, un Président pour des raisons identiques. De Gaulle a réconcilié la France avec l'Histoire. Pompidou a été le passeur du souffle épique à la normalité. Giscard d'Estaing a ouvert l'ère de la modernité. Mitterrand, en 1981, a incarné l'alternance, la volonté d'essayer la gauche. En 1988, il a été réélu moins pour la force que pour la tranquillité. En 1995, Chirac a gagné à l'énergie. En 2002, il a été réélu dans le doute : celui des Français sur le fait que la politique puisse encore servir à quelque chose ; mais aussi le sien propre à l'égard de ce qu'on pouvait faire ou non dans le pays. Les Français l'ont choisi pour sa force, ils l'ont gardé pour ses faiblesses, car c'étaient aussi les leurs.

Cette France de 2002 considère les acteurs politiques comme dépossédés des vrais pouvoirs, face à l'économie, à l'Europe ou à la mondialisation. Quitte à ne pas avoir une réelle capacité à peser sur le choix et face au manque de singularité des projets, le vote devient plus ludique.

Cette France de 2002 se sent également largement en régression. Le Pen réunit au premier tour non seulement plus de chômeurs, mais plus d'actifs de trente-cinq à quarante-neuf ans, de commerçants, artisans et chefs d'entreprise, d'ouvriers que Jacques Chirac. Contrairement à l'idée répandue, ce choix n'est pas dicté par les insatisfactions liées à l'insécurité ou l'immigration. Le Pen réunit d'abord ceux qui se sentent en situation de précarité, d'exclusion, ceux qui pensent qu'ils n'ont rien à perdre et, plus largement, ceux qui s'estiment en régression sociale. Et cela ratisse large, du chômeur en fin de droits au médecin isolé du petit village, en passant par le cadre endetté et stressé, jusqu'au petit patron exaspéré par l'Urssaf... Vote ludique, vote protestataire, il est inutile de chercher à casser le thermomètre. C'est la fièvre qu'il faut calmer. Relever le défi de la dépossession et de la régression, répondre à cette fracture politique et sociale, à ce délitement du sentiment d'appartenance, cette crise d'identité et de fierté deviennent les véritables enjeux de la présidentielle de 2007.

1965
La campagne originelle

Le général de Gaulle
élit
Charles de Gaulle

par Jacques Séguéla

Tout commence en 1962, le 20 septembre 1962. Dans une allocution radiotélévisée dont il n'a pas encore le secret, le général de Gaulle s'adresse aux Français pour leur proposer une révolution à sa manière. Il vient, voici un mois à peine, au Petit-Clamart, d'échapper aux balles de Bastien-Thiry. Est-ce le souci de donner à son successeur les moyens d'une vraie légitimité ou celui, plus plausible, de marquer une fois de plus l'histoire de France de son sceau ? Par ce référendum, les Français vont décider d'élire leur prochain président de la République au suffrage universel direct. La vie politique asphyxiée par les institutions caduques va changer d'ère.

Cent quatorze ans après l'élection de Louis Napoléon Bonaparte, la désignation du président de la République redevient le point central de la vie démocratique. Echappant aux tractations des parlementaires, elle concernera tous les citoyens. Cette révolution de mœurs politiques va reléguer au musée des Souvenirs les campagnes référendaires, si rares et si impersonnelles. Rendez-vous est pris pour 1965, échéance du premier septennat gaullien.

Merci, mon Général, grâce à vous, la publicité va entrer dans l'Histoire.

Astérix, nous voilà

Nous sommes chez les descendants des Gaulois, la réforme n'ira pas sans heurter certaines sensibilités. Nombre d'hommes politiques verront, dans cette présidentialisation excessive, la porte ouverte à un dangereux césarisme. Ils n'auront pas réellement tort. Première victime et quelle victime ! Pierre Mendès France, l'adversaire le plus talentueux et le plus ombrageux du Général. Bien que jouissant d'une immarcescible aura dans la gauche française, l'ancien président du Conseil, viscéralement hostile à ce mode d'élection, refusera de concourir. Sa défection ouvrira la voie élyséenne aux autres candidats de gauche. Merci, Mendès, sans ce renoncement je n'aurais peut-être jamais rencontré François Mitterrand.

Mon futur président préféré aura donc l'habileté de ne pas s'opposer à la réforme, sinon dans sa forme : un vote du Congrès lui aurait paru plus légitime. En fin politique, il sent que ces nouveaux horizons s'ouvriront à ceux qui sauront les regarder en face. « Depuis 1962, écrit-il dans *Ma part de vérité*, j'ai su que je serais candidat. Quand ? Comment ? Je ne pouvais le prévoir. Je ne disposais de l'appui ni d'un parti, ni d'une Eglise, ni d'une contre-Eglise, ni d'un journal, ni d'un courant d'opinion. Je n'avais pas d'argent. Autant de raisons pour ne pas être candidat, à moins que ce ne fussent autant de raisons pour l'être. » Le futur patron de la gauche oubliait l'essentiel, mais l'oubliait-il vraiment ? Défier le pouvoir à cette époque tenait de l'utopie.

Monsieur France

En 1965, de Gaulle est à son apogée, une domination sans partage, forte du bilan d'un septennat d'exception : paix en Algérie, décolonisation en Afrique noire, mise au point de la force nucléaire, amélioration constante du niveau de vie, réconciliation franco-allemande, rétablissement des relations diplomatiques avec la Chine, rayonnement international de la France par le soutien aux peuples du tiers-monde...

Excusez du peu ! D'incertaines critiques s'élèvent de l'opposition, mais sans prise réelle sur l'opinion. Elles concernent, sans grande imagination, la politique économique et sociale menée par le gouvernement de Pompidou et son jeune ministre de l'Economie et des Finances, Valéry Giscard d'Estaing. Si la croissance est indiscutable (5 % en moyenne, de quoi nous faire rêver aujourd'hui), la modernisation de l'économie provoque quelques grèves, dont la plus récente, dans les mines du Nord. Au plus grand déplaisir du Général. La répression sera violente : fait-on grève dans l'armée ? La droite, de son bord, trouve peu de faveurs au « plan de stabilisation » lancé par VGE en septembre 1963, normal, il repose sur une hausse d'impôts, une hausse qui n'est jamais du goût des riches. Son application fera grincer quelques dents mais surtout des dentiers en or. Plus lancinante sera l'hostilité de l'extrême droite, issue de Vichy, qui ne pardonne, à l'homme de l'appel du 18 Juin, ni la solution du problème algérien, ni ses ententes avec les communistes. Qu'importe, la caravane aboie, la popularité du Général passe. Une cote à quatre étoiles, entre 60 et 66 %.

Monsieur X

De combien de couvertures de magazines se souvient-on quarante ans plus tard ? Je n'oublierai jamais celle de *L'Express* du 19 septembre 1963, titrée : « Monsieur X ». Suivait un article décrivant, sans le nommer, le candidat idéal de la gauche. Rien d'autre que le premier *teaser* politique !

Le jour de gloire du marketing politique venait de sonner. Ce fut mon dépucelage de communicant, je n'avais jamais imaginé qu'un jour cet artisanat débutant qu'était la pub à cette époque, dévouée aux lessives et aux automobiles, puisse se mettre au service de la République. Certes, ce n'était qu'un coup de presse, mais il flottait dans ce démarrage de campagne un air de jamais vu, de jamais dit, de jamais fait, qui m'émerveillait.

L'idée qui titille la France entière, et la fait s'intéresser avec deux ans d'avance à l'élection prochaine, est venue de

Françoise Giroud et Jean-Jacques Servan-Schreiber. Paris bruit de rumeurs. Lancée par l'Elysée, celle d'une présidentielle anticipée renforce à plaisir la légitimité du sortant. La gauche, à sa piètre habitude, apparaît divisée, trop de candidats, trop peu charismatiques... rien pour inspirer l'amour. D'où le coup de poker du couple infernal de la presse. Coup de génie avant tout pour le magazine rebelle en cette période si conformiste, coup d'épée dans l'eau pour le d'Artagnan un peu enrobé de la gauche.

« Monsieur X », initiale normale de la part du polytechnicien JJSS, révèle pour les initiés, semaine après semaine, les indices codés d'un portrait en forme de signe de piste ressemblant furieusement à un certain Gaston Defferre. *Le Canard enchaîné,* le premier, lèvera le lièvre : « Ce Monsieur X, c'est l'homme au masque Defferre ? » Mais le public est bon enfant dès qu'on lui conte une histoire. Les démentis réguliers feront durer le suspens plusieurs semaines. Sous le manteau, le maire de Marseille corrige les articles consacrés à sa personne, et prépare sa stratégie présidentielle : une alliance de la gauche socialiste et du centre MRP. Les vieilles lunes, déjà. Et la trahison aussitôt.

La candidature de « Gastounet » à peine officialisée s'enlisera, minée par les guerres intestines et l'opposition décisive du secrétaire général de la SFIO, Guy Mollet. La bombe médiatique n'aura été qu'un pétard mouillé.

Sa première faiblesse, outre de compter sur la parole de ses partenaires, est d'avoir démarré trop tôt. Aucune campagne ne résiste à deux années d'usure. A Nicolas Sarkozy de faire mentir la coutume. L'événement lui-même se retournera contre son auteur, trop prometteur dans sa nouveauté pour être porté par un vieux briscard de la politique, si habile, si charmeur, si fortuné soit-il.

Je ne connaîtrai Gaston Defferre que quinze ans plus tard. Il sera l'un des stratèges les plus aguerris de la campagne de 1981. Et le plus écouté : je n'ai jamais vu François Mitterrand prendre une décision, dans ce combat incertain jusqu'à la limite, sans en référer au bon sens et à l'intelligence politique de celui qui fut, en fait, sa vraie force tranquille. Le plus étonnant est que son échec, un des plus cuisants des jours électoraux, ne l'avait en rien marqué. Il évoquait la vie à pleines dents, à plein cœur, à plein esprit.

Monsieur XXX

« Monsieur X » deviendra vitre Monsieur 3 %, mais, à sa décharge, il aura eu le talent de la surprise. Ses compétiteurs se montreront moins imaginatifs. Ainsi, la droite pétainiste, qui voue à de Gaulle une haine insatiable, profite de l'aubaine pour en découdre avec l'homme de Londres. Jean-Louis Tixier-Vignancour annonce, dès le 17 novembre 1963, sa décision d'être candidat. Il se veut le porte-parole des vaincus de l'Algérie française et de tous les revanchards de Vichy. Ancien secrétaire de l'Information du Maréchal, il réussit à se faire élire député en 1956, et se fait aussitôt remarquer à la tribune de l'Assemblée. Son fameux « la Corrèze passe avant le Zambèze » restera dans les annales d'une éloquence parlementaire hélas perdue.

Ce peu fréquentable personnage fera une campagne pagnolesque. Le verbe haut, la modestie basse, la truculence en prime, il aura l'idée, que lui volera l'UMP quarante ans plus tard, de trimballer une caravane et un chapiteau de cirque sur les plages de France, la foule accourra, friande des saillies de l'avocat. Hélas pour lui, il ne se révèlera ni télégénique, ni télébrillant. Les tribuns font souvent de médiocres champions du petit écran. Les effets de manche passent mal la rampe cathodique. Mais la presse, si friande de nouveautés, et plus encore en ronde électorale, se pliera à ses rodomontades. Le 20 octobre, il atteint les sommets de l'enflure. Il livre aux journalistes parlementaires sa vision optimiste des faits : « J'arriverai en troisième position [au premier tour]. Il y aura ballottage. Le Général se retirera. La gauche étant minoritaire en France, je serai élu au second tour. » Implacable et imbécile.

Monsieur gauche

Le retrait de Gaston Defferre éclaircit l'horizon à gauche jusqu'à la rendre transparente. Le socialiste Guy Mollet est contesté, Pierre Mendès France refuse toujours de cautionner une élection qu'il dénonce, le communiste Waldeck Rochet n'a guère l'envie de s'engager dans une course qui ne lui promet aucune place sur le podium. Ainsi naît l'hypothèse François Mitterrand.

Le député de la Nièvre flaire l'échappée belle, il va se jeter corps et âme dans la mêlée. Un handicap l'obsède. Son vrai-faux attentat de l'Observatoire qui, en 1959, semblait avoir mis fin à sa carrière politique. J'oserai, lorsqu'il sera devenu président et que nos liens se seront tissés, lui demander « sa » vérité. « Le plus vil des coups bas que j'aie eu à affronter, me répondra-t-il. Je me suis laissé manœuvrer comme un enfant. Mais croyez que cela m'a servi de leçon. On ne m'y reprendra plus. »

Les rumeurs sont comme la syphilis, elles laissent des cicatrices indélébiles. Les antimitterrandiens ne croiront jamais à la bonne foi du prévenu. A chacun son interprétation des faits, mais j'ai, pour ma part, senti tant de mépris dans sa réponse d'homme blessé que je reste de ceux qui ne sauraient le mettre en doute.

Discrètement, François Mitterrand noue, dès avant l'été 1965, des contacts avec ses indispensables alliés dans cette bataille : communistes, SFIO et Mendès France. L'accueil est favorable. Dès la rentrée, celui qui a été onze fois ministre, vingt ans député et trois ans sénateur, celui que tant d'attaques, tant de hargne, tant de médisances semblaient avoir discrédité, celui dont les engagements de jeunesse à droite sont notoires, parvient à se poser en champion de la gauche unie. *A star is born !*

Sa candidature est lancée officiellement lors d'un déjeuner boulevard du Montparnasse, le 9 septembre. Autour de la table, les frères d'armes qui ferrailleront à ses côtés jusqu'à la victoire encore si lointaine : son frère Robert Mitterrand, son communicant Claude Estier, son argentier André Rousselet, son garde du corps Charles Hernu, son garde du cœur, Georges Dayan. Il rédige sur un coin de table, entre la poire et le fromage, une déclaration de vingt-cinq lignes. Vingt-cinq lignes qui écrivent un destin. Il l'envoie à l'AFP. Six septennats plus tard, Lionel Jospin se déclarera lui aussi par écrit. Mais les temps ont changé, la dépêche deviendra un fax.

L'après-midi même, de Gaulle a programmé une conférence de presse pour annoncer sa propre candidature. Il blémit : un paria de la politique ose lui voler la vedette : dans quelle France vivons-nous ! Il renonce à sa déclaration, la queue basse. Le lendemain, la Fédération de la gauche démocrate et socialiste (FGDS), qui sera le bras armé de François Mitterrand, est constituée. Elle regroupe la SFIO, le parti radical et les clubs de la Convention des institutions républicaines. Le 23, il reçoit le soutien officiel du PCF. Le voilà candidat de l'ensemble de la gauche. Lancement de la fusée Mitterrand réussi !

Ainsi commence ce que Roland Dumas a appelé « une campagne coup de poing », menée avec des moyens artisanaux, sous les lazzis de la plupart des commentateurs et les sarcasmes de la droite gaullienne. Ne leur en déplaise, son succès va demeurer historique. L'équipe est entassée dans un quatre pièces sans âme de la rue du Louvre, quatre téléphones, quatre vieilles machines à écrire et le mors aux dents. Quelques dactylos complètent l'équipe microscopique que vient renforcer la présence de jeunes bénévoles addicts à la cause, dont Edith Cresson. Le candidat d'alors ne l'oubliera pas.

Avec moins de 97 millions d'anciens francs difficilement rassemblés, le dixième du prix de la campagne d'affichage du Général, Mitterrand ne fait pas dans le luxe. Mais il va à l'essentiel, c'est sa force. Il martèle, dans les rares meetings que lui autorisent ses caisses vides, un unique thème, celui des libertés, sujet à la fois limité et sans limites, sur lequel le jeune orateur fait merveille. Il se plaint, mais aussi se plaît, de devoir tout faire seul, présentation, introduction et conclusion, qu'importe, le one-man show finit par attirer du monde. Ses débuts d'homme-orchestre vont lui donner l'art et la manière. Plus tard, ni les moyens, ni le pouvoir, ni la gloire ne l'empêcheront de régler en connaisseur les moindres détails de ses réunions publiques. Je le verrai décider de tout. Les salles, les fonds de scène, la forme du pupitre, le réglage de la sono, et une attention particulière portée à la lumière, qui, trop forte, lui fait cligner des yeux. Un désavantage qu'il aura du mal à maîtriser à la télévision. Il n'oubliera ni la musique d'entrée et de sortie, ni le placement de chacun, ni la claque. Et jusqu'au menu du repas qui suivra.

Dans son ode aux libertés, l'homme de gauche et de progrès introduira celles des femmes, ces laissées-pour-compte de politiques limitées à un discours de quinquagénaires mâles, à l'attention quasi exclusive des seuls autres quinquagénaires mâles du pays. Interviewé par l'écrivaine Benoîte Groult, il prônera plein écran la libéralisation de la contraception et la participation à la vie publique de ce que l'on dénomme encore le « sexe faible ». Le geste lui coûtera plus de voix à droite que ça ne lui en rapportera à gauche mais il marquera les esprits et, plus tard, l'Histoire. Au point, en 1974, de considérer cette prise de position comme un moment majeur du débat sur la cause féministe.

Mais ni les coups de gueule ni les coups de cœur ne suffiront à combler l'absence d'équipe, de programme, de trésorerie et, surtout, de légitimité. Rares sont ceux qui croient au succès de cet « aventurier ». Raymond Aron pronostique qu'avec lui la gauche ne recueillera « pas plus de cinq à six millions de voix, son plus mauvais score depuis le second Empire ». On peut être brillant esprit et piètre politique. Seul François Mauriac, pourtant soutien du Général, écrira que la candidature de Mitterrand « peut lui assigner demain ou après-demain une place éminente »...

Messieurs les politiques

Aux côtés de ces chalengeurs attendus de la gauche et de l'extrême droite, trois nouvelles candidatures vont émerger.

La première, chronologiquement, est celle de Pierre Marcilhacy, sénateur « au-dessus des partis » (il mesure 2,03 mètres) et non inscrit de la Charente. Il représente la Convention nationale libérale, agrégation hétérogène d'opposants à la politique algérienne du Général. Il est extrêmement critique envers de Gaulle, qui le lui rend bien : « Marcilhacy, c'est le notable, sûr de lui parce qu'il est notable », et voilà notre homme habillé pour la campagne. Il tombera aussitôt dans le piège et se déclarera, sûr de lui-même, disposé à faire entendre une voix non partisane prête à « servir son pays ». Vaste programme, qui lui permettra de recueillir quelque 400 000 voix !

Autre candidature de meilleure facture, celle de Jean Lecanuet. Profitant du renoncement d'Antoine Pinay, le jeune (quarante-cinq ans) président du MRP se déclare le 19 octobre. Parlementaire sans éclat, il décide, au diapason de François Mitterrand, de profiter de la caisse de résonance de la campagne pour donner à son destin une inflexion majeure. Lui aussi, à sa manière, va influencer la pub présidentielle et lui donner ses premières couleurs américaines en France.

Sous la houlette de Michel Bongrand, l'inoxydable inventeur du marketing politique qui vient de lancer James Bond en France, Lecanuet entre en communication tout feu tout flammes. Il sera le candidat de l'avenir, « démocrate, social et européen ». Très loyalement, il refusera de se perdre en vaines querelles avec le gaullisme, mais lèvera une armée de jeunes fans enthousiastes. Elle fera vaciller la statue du Général, et l'obligera à entrer en lice à son tour.

Le jeune impétrant ne se refuse rien, se présente en « Kennedy français », et se lance par des affiches-tout-sourires : une première dans cette galerie de portraits électoraux où le sérieux le dispute au sinistre. Ses supporters applaudiront, ses détracteurs trouveront le contre-slogan qui tue : « Dents blanches, haleine fraîche », paraphrasant la campagne Colgate du moment.

La pub a aussi ses revers de médaille. A peine un prétendant dévoile-t-il son slogan que l'armée de ses adversaires se met en chasse de la formule qui le détruira. En 1981, lorsque Giscard tapissera les murs de son « Il faut un Président à la France », j'aurai la mission de jouer les antimissiles. J'improviserai dans la nuit deux Post-it géants. L'un venant compléter le titre d'un « Votez Mitterrand » que les militants collèrent à la sauvette sur les affiches présidentielles. L'autre, mortel, consistait en deux petits diamants imprimés, à apposer sur les yeux de VGE. « L'affaire des diamants » venait ainsi conclure notre campagne, sur le visage même de son auteur.

Le geste fut applaudi comme un fait d'armes. Il n'empêche qu'aujourd'hui, j'en ai honte. La pub est affaire de coups, pas de coups bas.

Six autres compétiteurs sont dans les starting-blocks, sans aucune chance sinon celle de gloriole. Le dernier dans l'ordre d'annonce des candidatures, mais pas dans la singularité, est l'ineffable Monsieur Barbu. Père de seize enfants, et éphémère député à la Libération, cet artisan fabricant de boîtiers de montres étanches se définit comme un « Français moyen ». Il fait du « parler vrai » comme Monsieur Jourdain de la prose, sans le savoir, ses inflexions touchantes, sa naïveté, son entêtement en feront le fou du roi de cette présidentielle. Chacune a son trublion, porteur des rancœurs des uns, des regrets des autres, du dénigrement de beaucoup pour ce moment d'Histoire qui tourne inévitablement au spectacle de foire sur fond de démocratie. Tous n'auront pas le talent de Coluche mais, dans son genre, Barbu ne manquera ni de piques ni de piquant. Avec un nom pareil, on s'en serait douté. Fondateur en 1941 d'une « communauté de travail », il dénonce « l'arbitraire » du pouvoir et « l'inertie » de l'administration. Flanqué de ceux qu'il appelle ses « gaillards » ou encore ses « copains », il se présente comme « le candidat des chiens battus », et se déclare

« sphérique d'opinion ». Comme les autres, il aura droit à ses deux heures d'antenne durant la campagne télévisée. Un cadeau royal de la République qui ouvrira la porte à bien des fantaisistes. Il lui revient le titre d'avoir créé le genre. Faute d'être président, il restera Barbu Ier.

De son bureau élyséen, de Gaulle fait durer le suspens. Stratégie délibérée ou hésitation sincère ? Ses biographes et ses confidents pensent qu'il était tiraillé entre le désir d'achever ses Mémoires, et celui d'achever son pacte présidentiel, hésitant à abandonner un régime encore instable. Tante Yvonne milite pour une retraite méritée, ses proches tergiversent mais lui est piqué au vif par les attaques répétées de ce roquet de Mitterrand. Le vieux lion ne supporte pas l'idée que sa République tombe dans les mains de cette « hyène ». Et voici que le nouveau héros de la gauche sert de Viagra au vieux Général.

L'Histoire, tel le théâtre, se répète et n'hésite jamais à reprendre ses grands succès. En 1988, nous vivrons la même pièce avec Mitterrand dans le rôle de De Gaulle, Chirac dans celui du jeune Mitterrand, le dernier acte restant inchangé.

Sa Grandeur a le sens du symbole. C'est un mois seulement avant le scrutin, le 4 novembre, jour de la Saint-Charles, une date porte-chance, qu'il annonce par une déclaration radiotélévisée solennelle qu'il sera candidat. Le ton est plus théâtral encore qu'à l'ordinaire, et Dieu sait que le vieux briscard a le savoir-faire. La presse ne s'y trompe pas et titre : « Moi ou le chaos »... Mitterrand, à son habitude, aura la repartie de choix : « Eh bien, c'est fait ! Le général de Gaulle a choisi le meilleur candidat gaulliste, c'est-à-dire le général de Gaulle. »

L'homme sandwich

Le média roi du moment est l'affichage, son règne durera trente ans jusqu'à la loi scélérate de 1992, la dernière que promulguera Michel Rocard qui le guillotinera. Une loi stupide, toujours en vigueur, qui interdit toute publicité politique, quel que soit le média, trois mois avant une élection. Elle fait de la France la seule démocratie au monde qui s'autocensure au moment où se fait le choix de son destin, un temps d'écoute privilégié où chaque électeur cherche à s'informer clairement et simplement, le premier talent de la pub.

En 1965, la vraie nouveauté de la campagne sera l'extrême personnalisation des candidats, dont les photos orneront soudain les murs de France. Au détriment des partis, relégués au rang de porte-voix et d'apporte-voix. Les médias, aujourd'hui accros du moindre slogan au point d'en faire leur une, verront alors une menace sur la démocratie dans cet étalage d'ego. *Le Monde* ira même jusqu'à parler de « pestilentielles »...

Mais les dés sont jetés et c'est « dents blanches » qui ramasse la mise. « Demain, Jean Lecanuet. Un homme neuf... une France en marche », promet l'accroche. Décliné en couverture des 2 millions d'exemplaires de son programme, placardé en 2,4 mètres sur 3,2 mètres (le plus grand format du moment), son sourire rayonne sur les panneaux publicitaires. L'image percute et en fait, en un jour, le candidat de la jeunesse.

Tixier-Vignancour opte, lui, pour une affiche rose, une couleur très petite fille pour ce suppôt de la virilité politique. D'ailleurs, elle le représente dans un poste de télé, pointant un doigt accusateur. Le titre est digne de l'*Almanach Vermot* : « Monsieur TV. L'homme du XXe siècle ». Dans TV, il fallait lire ses initiales, beaucoup n'y verront que celles du petit écran. On frôle le ridicule.

Mitterrand, de son côté, choisit la modernité, du moins ce qu'elle était dans les *sixties* : une photo en noir et blanc et un décor intello très cinéma italien. Il se tient, vêtu de noir, arborant une tête d'enterrement, dans un champ labouré orné d'un pylône électrique. Le visage légèrement tourné vers la droite, il annonce : « Un Président jeune pour une France moderne », tout en illustrant l'inverse. Il a quarante-neuf ans et pas encore la fibre communicante. L'affiche a des relents de propagande soviétique, histoire de faire peuple. Quant à l'absence de gaieté, elle est congénitale. Mitterrand, nanti, dès sa naissance, de deux canines surnuméraires façon Dracula, s'interdit tout sourire officiel.

De Gaulle fera du De Gaulle : une vague populaire lève les mains vers son chef, adossé à un drapeau tricolore, le tout sur fond bleu de France. Toute l'inspiration des trente dernières années de pub chiraquienne vient de ce visuel. « Confiance à de Gaulle » commande sobrement le slogan. Il sera, lui, volé quelque trois septennats plus tard par Barre. Jamais une affiche n'aura autant été recyclée. L'affiche sauvage apposée par les militants aura plus de créativité : une main sortant d'un uniforme étoilé se tend vers une petite Marianne boudeuse : « J'ai sept ans, laissez-moi grandir ». Belle réponse frondeuse à un paternalisme devenu trop prenant. Alliant émotion et humour au nationalisme, la campagne gaullienne sera ainsi la plus professionnelle. Populaire sans être populiste, le graal de toute com politique. Marcilhacy et Barbu se contenteront de non-affiches. Un fond couleur, une petite photo et une barbante profession de foi en guise de slogan. Tout ce qu'il ne faut pas faire. Tout homme qui s'affiche devient une tête d'affiche, mais pas avec la même magie. La différence entre une star et une vedette est immuable, la première incarne une valeur, la seconde une fonction. De Marilyn la femme enfant à Sharon Stone la femme sexe, de Bogart le mystère à Depardieu le panache, le cinéma n'a jamais failli à la règle. Tout candidat est à la même enseigne. S'il ne représente qu'une action, il reste un homme politique, qu'il symbolise un engagement et le voici homme d'Etat.

Ce dépucelage publicitaire, il faut bien l'appeler par son nom, verra aussi fleurir quelques autres nouveautés médiatiques qui feront école. Et, d'abord, l'imprimé sous toutes ses formes. Les tracts sont peu à peu supplantés par des cartes postales à l'effigie des candidats. François Mitterrand en fait imprimer 750 000 en noir et blanc, et 500 000 en couleurs. Un succès qui contraste avec l'échec des livres biographiques, notamment ceux de Tixier-Vignancour et

Marcilhacy qui resteront dans leurs cartons. Serait-on déjà entré dans l'ère du prêt-à-consommer ? Sonnera, de concert, l'avènement du gadget électoral *made in USA* et promis à un inexorable avenir : 10 000 foulards imprimés « Je vote Lecanuet », et autant de porte-clés siglés « Mitterrand, la clé de l'avenir ». Les marques elles-mêmes entrent à leur tour dans la danse des signes. La Vache Qui Rit édite des boîtes prédécoupées qui, une fois dépliées, font apparaître l'effigie de De Gaulle. Initiative douteuse aussitôt stoppée par l'Elysée, mais qui aura fait son bœuf.

Autre idée qui fera son chemin, les premiers enregistrements diffusés au téléphone. En appelant Victor 41-01, on entend le député UNR du XVe arrondissement prononcer un vibrant plaidoyer en faveur du chef de l'Etat. Et dire que nos publicitaires actuels osent nous faire croire qu'ils ont des idées nouvelles !

En ouverture de ses meetings, Tixier-Vignancour projette quant à lui un film au titre évocateur, *Sept ans de malheur*, censé résumer le septennat qui s'achève. La première scène montre Marianne qui, se regardant dans un miroir, voit apparaître le visage de De Gaulle. De saisissement, elle laisse tomber le miroir qui se brise, et s'écrie : « Zut ! Sept ans de malheur... » Karl Zéro ne ferait pas mieux (pis, diraient ses détracteurs).

Les hommes troncs

Reste l'entrée en scène de l'événement de cette élection : la messe cathodique. Décidément, tout (au cyber près) est né en cet an 1965 de la République. On ne compte alors que 6,5 millions de téléviseurs en France, qu'importe pour les retardataires, les hautes instances électorales donnent leur feu vert à la première campagne télévisée officielle et donc gratuite. La date est historique.

Les Français voient soudain entrer chez eux, partager leur dîner, ces visages découverts sur les affiches. Ils vont les scruter et les décortiquer, avec leurs tics et leurs tocs, leur grand talent et leurs petits défauts, leur froideur ou leur charisme. C'est le passage du cinéma muet au parlant. Bien des stars y ont vu couler leur carrière, bien des politiques vont y risquer la leur. François Mitterrand en tête.

A partir du 19 novembre, les candidats se succèderont chaque soir en temps égal sur France Inter et sur la première chaîne, tantôt seuls, tantôt dialoguant avec un journaliste ou des partisans. Le Général, fidèle à lui-même, refusera de s'abaisser à faire campagne, traduisant la peur de se démasquer. Brillant dans ses déclarations solennelles (apprises par cœur, le prompteur n'ayant pas encore été inventé) ou dans ses conférences de presse écrites de bout en bout, il craint de l'être moins dans cet exercice de foire. Un numéro de « publicité comparative » qui n'est pas dans sa manière.

Des cinq autres, c'est Lecanuet qui maîtrisera le mieux le fatal exercice.

« Je ne suis pas un héros de légende, mais un homme parmi les hommes » : ainsi commence sa première intervention. Il se présente aux Français, simplement et dignement, évoquant son parcours, ses études, sa guerre, sa carrière. De l'avis général, il excelle : son style est direct, son verbe précis, son propos inventif. Les Français découvrent que le Général n'a pas le monopole de l'éloquence, l'Elysée s'étouffe de rage.

Il n'en va pas de même pour Tixier-Vignancour, dont les prestations sont calamiteuses. Le verbe trop ampoulé, le timbre trop perché, le visage trop inerte, il dresse un état catastrophiste de la France, débutant sa prestation par une sinistre histoire d'enfants dévorés par des rats. Du grand guignol, pas de la grande télé. Son ami Le Pen l'épinglera d'un perfide et définitif : « Sa hure ne passe pas la petite lucarne. » Au suivant !

Le même fossé entre éloquence de tréteaux et habileté télévisuelle, attend l'homme à la rose. Pompeux, crispé, embarrassé, il ne parvient pas à dompter l'écran, qui se venge en le caricaturant. Même si son entourage le couvre de louanges, Mitterrand le sent. Plus il cherche à se contrôler, moins il est naturel. La télévision s'écoute avec les yeux, la façon de dire est donc plus importante que ce qui est dit.

C'est la règle implacable de ce troisième œil qui ruinera bien des ambitions. Le presque quinqua est déstabilisé. Le petit écran n'est ni sa génération ni sa formation. Ni les micros de meeting, ni les harangues destinées aux militants ne préparent à cet exercice, où seuls le naturel, l'instinct, la repartie marquent des points. Pas facile, pour un homme de l'écrit et un artisan de la langue, de se muer en Bernard Tapie. Plutôt que de s'introspecter, il accuse la perversité des techniciens de l'ORTF, au service de l'Elysée, leur maître : il se plaint des réalisateurs qui le piègent, des éclairagistes qui l'aveuglent, des ingénieurs du son qui lui donnent la voix de Donald Duck. Il passera de longues heures à réenregistrer ses interventions. Conséquence : elles manqueront de rythme, d'émotion, de vie. Mais si la forme est hésitante, le fond est sûr. Peu à peu, ses apparitions imposent son image et lui attirent la confiance de la gauche. Il conquiert le titre précieux d'adversaire officiel du Général.

L'homme à terre

Le chœur des vierges de l'opposition pousse des cris d'orfraie contre le Général qui persiste à refuser toute apparition : « Vous me voyez parlant avant, ou après M. Barbu ? », répond-il à ceux qui le pressent de se lancer dans la fournaise télévisuelle...

La tactique est habile mais les Français ont pris goût à ces rencontres, ne pas voir leur champion monter sur le ring cathodique pour affronter ses chalengeurs les frustre.

L'ultime nouveauté de cette campagne, qui aura décidément tout inventé du marketing politique, va changer la donne : les sondages d'opinion font leur apparition. Une entrée cinglante. Pour le premier tour, donné il y a moins d'un mois comme une formalité pour le sortant, les pourcentages de 66 % des débuts de campagne glissent à 61 puis tombent à 57 % le 22 novembre. En contrepartie, Mitterrand et Lecanuet progressent de façon symétrique : le premier est à 27 %, le second déjà à 15. Deux jours plus tard, le 24 novembre, de Gaulle descend en dessous de la barre des 50 %. Impensable, le ballottage est en vue.

Autour de lui, ses conseils, redoublant de ferveur, l'exhortent à entrer en lice. Mais le grand Résistant résiste. C'est sa façon d'être. Alain Peyrefitte, son communicant préféré, même s'ils se refusent l'un et l'autre à assumer ce titre pour eux nauséabond, relatera plus tard un de ces tête-à-tête :

« Tout le monde se demande, mon Général, pourquoi vous dédaignez la télévision ?

— Au nom de quoi, sous prétexte que nous avons aussi largement laissé la parole à cinq opposants, le général de Gaulle s'exprimerait-il autant que les autres ? Néanmoins avant la fin de la campagne, je m'adresserai au public.

— Il ne faut pas minimiser l'impact de vos adversaires. Quand Lecanuet a fait son apparition en disant : "Je m'appelle Jean Lecanuet. Je suis agrégé de philosophie"... son ton, son style, son sourire, ses dents blanches ont frappé.

— Vous ne voulez tout de même pas que je proclame devant les caméras : "Je m'appelle Charles de Gaulle" ? »

Quelle race, quelle classe, mais quelle erreur.

Nul n'a jamais gagné une campagne sans la faire. Combien de scrutins ont-ils changé de bord la nuit précédant le vote ? Décroche la timbale le proactif qui analyse plus vite, réagit plus vite, repart plus vite. D'autant que vous ne gagnez pas une élection, c'est votre adversaire qui la perd.

Le 30 novembre, sous l'injonction des sondages devenus en quelques jours maîtres du jeu, un rôle que désormais rien ni personne ne leur ravira, le Général bat en retraite et affronte à son tour la petite lucarne ! Il utilise pour la première fois son temps de parole – un quart d'heure à 20 h 45 – après Lecanuet, tirage au sort oblige. Pas maquillé (« pas la peine que je me fasse barbouiller ! »), filmé en plans trop rapprochés, mal éclairé, le grand homme apparaît sans masque. La comparaison avec son prédécesseur à l'écran n'arrange rien, la télé est cruelle. Tixier-Vignancour ne rate pas sa saillie. Il traite son adversaire de « vieilli et effondré ». La critique fait mouche, d'autant que son auteur n'aura pas l'idée saugrenue de Lionel Jospin, dans le même cas de figure, d'aller à « repentance ». Le 3 décembre, deux jours avant le scrutin, les sondages confirment la possibilité du ballottage : selon l'Ifop, de Gaulle plafonnerait à 43 %. La Sofres, toujours magnanime, donne 49 %. Les renseignements généraux et les préfets, pour une fois, taperont dans le mille en prédisant moins de 45 %. Qu'importe, le choc est sismique, les Français se refusent à y croire.

Il leur faudra bien, le dimanche 5 décembre, se rendre à l'évidence : de Gaulle n'est pas réélu. Avec 44,7 %, contre 31,8 % à Mitterrand, 15,6 % à Lecanuet et 5,2 % à Tixier-Vignancour (Marcilhacy et Barbu se situant entre 1 et 2 %), il est, vexation suprême, renvoyé à un deuxième tour. La somme de ses opposants est parvenue à faire vaciller le mythe. François Mitterrand est sur un petit nuage... rose.

Le grand homme

Le seigneur de Colombey ne s'attendait pas à un tel camouflet. Ses proches racontent que, retiré dans ses terres le soir du scrutin, il faillit jeter l'éponge. Etre réduit à batailler contre Mitterrand l'aventurier, quand on est la grandeur de la France, dur dur... Le lundi matin, il téléphone à Pompidou, en conclave avec Louis Joxe et Alain Peyrefitte. Tous trois essayent de le ramener à la raison. Sans succès, tant l'abattement est grand. La légende veut que ce soit une note rédigée par le secrétaire général du Sénat qui ait fini par convaincre le boudeur. Elle explique que le système électoral mis en place implique nécessairement un deuxième tour. Le premier joue un rôle de primaire à l'américaine. Le second décide. *Le Monde,* au lendemain des résultats, aura le dernier mot : « Une élection présidentielle n'est pas un référendum. » Le grand timonier paye pour n'avoir pas saisi cette subtilité de « sa » Constitution.

Mais ce qui a le plus irrité Sa Majesté, c'est la poussée de son opposant, qu'il appelle tour à tour « Rastignac de la Nièvre », « politichien » ou « arsouille ». A gouverner sans opposition, on prend le goût de la monarchie. Fût-elle républicaine.

Le mercredi 8 décembre, en Conseil des ministres, de

Gaulle est redevenu le Général. Enfin conscient, déterminé et combatif, il accepte de se prêter, avec plus de sérieux, à l'exercice télévisé. Ce sera sous la forme d'entretiens informels avec Michel Droit, rédacteur en chef du *Figaro littéraire* et journaliste à l'ORTF.

Un vote est un ticket d'espérance, chacun veut élire l'extraordinaire sans jamais oublier son ordinaire. Il rêve d'un avenir meilleur pour lui, ses enfants et les enfants de ses enfants, mais le rêve se doit d'être concret. Toute apparition doit transporter et son transport être étayé du maximum de garanties possibles. C'est aussi pour le futur élu la meilleure des assurances sur l'avenir. Un candidat est une légende en marche.

Dans ce genre intimiste et moins solitaire, le locataire de l'Elysée peut laisser libre cours à sa verve, le voici enfin tel qu'en lui-même. Il fait même preuve d'une gouaille redoutable. Quelques saillies graveront les mémoires, comme cette tirade sur l'Europe accompagnée de petits sauts de cabri, ou cette description avant l'heure de la ménagère de moins de cinquante ans : « Elle veut avoir un aspirateur, elle veut avoir un frigidaire, elle veut avoir une machine à laver, et même, si c'est possible, une auto : cela c'est le mouvement. Et, en même temps, elle ne veut pas que son mari aille bambocher de toutes parts, que les garçons mettent les pieds sur la table et que les filles ne rentrent pas de la nuit : c'est cela l'ordre. » Un rien Bigeard, un rien Jouvet, un rien Trenet, toute la France va enfin se reconnaître en lui. Même si son auteur refuse, lui, de le reconnaître.

« Vous m'avez fait mettre en pyjama devant les Français », reproche-t-il à Georges Galichon, son directeur de cabinet. Paroles... paroles... paroles : l'acteur qui l'a toujours habité a pris goût au spectacle. La télévision est un curieux animal : tant qu'elle ne vous connaît pas, elle vous tient à distance et vous glace. Puis un jour, elle vous accepte dans son cercle. Apprivoisée, elle est soudain à votre botte. Le déclic survient à l'improviste. Au détour d'un plan, d'une phrase, soudain vous êtes en confiance, le naturel a repris le dessus sur la caméra qui vous traque. Ce fut le cas ce soir-là pour le

Général. J'assisterai en *live* au même déclic lors du premier face-à-face de la campagne de 1981. Mitterrand, sous-doué de la télé, terrassera le fort en thème VGE et deviendra, à tout jamais, télestar.

La France de 1965 retrouve enfin celui qui semblait dédaigner de lui parler, et le retrouve au meilleur de lui-même. Jacques Faizant, ce voyeur-voyant d'un demi-siècle de notre société, résumera la situation d'un trait de plume : un dessin représentant Marianne assise sur les genoux du Général et lui déclarant : « Ah, si tu m'avais toujours parlé comme ça, gros bêta ! »

Du côté de Mitterrand, cette qualification longtemps inespérée pour le second tour est déjà une victoire. Mais il sait son désavantage cathodique. Il fait appel, cette fois-ci, à des techniciens de son choix. Dans un décor plus solennel (il se fait filmer dans une bibliothèque, derrière un bureau Louis XV), le chalengeur lance des appels plus ou moins discrets aux électeurs de Lecanuet en prononçant son plaidoyer pour l'Europe. L'ensemble reste emprunté mais suffisant pour que tous les battus du premier tour appellent à voter pour lui. Ces désistements ne suffiront pas, les Français se rendent à l'évidence : la bataille, même si mal conduite par un de Gaulle arrogant, était inégale. On ne déboulonne pas une icône en quelques semaines de débats. Mitterrand se contentera le 19 décembre de 45,5 % des suffrages. Gaston Defferre aura le mot de la fin : « Tous les Français sont antigaullistes, sauf les électeurs ! »

Qu'importe, plus de dix millions de citoyens ont voté pour « François ». Inimaginable quelques mois plus tôt pour un homme alors catalogué en politicien de la IVe République minée par les affaires. La magie de la première présidentielle au suffrage universel direct a opéré. Bien sûr, l'homme à la rose n'est pas le seul artisan de ce succès. Le soutien des partis de gauche et l'antigaullisme persistant d'une partie de la droite ont été ses alliés. Mais le vrai réacteur fut ce changement de scrutin qui ouvrait la porte à une république nouvelle.

Evolution de la notion même des campagnes, changeant de ton et d'envergure : les meetings, hier réunions de notables, devenus grands rassemblements populaires. En attendant avec Sarko de se transformer en show à l'américaine.

Evolution de la communication, désormais concentrée sur la personnalisation des candidats. La première règle de toute campagne s'établira là : on vote pour un homme, pas pour un parti. N'en déduisez pas que l'on puisse être élu sans parti, mais ses forces doivent savoir rester souterraines, seule est entendue la voix du chef. L'électeur a l'incoercible besoin de matérialiser ses rêves et ses attentes en un unique personnage, se hissant soudain au-dessus des autres. Le principe dure depuis Alexandre le Grand, Louis XIV et Napoléon. La République n'a rien pu changer à la chose.

Evolution de l'éloquence, qui a rompu avec les grandes envolées héritées de la Grèce ancienne, pour s'adapter aux exigences de connivence de cette petite lucarne qui en réduira plus d'un. Le petit écran sera à tout jamais le grand arbitre du scrutin. Dès lors, être vrai sera la règle absolue.

La télévision est un détecteur de mensonges, cette loupe grossissante n'autorise ni ruse ni bluff. Confondre communication et manipulation est instantanément se confondre. C'est bien l'un des progrès de la démocratie d'avoir à ce point éduqué les téléspectateurs qu'ils décodent à la seconde toute entourloupe. Aussi, rien ne vaut le naturel, fût-il maladroit, rien ne remplace la vérité, fût-elle malvenue. Qui s'en plaindra ?

Evolution du discours politique lui-même, de partisan il s'est ouvert à l'ensemble de l'électorat. N'en déplaise aux militants, une élection est plus psychologique que politique. Chaque électeur attend la réponse à ses questions, non celle toute faite qui cherche à contenter tout le monde et son père. L'art est de connaître à ce point son public que l'on sait où, quand et comment communiquer ses idées. Le maître du jeu est celui qui répond aux espérances cible par cible. Demain, personne par personne grâce à l'interactivité. Tout message politique se doit désormais d'être pluriel.

Evolution de la fonction présidentielle, surtout. Elle se voit chargée de significations et d'attentes autres. Le bal des signes est ouvert. Désormais, le fond ne passera plus sans la forme. Les caciques et les intellos hurleront au déclin. En vain, désormais le pouvoir n'est plus à l'Elysée mais dans les médias. Les politiques ne cesseront pas de s'en plaindre. Tout en s'adonnant corps et âme, et jusqu'à les vendre, à la farandole des images. Ils deviendront ainsi les premiers acteurs du petit théâtre de la dérision de leur fonction. Mais comment pourrais-je les blâmer, j'ai été, je reste, bien que de plus en plus sur la réserve, leur prosélyte et leur complice.

1969
De la légende à la campagne

par Thierry Saussez

28 avril 1969 – 0 h 11. « Je cesse d'exercer mes fonctions de président de la République. Cette décision prend effet aujourd'hui, à midi. »

En moins de vingt mots d'une implacable sécheresse, alors qu'il vient d'être désavoué par les Français à l'occasion du référendum, le général de Gaulle met un terme à une relation passionnelle de près de trente ans avec la France. Personnage héroïque de notre histoire, il ne mesure pas alors que cette rupture va déboucher sur la véritable première campagne électorale de la Ve République, dont on pourra mesurer les effets sur le vote, en présence de candidats « normaux » dont la vie ne fut pas une légende.

J'ai vingt ans et je suis militant gaulliste, délégué de l'Union des jeunes pour le progrès, formé sur le tas à l'organisation des campagnes électorales, ayant déjà pris la parole dans plus d'une centaine de réunions et meetings en région parisienne.

J'ai deux souvenirs personnels de la campagne électorale de 1969. Le premier meeting de Pompidou dans une salle des fêtes bondée d'Asnières-sur-Seine, lui très sobre mais très ample, le style assez réservé, plutôt bourgeois mais l'œil très rieur, la voix un peu rauque du fumeur et bon vivant. L'arrivée d'Alain Poher au stade de Colombes pour une compétition officielle. Je l'attendais avec une cinquantaine de jeunes militants et je vois encore son sourire satisfait d'une telle haie d'honneur. Le cortège pressa vite le pas lorsque nous avons sorti les sifflets et déclenché une « bronca » hostile. Bien plus tard, j'apprendrai à mieux le connaître, mais il était à l'époque, à nos yeux, celui qui avait provoqué le départ du Général.

Cette passion de la politique, ajoutée à une expérience professionnelle de la publicité commerciale, me conduira en 1972 dans le bureau de Michel Bongrand, le « pape du marketing politique », amusé et intrigué par ce jeune homme vantant ses faits d'armes politiques et sa connaissance de la publicité. Il m'engagea dans l'heure, non sans avoir passé un coup de fil à un leader gaulliste dont je m'étais dit proche, pour vérifier que j'amplifiais certes mes mérites, mais sans trop affabuler. C'est ainsi que durant dix années, avant de voler de mes propres ailes, j'ai acquis quelques fondamentaux auprès d'hommes comme Pierre Messmer, Jacques Chaban-Delmas et Raymond Barre, en particulier pour l'organisation des campagnes électorales, la conception des meetings et des « grand-messes » durant lesquelles les Premiers ministres présentent leur programme de gouvernement.

Dans l'exercice de ses fonctions, un conseil en communication doit analyser, confronter, garder l'esprit libre mais surtout parler clair, sans révérence au pouvoir, hors hiérarchie. Mais le fait de n'avoir jamais été un courtisan ne m'a pas conduit à devenir un mercenaire. J'ai eu la chance de choisir les hommes et les femmes avec lesquels je voulais travailler et de toujours mettre en harmonie mes convictions personnelles et mes engagements professionnels.

Beaucoup se joue avant la campagne

Les événements de Mai 68 ont constitué le préalable le plus significatif de la campagne présidentielle de l'année suivante. Ils ont influé sur le contexte, les enjeux, les stratégies et la crédibilité des acteurs.

La révolte étudiante a fragilisé le général de Gaulle, qui a cherché à rebondir en proposant, le 24 mai 1968, un référendum sur l'université, la participation et la régionalisation. Déjà, il entendait ainsi se redonner une légitimité ou partir.

Le flop de cette initiative le conduira à se résoudre à adopter la recommandation de son Premier ministre, Georges Pompidou, de dissoudre l'Assemblée nationale. Après la manifestation monstre des gaullistes, le 30 mai 1968, sur les Champs-Elysées, l'espoir a changé de camp. Les Français lassés du désordre, assurés d'une augmentation forte de leur pouvoir d'achat après les accords de Grenelle signés le 27 mai, exaspérés d'être rationnés en essence, ont sifflé la fin de la récré.

Georges Pompidou gagne sur toute la ligne, conduit la campagne législative, savoure le triomphe d'une majorité gaulliste pléthorique « pour la défense de la République ». Il est aussitôt écarté par le président de la République qui ne goûte guère le partage du pouvoir, et placé, selon les mots mêmes du Général, « en réserve de la République ». Il en profite pour prendre de la distance, activer ses réseaux qui seront décisifs l'année suivante, ne pas se faire oublier, notamment en janvier 1969 avec le fameux « appel de Rome ». En se déclarant candidat à la succession du général de Gaulle, il met un terme à la théorie du « Moi ou le chaos » et banalise un éventuel vote hostile au fondateur de la Ve République.

Le 27 mai 1968, François Mitterrand pronostique une victoire du non au référendum voulu par de Gaulle, propose Pierre Mendès France pour diriger un gouvernement provisoire de gestion et se déclare candidat à l'élection présidentielle qui suivra. On connaît la suite : cet empressement, ce faux pas, ce « coup d'Etat » manqué même sur le papier feront de Mitterrand le bouc émissaire de la déroute de la gauche face au raz-de-marée gaulliste des législatives, un mois plus tard. Cette situation l'empêchera de s'imposer en 1969, comme il l'avait fait en 1965, en tant que candidat d'union de la gauche.

A l'origine, rien ne prédisposait Alain Poher, notable effacé, sénateur bonhomme, vivant tranquillement dans son pavillon fleuri d'Ablon dans le Val-de-Marne, à devenir l'un des deux grands protagonistes de la présidentielle de 1969.

Rien, sauf la décision du Général de reprendre son idée du référendum avortée en 1968, en réformant le Sénat, c'est-à-dire en lui demandant de se faire hara-kiri. Et Poher, devenu président du Sénat le 3 octobre 1968, conduisit la campagne pour le non au référendum, se fit connaître, s'affirma comme le leader des centristes dans cette bataille et devint président de la République par intérim, la voie royale pour être président tout court.

Ainsi les deux principaux candidats à l'élection présidentielle de 1969 se sont-ils trouvés, en quelque sorte, « prépositionnés », tandis que François Mitterrand, qui aurait dû jouer un rôle clé après sa relative performance électorale de 1965, s'est exclu du jeu.

Le jour d'après

Dans une campagne, la stratégie est la partie invisible de l'iceberg. On commente essentiellement ce que l'on voit, ce que l'on entend, ce que l'on lit, les différents supports utilisés par les candidats. Mais la ligne conductrice est définie par la stratégie avec l'axe de la campagne, le positionnement par rapport à la concurrence, les objectifs à atteindre, les cibles prioritaires à toucher, les réseaux à mobiliser. Une émission ratée se rattrape, un journal électoral bâclé se remplace. Une stratégie ne se modifie pas sans risque, le premier d'entre eux étant d'apparaître contradictoire aux yeux des observateurs et, pis encore, des électeurs. La cohérence et la constance apparaissent déjà, en 1969, comme des critères d'une campagne réussie.

29 avril – 9 h 30. Georges Pompidou annonce, le premier, sa candidature par une déclaration à l'AFP puis face aux médias. Il a « résolu de se présenter aux suffrages des Français ». Après un hommage au général de Gaulle, il fixe le cap : continuité et ouverture. Il ne manque pas de rappeler ses faits d'armes durant la crise de 1968 en donnant un coup de griffe à François Mitterrand et Pierre Mendès France qui se voyaient déjà respectivement président de la République et Premier ministre.

A 15 heures, il est devant le groupe parlementaire UDR puis le bureau exécutif du parti dont il enregistre les soutiens. Dans la foulée, il se rend devant les Républicains indépendants qui ont fait voter contre de Gaulle, et leur annonce qu'il ne sera pas l'élu d'un parti mais d'une majorité, allant au-delà du partage entre les oui et les non du 27 avril. Sous l'influence de Valéry Giscard d'Estaing, ceux-ci ne prennent pas position immédiatement.

Giscard est en effet à la manœuvre. La veille, il est arrivé à Paris vers 14 heures seulement, ayant omis de se réveiller, ce qui a laissé le champ libre à ses amis favorables à un soutien sans réserve à Pompidou. A 17 heures, il fait une déclaration qui paraît bien obscure aux médias, dans laquelle il est question d'une « candidature d'apaisement », d'un « homme d'expérience non engagé dans les affrontements politiques entre la majorité et l'opposition au cours des dernières années ». Le décryptage est délicat tant il ne peut s'agir ni de Pompidou, ni de Poher, ni de lui-même. On saura plus tard que le portrait-robot était celui du vieux sage de Saint-Chamond, Antoine Pinay, que des émissaires s'efforçaient de sortir de sa retraite bien méritée. La déclaration était obscure mais l'objectif limpide : un vieux président de transition pour lui laisser ensuite le champ libre. Pinay ayant fait connaître publiquement ses réticences, sauf crise majeure, Giscard rencontre Poher et l'invite à se présenter. Il lui paraît très occupé par sa prise de fonction présidentielle et peu enclin à se déterminer dans l'urgence : « Ça n'est tout de même pas un combat de boxe », dit « l'intérimaire » en laissant pour l'heure les gants au vestiaire.

Afin de ne pas être débordé par ses troupes, Giscard « habille » alors le ralliement à Pompidou de quelques engagements, notamment sur l'Europe, l'Alliance atlantique et l'élargissement de la majorité. Dans cette attente, en adepte des formules qui font mouche, il précise devant la presse sa définition initiale du « candidat d'apaisement » : un nom qui commence par « P ». Pinay se récusant, les journalistes pensent évidemment à Pompidou ou à Poher, et même à Pleven, ancien président du Conseil de la IVe République et l'un des leaders centristes.

29 avril – 17 heures. Gaston Defferre, après en avoir informé les députés socialistes, annonce en catastrophe sa candidature. Pour l'appareil socialiste tenu par Guy Mollet, il faut à tout prix bloquer une candidature de Mitterrand qui pourrait relancer l'union avec le parti communiste. La première raison est louable : le PC est encore empêtré dans le soutien à Moscou qui commence à mettre au pas Alexandre Dubček, le printemps de Prague et la Tchécoslovaquie. La seconde est inavouable : il convient tactiquement de ne pas prendre le risque d'une candidature d'union de la gauche qui devancerait Poher au premier tour quand celui-ci se décidera. Aux yeux de Guy Mollet et de bien d'autres, seule une troisième force – même non assumée publiquement – rassemblée autour de Poher serait de nature à battre Pompidou au second tour. Le scénario est parfaitement réaliste.

Gaston Defferre est investi par le parti socialiste et il forme bientôt un ticket avec Pierre Mendès France récusé par le PC, ce qui met, malgré l'appel de quelques personnalités comme Claude Lévi-Strauss, Antoine Blondin, Catherine Sauvage, Jean Ferrat et Jean Vilar, définitivement un terme à l'hypothèse d'une candidature unique de la gauche.

30 avril. Le Général écrit à son ancien Premier ministre : « Vous êtes certainement fondé à croire que j'approuve votre candidature. Je l'approuve en effet. » Certes peu affectueux, le propos est néanmoins sans équivoque. A ma connaissance, cette lettre ne sera pas exploitée dans la campagne, en tout cas publiquement. Il est vrai, on l'a vu, que les relations entre les deux hommes se sont détériorées après le dénouement de la crise de Mai 68 mais aussi à l'occasion de ce qu'il est convenu d'appeler l'« affaire Markovic ». L'élection présidentielle – et ses enjeux de pouvoir – est un moment propice à la création ou à l'exploitation de scandales, à partir de dossiers plus ou moins fabriqués et destinés à compromettre une candidature. François Mitterrand a traîné longtemps l'« affaire de l'Observatoire », ce vrai-

faux attentat manqué dont il fut victime, ou complice, ou les deux. Jacques Chaban-Delmas aura à gérer l'affaire de sa feuille d'impôts, Valéry Giscard d'Estaing celle des diamants de Bokassa. Jacques Chirac traversera, sans trop d'encombre, de nombreuses crises liées à son train de vie ou au financement de son action politique. Edouard Balladur, quant à lui, sera éclaboussé par l'« affaire Schuller-Maréchal », destinée à compromettre l'encombrant juge Halphen.

Pompidou mettra de longs mois à être informé du complot monté contre lui et visant à accréditer l'idée que son épouse participait à des « parties fines ». Le scénario de cette histoire est glauque à souhait. L'homme à tout faire d'Alain Delon, Stevan Markovic, est retrouvé mort dans une décharge, tandis que la star participe à Saint-Tropez au tournage du film de Jacques Deray, *La Piscine*. La police arrête bientôt une figure du milieu, autre relation de Delon, François Marcantoni.

Le 17 octobre 1968, l'hebdomadaire d'extrême droite *Minute* présente Markovic comme un maître chanteur : « L'ami des vedettes négociait très cher des photos compromettantes », et fait spécialement référence « à la femme d'un homme politique ». La rumeur enfle dans le Tout-Paris : il s'agirait de Claude Pompidou. Des photos circuleraient même. L'enquête piétine durant des mois puis rebondit : un prisonnier « à demi illettré », écrit le journal *Le Monde,* « prétend avoir accompagné Markovic à une soirée échangiste et avoir entendu celui-ci parler de la présence de la femme du Premier ministre ».

Il n'en faudra pas plus à Jacques Isorni, l'un des avocats de Marcantoni, pour demander l'audition de M. et Mme Pompidou. Ce dernier est révolté, accablé par l'attitude distante du général de Gaulle, furieux contre René Capitant, gaulliste de gauche et garde des Sceaux, suspecté d'avoir laissé le feuilleton se développer. De ce point de vue, toute ressemblance avec l'« affaire Clearstream » pour tenter de salir Nicolas Sarkozy, en 2006, n'est pas entièrement fortuite. Pour certains, la rumeur est une arme politique. Ici ou là, des officines complotent et montent des dossiers. Il y aura toujours des responsables pour laisser dire et laisser faire.

L'« affaire Markovic » a eu des répercussions politiques importantes : Georges Pompidou s'est senti plus libre à l'égard du général de Gaulle, d'où sans doute sa déclaration de précandidature à Rome. Le jour même où maître Isorni demandait l'audition de Pompidou, le général de Gaulle faisait savoir officiellement qu'il le recevrait avec son épouse à dîner, le 12 mars 1969, sa façon à lui de montrer qu'il ne s'associait pas à ces rumeurs malveillantes. Ce sera leur dernière rencontre, dans une ambiance glaciale. Au-delà d'un message laconique de félicitations qu'il lui adressera le jour de son élection comme président de la République, Georges Pompidou sut néanmoins que le Général était heureux de son succès. En Irlande, il fit ce qu'on ne l'avait plus vu faire depuis vingt ans : commander du champagne.

12 mai. En fin d'après-midi, à la veille de la date limite du dépôt des candidatures, à dix-neuf jours du premier tour de l'élection, dans le cadre de l'une des deux campagnes électorales les plus courtes de la Ve République, Alain Poher se déclare enfin. Il fait lire une déclaration par son chargé de presse dans laquelle il « accepte d'être candidat à l'élection présidentielle ». Les mots ont un sens. Pompidou s'est résolu à être candidat, Poher, lui, l'accepte...

13 mai 1969. Tous les candidats sont en place. Outre Pompidou, Defferre et Poher, on remarque le choix par le parti communiste, faute de l'union refusée par le parti socialiste, de Jacques Duclos. Il s'agit d'un « papy » de 1,50 mètre, sénateur de soixante-douze ans qui a le mérite de ne pas faire d'ombre aux dirigeants en place comme Waldeck Rochet, ni aux valeurs montantes comme Georges Marchais. On compte également Alain Krivine pour la Ligue communiste révolutionnaire et Michel Rocard pour le PSU. Et enfin, après Marcel Barbu en 1965, un autre anonyme, un inconnu, Louis Ducatel, milliardaire qui a dû entendre des voix, celles de maires et de milliers de Français qui lui auraient écrit ou téléphoné. Il déclare « ne pas avoir cru devoir refuser » et précise son credo : « Je suis moyen en

tout, j'ai toujours été du centre », et sa promesse : « Faire vivre le non au référendum du 27 avril. »

Chacun comprendra, à l'issue de ce panorama, la clarté et la précision de la stratégie mise en œuvre par Georges Pompidou.

Les Français, depuis l'élection du Président au suffrage universel, entendent avoir une influence directe, un lien personnel avec le candidat de leur choix. Georges Pompidou se déclare librement, directement, face aux Français, au-dessus des partis.

Toute campagne électorale nécessite un appareil, une machine, une organisation rodée, des réseaux multiples, des militants nombreux et motivés. Il ne faut jamais oublier quelques règles simples. Pour disputer le second tour, il faut être parmi les deux en tête au premier tour. Avant de séduire de nouveaux électeurs, il faut déjà rassembler son camp. Georges Pompidou s'assure sans délai du soutien de sa famille politique, y compris et non sans anicroches l'essentiel des gaullistes de gauche, guère pompidoliens par nature.

Les deux démarches accomplies, Pompidou peut naturellement se tourner vers l'élargissement de ses bases électorales en négociant le soutien de Valéry Giscard d'Estaing et des Républicains indépendants, puis en obtenant le ralliement d'importantes personnalités centristes, notamment Jacques Duhamel, Joseph Fontanet et René Pleven. On retiendra au passage que les médias sont, dès 1969, très actifs dans la mise en scène de la campagne puisque c'est à l'issue d'un entretien sur Europe 1, le 22 mai, entre Pompidou et Duhamel que ce dernier annonce son soutien.

A l'opposé, Alain Poher est le produit d'une situation qui, presque par hasard, le propulse sur le devant de la scène. Sans stratégie, sans appareil ou presque, peut-être même manipulé, il prend son temps, ballotté entre le prestige de la fonction et les efforts à faire pour la conserver. Le 5 mai, il réfléchit tranquillement chez lui tandis que Georges Pompidou a déjà son plan de campagne en poche. Cela le rend sympathique, ce qui est certes appréciable, mais peut-être insuffisant.

Une campagne qui fait bouger les lignes

Nous sommes encore dans les prémices de la communication politique mais, on l'a déjà vu en 1965, une campagne électorale, ça compte.

On peut gloser à l'infini sur les critères d'évaluation de l'efficacité d'une campagne, il n'y a ni recette miracle ni méthodologie imparable. Trop de facteurs interagissent entre eux. Néanmoins, l'élection de 1969 donne de précieuses indications sur la capacité des candidats à créer un flux électoral vertueux selon la théorie de base de la communication politique : conforter les acquis, séduire les hésitants, faire douter les opposants. Ce flux est en effet permanent durant une campagne et jusque dans l'isoloir. Un opposant qui doute peut devenir hésitant, un hésitant peut passer dans la case favorable. Et ce flux circule, bien sûr, dans tous les sens.

Les sondages de l'Ifop comme ceux de la Sofrès donnent des indications crédibles sur la position des principaux candidats. Le potentiel électoral de Georges Pompidou reste quasi stable, aux alentours de 40 % au premier tour. Il fait et fera la course en tête. Le score d'Alain Poher est, début mai, évalué très haut : de 30 à 35 % ; Gaston Defferre et Jacques Duclos sont crédités, en ce début de ligne droite, de 10 %.

Bien que beaucoup plus aléatoires, les projections sur le vote au second tour sont sans appel : Pompidou bat nettement Defferre, il est largement distancé par Poher. On revient ici au calcul des adeptes de la troisième force : laisser le champ libre à Poher est la seule manière de battre Pompidou et, après de Gaulle, de se débarrasser aussi du gaullisme. Une bonne partie des observateurs de l'époque est d'ailleurs sur cette ligne, comme Raymond Barillon qui évoque dans *Le Monde* du 15 mai « une réalité présidentielle » au centre et une marginalisation de la gauche. On comprend du même coup la stratégie pompidolienne : creuser l'écart avec Poher au premier tour.

C'est à partir de ces deux clés qu'il est possible de voir comment la campagne électorale a fait bouger les lignes, en particulier au niveau du duo de tête.

Pompidou dispose du carré d'as de la compétition électorale et s'en servira à merveille : une crédibilité personnelle, une équipe resserrée, une machine politique, la volonté d'occuper le terrain.

On ne s'improvise pas candidat à une élection présidentielle. Les uns vous diront qu'on est élu sur son image personnelle, au sens de la représentation que les électeurs se font du candidat ; les autres sur la projection face à l'avenir, la vision, le projet. Beaucoup assureront qu'on n'est jamais élu sur un bilan, ce qui n'est vrai qu'en partie. De la même façon que le CV d'un candidat à l'embauche compte, le parcours d'un leader politique, les actes lourds qui ont marqué la mémoire collective jouent évidemment un rôle. Ainsi, la trilogie « Qui est-il ? », « A quoi a-t-il servi ? », « A quoi servira-t-il ? » (il n'y a aucune femme candidate en 1969) permet-elle de balayer plus largement le contenu de ce qu'il convient d'appeler la perception du candidat.

Premier ministre du général de Gaulle durant six ans, rompu au fonctionnement de l'Etat, ayant traversé les difficultés et les crises, en particulier celle de 1968, Georges Pompidou a indéniablement sur ce terrain un avantage différentiel par rapport à la concurrence.

Poher ne dispose pas de ce capital d'expérience démontrée et de légitimité personnelle. Il surestime le prestige de sa fonction, alors qu'il n'est que Président intérimaire, compte à l'excès sur ce gage de sécurité (l'arbitre est au-dessus de la mêlée) et retarde son entrée en campagne. Antigaulliste patenté, il sous-estime le choc créé par le départ du Général ainsi que la situation électorale. Il feint d'oublier qu'à peine quinze jours avant l'ouverture de la campagne présidentielle, de Gaulle a réuni sur son nom, dans les plus mauvaises conditions, près de 47 % des Français.

Dès la première heure et durant toute la campagne, Pompidou s'appuie sur une toute petite équipe de choc réunissant des tempéraments divers et donc complémentaires. On y trouve notamment Edouard Balladur, Michel Jobert, Marie-France Garaud, Pierre Juillet. Les aspects opérationnels sont traités pour Paris et la province par deux « barons » du gaullisme, Roger Frey, ministre chargé des Relations avec le Parlement, et Olivier Guichard, ministre chargé du Plan et du Développement du territoire. Ces deux personnalités à l'expérience et à l'autorité reconnues ont, de plus, la plus haute main sur l'appareil de l'UDR, dont le secrétaire général est Robert Poujade, appareil parfaitement rodé et dont la mobilisation sera instantanée.

Alain Poher se disperse entre quatre états-majors, l'Elysée, le Sénat, le domicile de Roger Fosset, questeur du Sénat, pour le conseil politique, et le QG officiel rue de Vaugirard. Il tient à distance la seule machine politique qu'il pourrait mobiliser, celle du CDS, qui comprend pourtant quelques apparatchiks de talent. Il en est de même avec la force militante des Jeunes Centristes animée par Dominique Baudis.

Le Président intérimaire prend son temps, surestime l'influence de sa fonction et sous-estime le poids de l'électorat fidèle à de Gaulle et sur lequel s'appuie Pompidou.

Il entre en lice au dernier moment et ne fera quasiment pas campagne sur le terrain au premier tour, considérant que l'essentiel a été fait avec sa campagne du non au référendum. Ce mimétisme avec l'attitude distante du général de Gaulle à l'égard des contingences d'une campagne électorale, lors du premier tour de 1965, est fascinant. Poher a enfilé un costume trop grand pour lui. Pompidou, lui-même, a quelques réticences devant le plan de campagne qui lui est soumis : « Ne me prenez pas pour un enzyme glouton ! », lance-t-il à son équipe en référence à la célèbre campagne de publicité de l'époque pour une lessive. Il se laissera finalement convaincre de conduire une campagne très active en laissant tomber cette sentence : « Les Français, il leur faut du théâtre. »

La dynamique d'une campagne

Qui dit théâtre dit mise en scène. Jacques Duclos est la grande révélation de la campagne de 1969. Le candidat du PC s'est démultiplié avec l'aide d'un appareil politique puissant et grâce à la discrétion du ticket socialiste Defferre-Mendès France, il est vrai miné par l'absence de consensus de la gauche non communiste, Mitterrand en tête, sur leur candidature. Comme Poher, Defferre fait le minimum, hors les émissions officielles à la radio et à la télévision (une unique grande réunion publique le 28 mai à Lille), ce qui confirmera la thèse de l'alliance tacite avec Poher pour le second tour.

Jacques Duclos et Georges Pompidou ont multiplié les meetings, réunions et rencontres au rythme de plusieurs chaque jour. Visites symboliques du candidat communiste à Oradour-sur-Glane ou chez Renault. Grande réunion avec un millier d'intellectuels à l'hôtel Lutétia. La « peopolisation » bat son plein avec la mobilisation des grandes références : Louis Aragon, Robert Merle, Jean Effel, des comédiens comme Marina Vlady, Michel Piccoli, des sportifs comme André Herrero. Pompidou dégaine lui aussi son lot d'académiciens : Marcel Achard, Maurice Druon, François Mauriac, Jean d'Ormesson, ses intellectuels, artistes et sportifs : Michel Droit, Jean Dutourd, Eugène Ionesco, Jean Cau, Sophie Desmarets, Jean Piat, Eddie Constantine, Marielle Goitschel, Alain Mimoun... Même Jacques Dutronc se fend d'un message à partir de son tube du moment : « Pas de cactus pour dimanche. Mes vœux de réussite. »

On se posait beaucoup de questions à l'époque sur l'intérêt de ces tours de France harassants pour les candidats, quarante-quatre meetings pour Pompidou en quelques jours, sans doute autant pour Duclos. Les réticences initiales de l'ancien Premier ministre concernaient justement ces manifestations censées ne réunir que des gens acquis. C'est méconnaître le fait que le premier objectif d'une campagne est de conforter ses militants et ses électeurs, et de les mobiliser pour en convaincre d'autres. C'est oublier la couverture de ces meetings par les médias régionaux, d'une part, et nationaux, d'autre part, avec des audiences beaucoup plus considérables. C'est faire l'impasse sur la dimension de proximité, la volonté exprimée d'aller au contact sur le terrain, y compris vers tous ceux qui se contenteront d'en entendre parler, par le bouche à oreille, au bistrot du coin. C'est, enfin, se priver par l'effet « boule de neige » de créer une dynamique de campagne qui démoralise vos concurrents, impressionne favorablement les relais d'opinion, notamment les journalistes, et diffuse finalement à toute l'opinion une image de gagneur. De plus, en 1969, ces meetings étaient relativement peu coûteux.

Rien de tel pour compléter ces informations que le regard de l'ancien directeur du bureau de Paris de l'hebdomadaire américain *Newsweek*, Edward Behr. Ce très grand journaliste, qui a bourlingué partout dans le monde, a au demeurant une très bonne expérience de l'élection directe du Président en vigueur aux Etats-Unis. Ses propos livrés au *Figaro*, en mai, sont savoureux. Il trouve que la campagne de Pompidou, tout en « se plaignant de la cadence infernale imposée par ses organisateurs », est très proche de celle du démocrate Humphrey, en 1968 : « Tous deux ont dû faire du forcing. » Mais il définit le public de ces réunions comme proche de celui qui écoutait le républicain Nixon. Il ajoute que « les finesses et les ambiguïtés du président de la République par intérim » ne sont pas bien perçues par les Etats-Unis. Mais surtout, il délivre un bonnet d'âne à Gaston Defferre : « J'ai annoncé, la semaine dernière, à l'un de mes confrères, stupéfait, que M. Defferre ne serait présent qu'à un seul grand rallye politique à Marseille. Il me répondit : C'est un peu comme si un Kennedy décidait qu'il n'y aurait de rallye politique qu'à Boston ! »

Aux yeux de cet observateur éclairé, « en fin de compte, le seul candidat qui fasse une véritable campagne à l'américaine se trouve être Jacques Duclos, et c'est là qu'on s'aperçoit de l'utilité, pour une campagne électorale de ce genre, d'un grand parti homogène et sans faille ».

A côté des déplacements et du rôle central des meetings, le plan de campagne d'un candidat comprend également l'affichage, l'édition, éventuellement les gadgets, l'audiovisuel et plus particulièrement les émissions électorales officielles à la radio et à la télévision, les relations avec la presse, ce qu'on appelle aujourd'hui la médiatisation.

Les affiches de la campagne de 1969 donnent encore dans le registre « Galerie de portraits » avec des photos style Studio Harcourt et une créativité faible en matière de slogan. Alain Poher, dont la photo est mal détourée sur le fond de couleur, promet classiquement d'être « Un Président pour tous les Français ». Jacques Duclos s'affiche bonhomme dans la ligne de l'une de ses petites phrases de la campagne destinées à faire reculer le cliché de « l'ogre rouge » : « Est-ce que j'ai la tête de quelqu'un qui va vous manger ? » Son slogan est : « Pour l'avenir de la France », sa signature est plus explicite pour ratisser large : « L'Union des forces ouvrières et démocratiques ». Alain Krivine annonce la couleur : « Contre la farce électorale ». Michel Rocard, avec une photo qui le rapetisse encore plus, s'affirme comme « Candidat du socialisme ».

Georges Pompidou est le seul à utiliser des formats commerciaux avec un affichage de 120 centimètres sur 160. La photo est excellente, en couleur, sobre, légèrement souriante. Le premier slogan est classique : « Avec la France pour les Français », le second plus original pour l'époque : « Il tient ce qu'il promet ».

L'affiche est l'enfant chérie de la communication politique. Elle fait passer l'essentiel du message par un regard, une attitude, un visuel, quelques mots. Elle mobilise les militants, qui constituent l'une des forces vives de nos démocraties. Elle signalise l'élection dans la rue, là où vivent et se déplacent les citoyens.

L'édition tient à cette époque un rôle majeur dans la diffusion des messages des candidats. Tracts, dépliants, brochures, numéros spéciaux de *L'Humanité* sont diffusés par les militants sur les lieux publics. Pompidou, qui ne croit plus aux tracts, fait éditer et diffuser à plusieurs millions d'exemplaires une petite brochure sur sa vie. On le voit enfant, professeur, avec le général de Gaulle, sur ses terres du Cantal, avec Marielle Goitschel. L'intuition d'une personnalisation croissante de l'élection du Président par chaque Français fait là une entrée en force dans le registre de la communication politique.

En dehors des badges avec le slogan du candidat, un message téléphoné de Georges Pompidou disponible sur un standard de quinze lignes, un petit film également à l'initiative du comité de campagne pompidolien, que les gens peuvent regarder en petit groupe avant une réunion qu'on qualifiera plus tard de « Tupperware », l'innovation politique en termes de moyens reste faible.

Enfermées dans une réglementation tatillonne prétendument destinée à assurer l'égalité des candidats (il faudra attendre des décennies pour moderniser petit à petit l'outil), les émissions électorales officielles à la télévision, retransmises également à la radio, sont d'un parfait classicisme. Il est vrai cependant qu'à l'époque, malgré leur conformisme, leur impact est tout à fait considérable. Cela fait peu de temps que l'on peut voir des hommes politiques à la télévision, média en plein essor avec 11 millions de téléviseurs sur le territoire national. Tous les candidats apportent à la préparation et à l'enregistrement de ces émissions un soin tout particulier.

Les candidats s'adressent directement aux téléspectateurs. Les styles diffèrent, hésitant et ampoulé pour Poher, débonnaire pour Duclos, assuré pour Pompidou, sérieux et documenté pour Defferre et Mendès France. Ils sont également interrogés par des journalistes, l'objectif étant non seulement d'animer l'intervention, mais également de bénéficier de la notoriété des grands journalistes, notamment Jacqueline Baudrier et Claude Bernadac pour Georges Pompidou. Alain Poher laisse même une partie de son temps de parole à Jean-Jacques Servan-Schreiber, patron vedette de *L'Express*. Au second tour, les plateaux sont plus politiques : Chaban-Delmas, Giscard d'Estaing et Duhamel pour Pompidou, des parlementaires pour Poher.

Dernier support de campagne qui finira au fil des ans par devenir le premier, la couverture des médias.

La télévision ne monopolise pas encore l'audience. La presse écrite en général, et notamment la presse quotidienne nationale – *France Soir* qui tire à l'époque à plus d'un million d'exemplaires, *Le Figaro*, *L'Aurore*, mais aussi *Combat*, *La Croix* ou *L'Humanité* encore au faîte de sa gloire –, a une influence considérable non seulement sur le plan intellectuel, mais aussi en termes de diffusion.

La photo intime connaît ses premiers développements. Mme Poher est abondamment publiée dans *Paris Match*, son panier de ménagère au bras (ce qui n'a pas dû plaire à son intérimaire d'époux, puisqu'elle a aussitôt été expédiée en vacances lointaines pour plusieurs jours). Pompidou est photographié et publié sous toutes les coutures, avenant et décontracté, en pull à col roulé, dans sa bergerie de Cajarc. Le titre de *Paris Match* est insolite : « Il a visité ses moutons ». Defferre barre fièrement son voilier, la *Palinodie*, à la une des journaux et dans les magazines. Duclos est photographié avec son chien, dont le nom ne s'invente pas, Pompon...

Les influences et l'audience ont évolué, la créativité s'est affirmée, les supports se sont amplifiés ou diversifiés. On voit bien néanmoins, dans cette campagne de 1969, comment l'on est passé de la légende, qui marque l'élection de 1965, à la mise en œuvre de tous les ingrédients de la communication politique.

Déjà le leadership

Une campagne est faite pour faire bouger les lignes et orienter favorablement le flux électoral qui circule dans tous les sens. Cette campagne, la première « normale » sous la Ve République, c'est-à-dire après de Gaulle, en fait la démonstration.

Pompidou conforte son score au maximum de la fourchette des sondages. Il fait 44,46 % au premier tour. Il creuse l'écart avec Poher qui ne cesse de reculer dans les sondages, tout au long de la campagne, pour finir au premier tour à 23,3 %. Defferre est crédité de 10 % dans les premiers sondages et finit avec 5,01 % des voix. Duclos également crédité de 10 % dans les sondages passe dans les urnes à 21,27 %, score presque équivalent à celui de Poher. Pour la petite histoire, Rocard, Ducatel et Krivine obtiendront respectivement les scores de 3,61 %, 1,26 % et 1,05 %.

Le dernier sondage de l'Ifop avant le second tour, le 13 juin, crédite Pompidou de 58 % des voix et Poher de 42 %. Ce sera bien le score final, ce qui installe durablement, avec des hauts et des bas, les sondages comme un moyen d'information et d'influence électorale.

A partir de quels critères les Français se sont-ils prononcés ? Quelle est, dans le vote, la part respective de la personnalité des candidats, des enjeux et des programmes ? En 1969, incontestablement, le contexte social, économique et international comme les programmes électoraux n'ont pas joué de rôle majeur.

Un sondage de l'Ifop, réalisé en juin, montre que 2 % des électeurs sont sensibles à la politique étrangère du candidat, 6 % aux enjeux de politique intérieure, 6 % au programme économique et social du candidat. Excepté Gaston Defferre et Pierre Mendès France, les candidats ont largement fait l'impasse sur ces données programmatiques. Poher a fait campagne sur douze points qualifiés par Valéry Giscard d'Estaing, devant la presse, d'« honorables platitudes ». Il est vrai que ce « programme » vaut le détour, par exemple : « La France au service de la paix » ou « L'Etat doit permettre à tous le bien-être », sans parler de « La justice qui est dans la loi ». Pompidou a lui aussi préféré afficher ses objectifs et a même revendiqué de ne pas présenter un programme, affirmant : « Le mot programme n'est pas gaulliste. »

Au niveau des motivations électorales, l'enseignement central à retenir est la personnalisation de la campagne électorale. L'élection du président de la République au suffrage universel crée un lien direct entre un homme et un peuple. Le candidat qui n'est plus, comme le général de Gaulle, un héros de l'Histoire doit s'incarner au travers des attentes des Français. A l'inverse de Pompidou et de Duclos, les notables comme Defferre et Poher confinés dans les mœurs parlementaires de la IVe République n'ont pas compris cette évolution majeure.

Cette personnalisation entraîne l'émergence du leadership, dont la première dimension est l'énergie, la *virtus* au sens antique. Le chef est à la tête de ses troupes. Pour aller vers son destin, il doit descendre dans l'arène, aller au contact, se dépenser physiquement, mouiller sa chemise, prouver sa capacité d'entraîner, diffuser cette énergie par des réseaux et des supports de communication en relais.

Selon l'Ifop, 55 % des électeurs de Pompidou l'ont choisi parce qu'il leur inspire confiance ; 30 % seulement des électeurs de Poher l'ont choisi pour la même raison. Les études qualitatives de la Cofremca complètent cette analyse. Poher est d'abord jugé simple puis sympathique. Pompidou est avant tout décrit comme énergique et compétent.

La sympathie est une qualité utile à la popularité mais l'élection présidentielle n'est pas un baromètre de popularité, comme celui du *Journal du dimanche* qui désigne les cinquante personnalités préférées des Français. Sinon, Simone Veil ou Bernard Kouchner auraient fait une autre carrière. Elire le chef de l'Etat est plus affaire d'adhésion que de sympathie. Seule l'adhésion permet de faire accepter, le cas échéant, des efforts personnels et des changements collectifs rarement populaires.

En 1969, comme dans toutes les conquêtes ultérieures de l'Elysée, inspirer confiance à l'opinion passe ainsi par la stature personnelle, l'énergie et la compétence, la capacité d'affirmer un leadership.

1974
La drôle de campagne

Valéry Giscard d'Estaing
bat
François Mitterrand

par Jacques Séguéla

J'ai connu Georges Pompidou par la pub. Qui ne m'a-t-elle pas fait connaître ? La rencontre fut explosive, ma première avec un président. J'étais loin de présager qu'il ne serait pas le dernier.

J'ai créé mon agence en 1970 d'une annonce choc. L'impudence est la première forme de communication, on y voyait donc le chef de l'Etat, la Gitane papier maïs aux lèvres, barrant lui-même un moteur hors-bord. L'accroche ne cachait pas ses intentions : merci, monsieur le Président, de prendre soin de votre sécurité. Signé Mercury.

L'Express était, à cette époque, livré à l'Elysée vingt-quatre heures avant sa sortie, pour une relecture pare-feu. Les rapports de la presse et de l'Etat n'étaient pas d'une liberté absolue. Ce jour-là, monsieur le Président buvait placidement son café, lorsque madame la Présidente poussa un cri. Elle venait de découvrir son mari dans une fonction qu'elle ne lui connaissait pas, celle de *cover-boy*. Georges Pompidou entra dans une belle colère et téléphona sur-le-champ à Jean-Jacques Servan-Schreiber, le menaçant de faire saisir son journal s'il paraissait avec cette infamie. Pour nous, c'était la honte et la ruine. Il va sans dire que le propriétaire de *L'Express* ne pouvait que nous demander réparation de cet outrage. Il en allait de plusieurs millions de francs, notre carrière allait se résumer à une annonce qui nous acculait à la faillite avant même d'avoir vu le jour.

Françoise Giroud trouva la solution. Elle fit arracher, à la main, exemplaire après exemplaire, les quatre cent mille pages maudites... Il fallut trois jours et trois nuits durant lesquels *L'Express*, bien que n'ayant pas encore paru, fit la une des radios et des télévisions. On ne parlait que de la seule page qu'on ne verrait jamais : l'annonce scélérate. L'hebdomadaire de JJSS, premier bénéficiaire du remue-ménage, vit ses ventes grimper, ma réputation de concert, ma vie de créatif débutait dans le stupre médiatique de mon dépucelage élyséen. J'allais y faire carrière. Je fus convoqué par le Président. Bon enfant, il me fit promettre de ne plus recommencer et passa l'éponge. Je me retins de l'embrasser, sans imaginer la brutalité des événements à venir.

Le Roi est mort...

« Comme tous les Français, je savais le chef de l'Etat condamné à une fin prochaine et, comme eux, elle me surprit. Sans doute répugnais-je à surveiller les feuilles de température, à interpréter les diagnostics qui couraient tout Paris, à scruter les bouffissures qu'exhibait la télévision, à guetter dans la fente des paupières l'éclat nocturne du regard. Peut-être aussi refusais-je inconsciemment l'événement dont je savais qu'il atteindrait ma propre vie. D'autres que moi, assurément, avaient été plus attentifs, l'œil fixé sur le gros homme tassé dans son fauteuil, glissant à leurs affidés "l'heure approche" et lui, fouillé, violé dans son agonie par cet appétit des vivants. Je ne puis me défaire d'une certaine pitié pour ce mort oublié avant d'être enseveli. On a beaucoup et partout discuté de son acharnement à exercer ses fonctions jusqu'au bout. Le courage était-il de partir, était-il de rester ? Je ne tranche pas. Je crois comprendre qu'il y avait de la fierté dans cette façon d'afficher sa décrépitude. »

François Mitterrand a décrit mieux que personne dans *La Paille et le Grain* cette agonie élyséenne qui ne l'épargnera pas à son tour, trois septennats plus tard. Ainsi s'ouvrit, dans une âpreté morbide, une campagne acharnée. Restée indécise jusqu'à sa fin, elle sanctifiera après celle de 1965 cette nouvelle ère de la communication politique en France.

Le septennat tronqué restait une partition inachevée, les forces en présence se comptèrent donc pour mieux estimer leurs chances.

Côté cour, un clan aux aguets, fourbissant depuis des mois ses armes en vue de cette bataille qui déciderait de l'après-gaullisme. La droite au pouvoir est puissante, sûre d'elle, prête à tout dans ce combat, fatal pour le vaincu. Elle accapare l'Etat, sans partage, depuis plus de quinze ans. Comment envisager qu'il puisse lui échapper ? Son principal handicap n'en reste pas moins le gaullisme. Ce mélange détonant d'audace et de conservatisme lui a permis de prospérer sur une ambiguïté originelle mais l'heure l'oblige à la lever. Qui plus est, la guerre de succession sourd avec ses clivages idéologiques et ses querelles de palais. Or la droite échoue toujours lorsqu'elle est dissipée.

Côté jardin, une gauche unie, en ordre de marche depuis la création du parti socialiste au congrès d'Epinay de 1971 et la signature du Programme commun d'union de la gauche en 1972. Sa force ? L'unité construite cahin-caha par François Mitterrand, sur les cendres encore brûlantes du désastre de l'élection présidentielle de 1969. Sa faiblesse, pour ne pas dire sa mauvaise habitude : un manque de préparation coupable, et un constant manque de moyens. Les partis des pauvres sont toujours les plus pauvres. Injuste logique !

... Vive le nouveau Roi : la télé

Ce 2 avril 1974, la mort de Georges Pompidou marque donc l'enterrement d'un gaullisme tout-puissant, et la naissance d'un nouveau monarque qui peu à peu prendra le pouvoir suprême : celui de l'opinion. La France se passionne pour le petit écran et plus encore pour ses débats télévisés. « A armes égales », un face-à-face avec l'actualité, le dispute aux « Trois vérités », une confrontation entre une personnalité et des journalistes, ou « Cartes sur table », une interview politique à bâtons rompus. Plans figés, mise en scène soviétique, ces émissions tiennent plus du cours magistral que du talk-show ! Mais elles préfigurent le combat inégal du *Journal officiel* face à la messe du

20 heures ou de la typographie noire et serrée des quotidiens de l'époque face au cinémascope des images. Certes, nous sommes loin du grand cirque cathodique mais la politique-spectacle est en marche, elle bouleversera à tout jamais les mœurs politiques.

En la matière, de Gaulle avait habitué les Français à des règles du jeu très strictes, tout à sa poigne et son profit. La propagande pas morte ! La donne va changer de sens dans le même temps où le pouvoir change de mains. Les caciques hurlent au loup. Qu'importe, le succès public de ces duels est écrit, l'Amérique a capitulé sans même prendre les armes voici dix ans déjà. Nous allons, *as usual*, suivre le mouvement.

L'Elysée lave plus blanc

La France, à peine sortie de la vague libertine de 1968, est en proie à une agitation forcenée. La violence politique n'est plus de nos jours que verbale ou déambulatoire, nos manifs tiennent plus du carnaval de Rio que des barricades. A cette époque, la violence est alors engagée et sociétale. Bourgeois contre ouvriers, jeunes contre vieux, révolutionnaires contre conservateurs, catholiques contre libertaires, trotskistes contre communistes, maoïstes contre « nouvelle droite ». En comparaison, les querelles Villepin-Sarkozy ou Fabius-Royal ne sont que querelles de gamins.

La friction des hommes est toujours motrice, la politique, cette vieille dame démodée et grincheuse, va, bon gré, mal gré, se moderniser. Une transmutation progressive vécue au mieux comme une inutile coquetterie, au pis comme une pendable trahison. Les gouvernants, ailleurs volontiers mutants, ont le curieux privilège d'être chez nous archaïques et immobilistes. Pour la majorité d'entre eux, cette élection présidentielle au suffrage universel (direct pour la troisième fois) est un leurre : son mode d'emploi reste antirépublicain, dévoué à la seule superficialité de débats langue de bois, à la tyrannie de l'image, à la démagogie du discours. La presse, qui sent venir le boulet de la télé, brocarde les « Présidentslessive » – la diatribe ne date pas d'aujourd'hui – et les candidats eux-mêmes voient la communication comme un mal nécessaire, les citoyens comme un mal imposé. Quant aux publicitaires, ils se réfugient dans leur conservatisme : un sondage publié dans *Stratégies* le 29 avril 1974 révèle que seuls 14 % d'entre eux s'apprêtent à voter Mitterrand, les deux tiers de la profession considéreraient la victoire de la gauche comme un danger.

La campagne durant, les commentateurs se relayeront pour dénoncer l'inflation des dérives démocratiques : prolifération galopante des sondages jouant les prescripteurs (on en comptera vingt-quatre en quatre semaines). Multiplication envahissante des affiches et « manque de tenue » des candidats prêts à toutes les bassesses pour quelques voix de plus. Erreur d'analyse ! A chaque virage sociologique de notre vieux pays, la politique vire dans le vent. L'exercice électoral est en train de muter, entraînant un bouleversement de la désignation présidentielle elle-même. Déjà les grands thèmes de campagne et l'annonce des propositions ne suffiront plus à départager les candidats. Certes, on parlera cette année-là de la construction européenne, du Proche-Orient, du commerce extérieur, de la dégradation des conditions de travail, du pouvoir d'achat, des conditions de vie et surtout de l'inflation... Mais la différence ne se fera pas là.

Sociologues et politologues diagnostiquent, c'est une première, « un effet campagne ». Un impact direct sur l'élection, le destin des candidats et même la société tout entière. Le 24 avril 1974, dans les colonnes de *La Croix*, Roland Cayrol, alors jeune attaché de recherches à la Fondation nationale des sciences politiques, remarque que sa campagne réussie de 1965 donne désormais à François Mitterrand la légitimité d'incarner le candidat de la gauche unie. A contrario, la piètre prestation de Gaston Defferre en 1969 l'a disqualifié. La démocratie d'opinion se dessine.

J'ai toujours remarqué, dans mes engagements autour du monde, cette fébrilité de l'opinion en temps d'élection qui se cristallise en une mutation sociétale le jour du vote. Les peuples progressent ainsi inconsciemment, au gré des coups de tabac médiatiques des tempêtes électorales. Notre avenir est en nous, mais ne se révèle qu'à l'aube de ces joutes fratricides. Est-ce l'odeur du sang, la fissure des votes, la focalisation des médias ? La France se met soudain à l'écoute de ses politiques et change d'un coup. Elle n'est plus la même au lendemain de tout scrutin.

Les compétiteurs, à leur tour, vont changer de statut et découvrir la sacralisation médiatique. Le plus bel exemple date de 1969. Pied de nez de l'Histoire, elle ne viendra pas d'un riche parti de droite mais de la Ligue communiste (future LCR). Au départ, c'est une simple filouterie de potaches. Une clause anodine, entre nous ridicule, de la Constitution autorise tout Français à se présenter à l'élection suprême sans avoir terminé son service militaire. Alain Krivine, incorporé sous les drapeaux, faute d'avoir été condamné pour son rôle insurrectionnel en Mai 68, saute sur l'occase et déserte légalement pour entrer en campagne. En trois semaines de télévision officielle, le leader étudiant à la notoriété jusque-là très sorbonnarde se fondra en une personnalité nationale.

La brèche est ouverte, nombre d'inconnus, et non des moins rocambolesques, s'offriront à moindres frais une notoriété inattendue pour leur cause, leur parti ou plus égoïstement eux-mêmes. Ils seront douze[1] dès 1974, un record qui ne manque pas d'inquiéter. Les voix de la sagesse réclameront une modification de la Constitution, et notamment un relèvement du nombre de parrainages nécessaires à une candidature. De 100 à l'époque, il passera à 500 aujourd'hui. Ce qui n'empêchera pas, trente ans plus tard,

1. Par ordre alphabétique : Jacques Chaban-Delmas, René Dumont (écologiste), Valéry Giscard d'Estaing, Guy Héraud (fédéraliste européen), Alain Krivine, Arlette Laguiller, Jean-Marie Le Pen, François Mitterrand, Emile Muller (Mouvement démocrate socialiste de France, adversaire de la bipolarisation), Bertrand Renouvin (royaliste), Jean Royer (maire de Tours, ministre du gouvernement Messmer) et Jean-Claude Sebag (fédéraliste européen). Il y a donc pas moins de deux trotskistes et deux fédéralistes européens...

le tsunami électoral de 2002 qui relèvera de la même multiplication des candidatures. Et nous ne sommes qu'au début du phénomène. L'éclatement de la société jointe à celle des médias ne peut qu'entraîner un éclatement des partis. C'est la petite mort de l'hégémonie des grandes formations. Ce n'est pas la démocratie qui s'en plaindra.

L'homme pressé

La disparition du chef à peine annoncée, les tractations commencent à droite. Premier à dégainer, Jacques Chaban-Delmas, ancien Premier ministre de Pompidou, espère prendre les autres prétendants de vitesse et se poser en héritier naturel du gaullisme. Sa déclaration du 4 avril brûlera même la fin des cérémonies officielles et l'oraison funèbre de l'Assemblée en hommage à Pompidou, stigmatisant cette précipitation suicidaire. Ses adversaires (et néanmoins amis) de son propre parti, l'UDR, trouvent leur première occasion de faire barrage au meilleur d'entre eux. Ils seront les plus déchaînés du microcosme. Curieuse politique, créée pour rassembler les peuples autour d'un projet commun et qui ne prospère que dans les divisions. Imaginez une société civile où, de la sorte, les managers s'entretueraient au lieu de se battre pour la victoire de leur entreprise. On crierait au fou. En politique, on se délecte, sans comptabiliser les pertes d'énergie, de confiance, d'espérance pour le pays tout entier.

Au nom de la « décence », les barons du gaullisme, Jacques Chirac, Alain Peyrefitte et Michel Debré en tête, ont tôt fait de prendre leurs distances avec l'ancien résistant. Toute élection est une course de vitesse qui s'apparente plus aux courses-poursuites cyclistes du Vél d'Hiv qu'à une finale olympique du 100 mètres. L'art est de laisser son concurrent jouer le lièvre pour mieux le coiffer sur le poteau. Mitterrand s'avèrera le maître en cette matière, inventant un désormais grand classique de toute confrontation : la stratégie du désir. Ce 2 avril, quelques heures à peine après la nouvelle de la mort du Président, nous sommes au contraire dans la stratégie de la trahison. Une réunion secrète se tient dans le bureau du Premier ministre Pierre Messmer, pour tenter de le convaincre de se présenter. But non avoué : écarter Chaban. Indécence, quand tu nous tiens !

Pierre Messmer finit par accepter de se présenter le 8 avril, le même jour que VGE, mais en posant comme condition d'être le candidat unique de la majorité. Roublard, Giscard consent à se retirer, Chaban refuse, et tombe dans le piège tendu par les « pompidoliens » : il portera désormais la responsabilité de l'éclatement de la majorité. La décence n'exclut pas la perfidie. Messmer, comprenant qu'il n'a été que le cocu de service, se retire aussitôt du jeu, et laisse face à face les deux fauves du moment : Jacques le Fataliste et Valéry le Valeureux.

Ni le pâle Christian Fouchet, ni le coloré Edgard Faure ne survivront à la manœuvre.

Jacques le Fataliste

Après avoir tenté de prendre tout le monde de vitesse, et constaté les dégâts de son impatience, Jacques Chaban-Delmas n'en baisse pas pour autant l'allure. Les premiers sondages le placent au coude à coude avec Giscard. Mais il va peu à peu se détacher, et apparaître à la mi-avril comme le mieux à même de battre Mitterrand. Ah, ce sacré syndrome du vainqueur trop tôt annoncé, fatal à Barre, Balladur, Jospin et qui risque de l'être à Sarkozy ! A se croire le favori, on oublie qu'une campagne est impulsion plus que sacralisation, fraîcheur plutôt que labeur, nouveauté plutôt que rabâchage. Elle se joue la plupart du temps dans le coup de rein final.

Pauvre Chaban, incarnation du dynamisme et de l'audace, initiateur à Matignon d'une société prospère jeune, généreuse et libérée. A-t-il eu une idée trop haute, ou trop grave, de la fonction qu'il briguait ou était-il trop pur pour déjouer les coups de Jarnac que son camp fourbira en permanence contre lui ?

Son affiche, titrant justement sur cette « nouvelle société », son credo depuis cinq ans, le caricature en plan serré, l'œil sombre et le regard lointain, au lieu de le montrer souriant et chaleureux, ce qu'il est. Les commentateurs s'attacheront plus au contenant qu'au contenu, c'est le moindre de leur défaut. Ils se gaussent, soulignant qu'avec son menton inhabituellement épais, son sourcil noir et son air lointain, l'impétrant ressemble sur la photo à... Georges Pompidou. Comme si, par un mimétisme inconscient, il s'était coulé dans la peau de celui qu'il ambitionne de remplacer. Quelle erreur de look. Le sportif bondissant à l'allure aristocratique s'est mué en paysan auvergnat, l'éternel jeune homme singe en vieux sage, décidément la « nouvelle société » ne tranche guère avec l'ancienne.

Ses meetings sont de la même eau : le style est noble, le ton solennel, le débit posé, l'attitude présidentielle. Dès le départ, le regard est tourné vers le passé. Etonnant paradoxe : alors que VGE est ministre de l'Economie quasiment sans discontinuer depuis 1959 (avec une interruption de 1966 à 1969), c'est Chaban qui apparaît comme l'homme du bilan ! Il y a du Jospin dans ce Chaban. Le candidat de 2002 commettra la même bévue (et Dieu sait que je ne cesserai de l'en dissuader) en s'arc-boutant sur son bilan plutôt que de se présenter en porteur du renouveau. Une élection se gagne sur le changement. C'est vieux comme Hérode, lui-même inventeur du concept. On vote pour le futur, jamais pour le passé. Les électeurs n'ont ni mémoire ni reconnaissance, peu leur importe ce que vous avez fait. Ils ne vous choisissent que pour ce qu'ils sentent qu'élu vous serez capable de faire pour eux. Cynique mais logique, et tellement français.

Hitler ? connais pas !

Certes, il y a d'autres raisons à cette entrée ratée. L'âge d'abord, Jacques Chaban-Delmas accuse onze ans de plus que Giscard. Les Français ont faim de chair fraîche, même s'ils élisent le plus souvent des sexagénaires assumés. Il y a surtout l'ancienneté. En politique, on a l'âge de sa carrière. Si Giscard a participé à la plupart des gouvernements de la Ve République, il n'a été ministre de plein exercice que de 1962 à 1966 et depuis 1969. Chaban-Delmas a été plusieurs fois ministre sous la IVe, onze ans président de l'Assemblée, et Premier ministre près de trois ans : trop, c'est trop. Fils du gaullisme, il appartient à la génération de la Résistance, ce n'est plus de saison. « Hitler, connais pas » est le leitmotiv de la jeunesse au point d'en faire un film à succès. Les Trente Glorieuses ont chassé tout relent de défaite. La France veut du neuf. Elle le veut à chaque élection et ne rempile avec le sortant que si elle ne trouve pas une vraie volonté de changement affirmée chez son attaquant.

Autre dérapage incontrôlé, l'affaire de la feuille d'imposition publiée en 1972 par *Le Canard enchaîné*. Elle révèle que le candidat n'a pas versé un centime d'impôt sur le revenu de 1967 à 1970, son passage à l'hôtel de Lassay puis à Matignon. Si aucune entorse à la loi ne peut lui être reprochée (il avait bénéficié du mécanisme de l'avoir fiscal institué en 1965), l'opinion, si envieuse, et la presse, si haineuse, en feront un scandale. Et tout scandale pré-électoral laisse des traces, d'autant que Chaban, froissé dans sa dignité gaullienne, ne se lancera pas dans une contre-attaque déchaînée. Faute d'explication, la déclaration d'impôts se fera déclaration de mort politique.

Il n'est qu'une parade aux coups bas de cette sorte : tempêter plus fort que la tempête médiatique qu'ils déclenchent. Hurler son honnêteté sur tous les fronts, prouver son intégrité, et poursuivre de son tir le fauteur de trouble. Ces crimes de lèse-opinion sont toujours déclenchés par ceux à qui ils profitent. Mais Chaban était trop poli, voire policé, pour réagir avec la hargne qui convenait.

Deux septennats plus tard, en 1981, Valéry Giscard d'Estaing m'invitera à déjeuner, me priant d'analyser les causes de son échec. Outre son manque d'engagement et ses fautes de communication, j'insistai sur sa non-réaction à l'affaire des diamants. Lui citant justement en exemple le « cas Chaban ». S'il s'était dès le soir même présenté au journal télévisé, claironnant son innocence et en donnant publiquement les preuves, il aurait tué la médisance dans l'œuf. La leçon porta. Quelques années plus tard, l'affaire des avions renifleurs secoua le microcosme. Dès 20 heures, je vis Giscard prenant à partie le petit écran et brandissant un lourd dossier l'innocentant. Il sortit indemne du marigot.

« L'affaire » de la feuille d'impôts ayant porté, suivra une cascade de basses manœuvres de déstabilisation, attribuée au ministre de l'Intérieur de l'époque, un certain Jacques Chirac : des sondages truqués pronostiquant la défaite de Chaban face à Mitterrand, et de sales rumeurs l'accusant d'avoir provoqué la mort de sa seconde épouse, ou encore d'être trop « fragile » pour la fonction...

Emportée par le scandale, la campagne de Chaban ne redressera plus la tête. D'autant que sa communication restera incolore, inodore et sans saveur. Son slogan est déjà usé et son contenu déjà connu. Reprendre un programme vieux de cinq ans et ne trouver à promettre aux électeurs que le souvenir d'un gouvernement passé, au bilan peu reluisant, n'a jamais soulevé les foules.

Les bons slogans ne sont pas que des mots. S'ils ne révèlent pas une vérité en marche, ils deviennent des boomerangs mortels. A cette faiblesse du discours s'ajouteront les trahisons de Jacques Chirac (déjà) et des « pompidoliens ». Nos élections ont toujours été des nuits des longs couteaux. Le complot sera ouvré par Pierre Juillet et Marie-France Garaud. Les conseillers de l'ombre, et donc avides de lumière, prônent toujours ce qui peut les faire briller. Le duo infernal susurre que Chaban déstabilise l'électorat droitier traditionnel sans rallier suffisamment le centre. Leur « appel des 43 » lancé le 13 avril en faveur d'une candidature unique ne trompera personne et surtout pas les Français qui y liront le message qu'ils attendaient : « Changeons d'air ».

Croisement dangereux

Les sondages vont en quelques jours se retourner et placer Giscard en tête parmi les candidats de droite. Une élection est un jeu de courbes qui se croisent et s'entrecroisent : est élu celui qui double son adversaire dans la dernière ligne droite et ne se laisse plus devancer. Ce croisement fatal s'accélère avec le temps. De trois mois voici trente ans à un en 2002, il est passé à une semaine en 2007. Si l'élection s'était déroulée sept jours plus tôt, Lionel Jospin serait aujourd'hui à l'Elysée.

Chaban a adressé un discours progressiste à un électorat conservateur, proposé à la nation un projet futuriste qui a déjà échoué, vanté un héritage gaulliste sans savoir repousser les attaques des ténors du gaullisme. Face à lui, l'autre candidat de la droite va jouer l'innovation, la cohérence et le dynamisme. Qui voulez-vous qui décroche la timbale ?

Valéry le Valeureux

Dès le départ, Giscard place sa communication sous le signe de la modernité. Son âge (quarante-huit ans) ne sera pas son seul atout en la matière. Face à une tradition présidentielle empesée et à des codes hérités de la IIIe République, il fait le choix de la différence. C'est le « bon choix ».

Changement politique, en s'opposant au gaullisme qui squatte l'Elysée depuis seize ans. Changement programmatique, en promettant des réformes sociales dans le courant des évolutions sociétales post-soixante-huitardes. Changement générationnel, faisant de sa jeunesse une arme. Changement de méthode enfin : Giscard est le premier à introduire, en force et en masse, les techniques de communication apparues aux Etats-Unis depuis une quinzaine d'années. Lecanuet avait été le précurseur, il jouera les récupérateurs.

La rupture avec le gaullisme lui sert à se démarquer de Chaban et de son mythe mité de la réconciliation nationale. Giscard a, depuis belle lurette, compris que l'électorat de droite ne pourrait pas éternellement se satisfaire de cet entre-deux. Sa stratégie, non avouée, sera donc de se démarquer de « l'ancêtre ». Mitterrand ne se trompe pas d'adversaire et frappe : « L'héritier naturel du régime institué par de

Gaulle, c'est Giscard. » La classe dirigeante, clame le leader socialiste, a laissé le Général gouverner en empereur : « Lui parti, fini l'épopée, ses héros et ses aventuriers. La France conservatrice des présidents de chambre de commerce, de l'ordre des médecins, des P-DG et des notaires n'a plus besoin de faux-semblants. »

L'analyse est sévère mais juste. En réaction, Giscard a l'instinct de choisir pour allié l'unité affichée de la droite et du centre. Jean Lecanuet et le Centre démocrate lui apportent leur soutien dès le 10 avril. Face au mythe du gaullisme au-dessus des partis, le jeune impétrant prend du poids.

Décidé à être le candidat « de la nouveauté, de l'ouverture et du changement » (le slogan resservira à tous ses successeurs), Giscard construit sa campagne en pro, conscient du bénéfice qu'il peut tirer d'une communication réussie. Ses panneaux d'affichage ont été réservés le jour même de la mort de Pompidou ! Il soigne davantage encore l'outil télévisuel. Quelques prestations remarquées l'avaient imposé en champion de ce média : une intervention au journal télévisé avec craie et tableau noir pour expliquer l'économie simplement aux Français, un match de football, un voyage en métro et l'interprétation de « Je cherche fortune » à l'accordéon sont autant de morceaux d'anthologie qu'on lui reprochera plus tard. Sur le moment, ils feront leur effet. Mais son coup d'éclat sera cette photo en compagnie de sa fille Jacinthe : la première vraie affiche électorale française.

Réalisée au départ pour un reportage, le visuel étonne et détonne. Aucun slogan, aucune promesse, aucun titre : le seul nom du candidat, pour illustrer une photo volée, prise sur le vif, pleine de mouvement, de spontanéité, de vie. Un Giscard à l'œil enjôleur, à la moue séductrice et la présence de cette jolie jeune femme dont la France apprend qu'elle est la fille de leur, peut-être, futur Président. Quelques grammes de tendresse dans ce monde électoral de brutes. C'est une tranche de vie quotidienne d'un Français comme les autres, sans arrogance ni solennité, sans affectation ni apprêt, le gendre idéal. Le pays est sous le charme et « la nouvelle société » sous le boisseau.

Un deuxième visuel suivra, plus classique, pour ne pas dire plus banal : un portrait en gros plan sur fond clair, et un slogan à risque : « Giscard d'Estaing. Un vrai Président ». Les commentateurs s'amuseront de cette accroche au goût de publicité pour fromage, mais sa platitude sera sauvée par le choix des formats : des grandes affiches de 4 mètres sur 3, avec des couleurs claires, à mille lieues des normes politiques grisâtres de l'époque, de 90 centimères sur 120. Une troisième apparaîtra plus tard, plus consensuelle encore : « Le Président de tous les Français ». Plus plat, tu meurs, mais, grâce à Jacinthe, Giscard a déjà basculé dans un autre âge de la com. Il faut dire que deux de ses lieutenants avaient fait le voyage aux Etats-Unis pour en rapporter les leçons de la campagne victorieuse de Kennedy en 1960. Et JJSS, encore une fois en avance sur son époque, avait fait venir l'un des anciens conseillers du Président assassiné. C'est à lui que l'on doit des milliers de tee-shirts « Giscard à la barre ».

Le sel de cette campagne résidera dans cette alliance contre-nature d'une droite conservatrice (malgré quelques avancées notamment sur l'avortement) et de méthodes d'avant-garde pour l'époque, tels ces autocollants fabriqués par le comité des « jeunes pour VGE » apposés sur les voitures : « Conduisez votre avenir. Votez Giscard. » Il y aura surtout cet allant, cette vibration, cette jeunesse frôlant l'insouciance qui touchera le cœur des Français. Le fringant énarque avait tout compris : c'est là qu'il faut frapper, non à la tête. Sa déclaration de candidature, d'ailleurs, le laissait entendre : « Je voudrais regarder la France au fond des yeux, lui dire mon message et écouter le sien. » La fameuse démocratie participative de Ségolène était déjà en germe... Comment pourra-t-il si vite oublier toutes ces belles intuitions !

Pour l'heure, ce technocrate déplumé et austère s'affichant avec sa fille et conduisant lui-même sa voiture vient d'opérer une remarquable mue de la communication politique. Elle lui permettra le 19 mai de l'emporter sur un autre artiste : François Mitterrand, qui, hélas, n'a pas encore saisi les fils de la marionnette com. Mais ce jour viendra.

François le Solitaire

Car Giscard d'Estaing n'est pas le seul, dans cette campagne, à cultiver le modernisme. François Mitterrand le suit à la trace. Mais à sa façon, plus personnalisée, plus audacieuse.

Politiquement, son horizon est singulièrement dégagé. Son entrée en campagne apparaît comme l'aboutissement de ce rassemblement de la gauche qu'il a engagé depuis trois ans. La fondation du parti socialiste et la signature du Programme commun n'ont pas apaisé les tensions et les rivalités, ni au sein du PS, ni entre alliés communistes et socialistes, mais ils forment un socle politique sincère. Voici le seigneur solitaire doté d'un appareil, et surtout d'une légitimité. Deux composantes essentielles à une dynamique électorale.

Obéissant au syndrome de la gauche, qui veut que l'homme s'efface derrière le projet et le parti, Mitterrand n'annoncera pas lui-même sa candidature. Le 8 avril, ce sont les militants du PS qui, par leurs acclamations, le désignent. La réalité est un peu moins rose : dès la mort de Pompidou, l'homme à la rose s'est entretenu avec Gaston Defferre, Pierre Mauroy, Emile Loo et Louis Mermaz pour arrêter sa stratégie. Ensemble, ils décident de ne rien changer au Programme commun et de peaufiner leur alliance avec les communistes, sans pour autant se laisser lier les mains par l'un ou par l'autre.

Mitterrand a toujours su que la victoire se gagnait seul, mais il n'a pour l'heure ni l'esprit ni les mains libres. Il sait que pour l'emporter il lui faudra gagner des voix au centre, sans s'aliéner celles de la gauche dure. Un grand écart que ce Noureïev de la politique affectionne. Discrètement, son projet s'ouvre d'ailleurs sur ces mots sans équivoque : « Ce n'est pas au nom d'un parti que je m'adresse à vous... » Plus subtil et plus efficace que « Mon projet n'est pas socialiste » !

L'élection présidentielle est la rencontre d'un homme, d'un peuple et d'une vision. Les partis ne sont là que pour accompagner le mouvement. Vouloir mettre la charrue du projet avant les éléphants conduira le PS en 2006 à la mascarade de la valse des candidats obligés de danser à contretemps pour s'affirmer. Dès lors que le projet est commun et fixe le cap, comment se faire préférer sans user de sa personnalité et rien qu'elle. Le contenu étant figé, la bataille n'est plus que de contenant. Ce sera la chance de Ségolène que ses concurrents socialistes lui serviront sur le plateau de leur incohérence.

Cette campagne dont il sent qu'elle pourrait être victorieuse, Mitterrand choisit donc de la mener à sa main, et sur son tempo. Comme Giscard, il a compris que les méthodes politiques traditionnelles avaient besoin d'être dépoussiérées. C'est avec cette mission qu'il a envoyé, en décembre 1973, son ami Claude Perdriel, patron du *Nouvel Observateur*, en voyage d'étude aux Etats-Unis. Celui-ci en est revenu la tête pleine de projets inspirés de la campagne des démocrates de 1971 : marketing, mailings, enquêtes d'opinion, collectes de fonds, mobilisation des jeunes, création de liens directs avec l'électeur... Autant de révolutions qui ne pourront, hélas, être appliquées, faute de temps. La mort brutale de Pompidou a avancé l'échéance de deux ans, il aurait fallu un an de plus pour être prêt.

Méthodes américaines ou non, Mitterrand fait le choix de la modernité. Tel son QG de campagne, installé dans 800 mètres carrés de locaux à l'allure alors futuriste, au troisième étage de la tour Montparnasse. Quatre murs de verre et d'acier entre lesquels de hauts fonctionnaires en bras de chemise s'activent comme dans une salle de rédaction newyorkaise. Avec Jean-Pierre Audour, l'un des patrons d'Havas, Claude Perdriel s'occupe de la communication du candidat, sans hésiter à faire, quand c'est possible, tester les slogans par la Sofrès. C'est la domination naissante du marketing sur la politique en campagne. Jaurès et Salengro ont dû se retourner dans leur tombe.

Mais chez les socialistes, les inerties sont tenaces, ces velléités modernistes se heurtent aux habitudes. « Changez la France avec François Mitterrand », favorablement accueilli lors des tests, est retoqué par le parti, qui lui préfère : « La seule idée de la droite, garder le pouvoir. Mon premier projet, vous le rendre. » Une belle maxime, certes conforme aux habitudes partisanes du PS, nourries de clivages et d'anathèmes. L'affiche créée par Robert Delpire, éditeur de livres d'art et publicitaire raffiné (notamment de Citroën à cette époque), sera donc conforme aux canons de la gauche : une petite photo du candidat en noir et blanc sur un aplat bleu, l'essentiel de l'espace étant réservé au slogan. L'individu s'efface devant le projet collectif, le parti, la gauche. Au point de disparaître.

Une belle œuvre de musée, intellectuelle à souhait, esthétique à ravir mais si loin des codes de la rue. L'électeur a soif de force, de couleur, d'affect. La mission d'une affiche est de créer le désir. Mitterrand en rêvait, Giscard l'a fait.

Les autres affiches du candidat socialiste ne seront guère plus emballantes. L'une le représente en gros plan, sans slogan, mal rasé, l'air sombre. Une autre annonce : « Un Président pour tous les Français » quand celle de Giscard présente « Le Président de tous les Français ». De la pub bonnet blanc ou blanc bonnet. Viendra alors le temps des affichettes collées par les militants. Un bandeau horizontal interpelle l'électeur : « Pourquoi votre voix manquerait-elle à François Mitterrand ? Il se bat pour vous. » Formule trop large pour ce combat de rue de l'affichage sauvage. La droite ne fera pas dans la dentelle rose et ripostera par de petites affiches siglées d'un « M » majuscule décliné en « Mitterrand, Marchais, Moscou : la merde en France ».

Autre frein : la question budgétaire, loin d'être neutre à une époque où la démocratie électorale est encore loin. Le financement des partis n'est pratiquement pas, ou si mal, réglementé, et la droite bénéficie abusivement d'une mainmise de plus de quinze ans sur tous les leviers de l'Etat. Mitterrand ne pourra faire imprimer que 6 000 affiches en grand format, quand celles de Giscard se comptent en dizaines de milliers. Il ne lui restera dans cette lutte inégale que la ressource en fin de campagne de ces petits formats posés à la sauvette par des militants. Un procédé plus destructeur que créateur d'image.

La médiatisation commence à jouer son rôle d'arbitre pernicieux, soumis aux influences. La prise de l'Elysée a désormais son prix. Giscard l'a d'ailleurs reconnu en 2002, avouant qu'il avait décidé de rester ministre de l'Economie tout en menant campagne, parce qu'il avait « très peu de logistique, très peu de moyens matériels, de secrétariat, de communication, et que son groupe politique était tout petit » ! Une belle honnêteté rétrospective, qui aura fait plaisir au Conseil constitutionnel, chargé de vérifier les comptes de campagne, et dont VGE est aujourd'hui membre de droit...

Fidèle à sa stratégie, l'homme à la rose ne se laisse dicter sa campagne ni par le parti, ni par cette union de la gauche, dont, en privé, il reconnaît qu'elle n'est qu'un gage donné en échange de la loyauté communiste. Quant aux références au Programme commun et à la rupture avec le capitalisme, elles seront vite mises en sourdine. Calcul électoral en direction du centre, volonté de ne pas déclencher de « guerre civile, serait-elle sociale », ou discrète émancipation, choisissez. Connaissant mon président, je dirais les trois à tour de rôle. Déjà les nationalisations ne bénéficient plus, dans la bouche du candidat, de l'importance que leur accordait le projet. Le Mitterrand solitaire et œcuménique de 1981 s'est forgé là.

Telle est la logique majoritaire de l'élection au suffrage universel direct : gommer les aspérités, et favoriser un projet dans lequel tous les Français puissent se reconnaître, fût-ce au détriment des envolées idéologiques.

La campagne du leader du PS se déroulera ainsi en toute ambiguïté. Imposer ses choix personnels audacieux, tout en restant le candidat d'un parti. Innover, mais en composant avec les moyens dont il dispose. Comment aurait-il pu en être autrement ? Le futur homme d'Etat est pour l'heure à la croisée des chemins, ne disposant ni de l'autorité ni de la confiance qui lui permettront, dès les années suivantes, de s'affranchir de la tutelle du PS et de réaliser son rêve d'enfant : être président.

Le fil du rasoir

Le scrutin n'est pas, pour autant, joué d'avance. Le suspens durera jusqu'au dernier jour, entretenant l'intérêt d'une campagne définitivement devenue médiatique. C'est la victoire de la forme sur le fond, de l'image sur les mots, de la personnalisation sur l'appareil.

Ce tournant sociologique initié par Giscard, curieusement, il ne le saisira pas. Sa prestation de 1981 sera à l'inverse de ces codes qu'il avait inventés. Envolées l'impertinence, la simplicité, la proximité. A croire que cette première campagne n'était pas la sienne. Ou pis, que le pouvoir rend aveugle et sourd.

Les sondages publiés chaque semaine font quotidiennement apparaître l'indécision d'un électorat qui souhaite un changement sans oser une rupture, veut croire en la gauche mais se méfie des communistes, veut tourner la page gaulliste mais revendique l'héritage du Général. Remplacez de Gaulle par Chirac, vous aurez la version 2007 de la même pièce. Et d'aucuns de prétendre que l'Histoire ne repasse pas les plats.

Au fil des semaines, le combat se clarifie : le second tour opposera François Mitterrand à Valéry Giscard d'Estaing. De 36 % début avril, les intentions de vote en faveur du candidat de la gauche n'ont cessé de s'accroître pour culminer à 44 % la veille du premier tour. Dans le même temps, Chaban-Delmas chute de près de quinze points, dévalant de 30 % à 17 % en trois semaines, Giscard grimpant à 30 %.

Le dimanche 5 mai, les qualifications pour le second tour ne sont donc pas une surprise. Mais quel événement ! Pour la première fois depuis les débuts de la Ve République, le prochain président ne sera pas gaulliste. La participation est importante, près de 85 % des inscrits. On découvre la prédominance du vote utile (neuf des douze candidats rassemblent à eux tous moins de 10 % des suffrages). Derrière les 43,25 % de Mitterrand, les 32,6 % de VGE et les 15,1 % de Chaban, le meilleur score est réalisé par Jean Royer, avec... 3,17 % ! L'éclatement redouté au début du mois d'avril n'aura pas eu lieu. Bien au contraire. L'intensité et l'indécision de la campagne ont créé une dynamique, affichant ainsi son vrai rôle. Nul ne l'attendait vraiment. Ni les chabanistes qui partaient gagnants, ni les socialistes qui se voyaient laminés. Quant aux électeurs, avant de se mobiliser, ils vont se passionner pour le clou du spectacle : le face-à-face télévisé.

Duel aux sunlights

On a beaucoup glosé sur la formule de Giscard : « Vous n'avez pas le monopole du cœur. » A coup sûr, elle a joué. Même si, comme pour l'affiche de 1981, « La force tranquille », son impact a été très surévalué après coup. Devenues spectacles, les campagnes se déroulent comme des films ou des pièces de théâtre. On se laisse emporter sans réellement savoir ce qui nous porte, sinon une émotion, une vibration puis une adhésion qui nous transporte. Ce n'est que plus tard que l'on mémorise un rôle, deux ou trois images, une réplique qui vont imprimer nos mémoires.

Le show politique du septennat fera l'objet de négociations serrées. Elles aboutissent à un face-à-face, et non un côte-à-côte selon l'usage américain. Les deux candidats seront séparés par une longue table sur fond de rideau orange siglé du logo de l'ORTF. Après d'interminables palabres, les deux parties ont réglé tous les détails liés à la parole (rôle des journalistes, temps imparti) ou à l'organisation du lieu (choix et placement des quatre-vingts invités présents sur le plateau), mais elles ont négligé l'essentiel : réglementer l'image. C'est là que Mitterrand perdra son match.

Giscard a appris la caméra comme on apprend l'économie, avec méthode et en surveillant le moindre détail. Ses interventions rapides, ses interruptions fréquentes, ses petites phrases assassines vont contraindre son adversaire à la défensive, et l'enfermer dans de longues assertions peu télégéniques.

La réalisation elle-même, complice ou sous le charme, saura-t-on jamais, s'attarde sur les moues et les mimiques giscardiennes, usant et abusant de ses réactions négatives à chaque moment fort de son vis-à-vis. Autant de points marqués dans un match où la façon de dire vaut plus que ce qui est dit.

Il y a eu enfin le coup bas qui a peut-être décidé de la victoire. Nul ne le perçut, sauf l'agressé. Comme la France l'a appris depuis, le secrétaire du PS avait une liaison avec Anne Pingeot, qui vivait à Clermont-Ferrand. Giscard, qui était élu en Auvergne, avait bien évidemment eu vent de cette histoire. Il décochera en cours d'émission sa flèche assassine : une allusion très appuyée à cette ville, au fait que Mitterrand la connaissait bien, et qu'il y était connu... Une perfidie qui scellera une haine sans fin.

Ce fatal face-à-face sonnera la victoire de VGE : 10 % des sondés avoueront avoir changé d'avis à cause du débat. Le vaincu reconnaîtra lui-même avoir perdu ce soir-là 200 000 à 300 000 voix. L'élection s'étant jouée à 424 000 voix sur 26,4 millions de suffrages exprimés.

Salut, l'artiste

Le 19 mai, Valéry Giscard d'Estaing devient le troisième président de la Ve République. Il est élu avec 50,8 % des voix, au terme d'une campagne courte – un mois et demi se sont écoulés depuis la mort de Pompidou. Elle aura coûté, tous candidats confondus, 40 millions de francs. En 1981, le budget de la présidentielle grimpera à 150 millions, puis 260 en 1988, pour doubler encore en 2002. Quarante maigres millions qui auront fait entrer la politique en communication comme on entre en religion. Prêt à toutes les prières dans l'espoir d'un miracle. Une conversion durable, que chaque élection suivante viendra confirmer. La télévision s'y affirmera le grand ordonnateur, pas toujours très loyal mais désormais incontournable, d'un affrontement politique devenu joute médiatique, où l'affichage aura joué un rôle majeur. En quelques mois d'affrontement, la majesté gaullienne encore dans les esprits avait cédé le pas à la proximité, la grandiloquence au parler vrai, le sérieux au spectacle. Le pouvoir changeait de ton et de rythme. Avec une prime au jeune candidat qui surfait le mieux sur le courant du moment. Alors que Mitterrand et Chaban se débattaient dans leurs contradictions, Giscard aura su faire sur sa personne l'unité de courants pourtant opposés. D'où la création d'une dynamique tous azimuts. Elle enflammera une jeunesse allergique au gaullisme, sans déconcerter le vote de la bourgeoisie de province. Mieux, elle réussira à contraindre les cadres des villes de voter avec la paysannerie. Mais cette campagne fit plus, elle marqua à ce point les esprits qu'ils ne pardonnèrent pas à l'élu de leur cœur de ne pas être resté fidèle à lui-même. Il y perdra son trône.

Débutée sous le signe de la simplicité et de l'innovation, en droite ligne de sa posture de candidat, la communication giscardienne va peu à peu verser dans un style monarchique qui le conduira à l'échafaud. La seule promesse à laquelle est tenu un homme politique est sa promesse de campagne. Qu'il change de ton, de look, de méthode et la confiance s'envole.

VGE fait un candidat proche du peuple, las ! le pouvoir en fera celui qu'il a toujours été : un aristo. Les proverbes ont raison : le naturel revient toujours au galop. Dès lors, la suite était écrite. Il vous reste à la lire.

1981
CAMPAGNE « PREMIÈRES »

par Thierry Saussez

Pour la première fois depuis de Gaulle, un président de la République sortant se représente. Il est donc possible de comparer deux stratégies, celle de la prise de l'Elysée et celle du maintien au pouvoir.

Pour la première fois, la publicité structure la campagne électorale, en particulier celle du vainqueur.

Pour la première fois s'installe réellement et durablement dans l'espace public un échange entre trois acteurs, les hommes politiques, les médias et les sondages censés représenter l'opinion publique.

Dix candidats se présentent au suffrage des Français. Comme en 1974, l'offre politique se fragmente.

Campagne de sortant

La déclaration de candidature de Giscard, le 2 mars 1981, moins de deux mois avant le premier tour, est tardive, la dernière des dix candidats qui se présenteront. Les sondages ne sont pourtant déjà plus au beau fixe. L'axe que choisit Valéry Giscard d'Estaing est conforme aux orientations qu'il a souhaité donner à son septennat : décrispation, démocratie paisible et réfléchie, société libérale avancée.

Président candidat ou candidat citoyen ?

Giscard adopte une position de leader et annonce : « Au cours de cette campagne, je n'attaquerai personne, je ne m'occuperai pas des autres candidats. » Il se place au-dessus de la mêlée, car le Président « ne peut pas être l'homme d'un parti ». Il rêve sa campagne comme s'il était sans concurrence et annonce d'abord, en raison de ses fonctions, une campagne d'information et d'explication puis, à l'ouverture de la campagne officielle, une campagne de rencontre « avec vous sur le terrain ». Comme toujours, il choisit précisément les mots pour exprimer le positionnement de sa campagne : « Je ne serai pas un président candidat mais un candidat citoyen. » Comme toujours, l'intuition est la bonne, le concept est habile, il faut retrouver l'élan fondateur de la victoire de 1974. Néanmoins, le pouvoir est passé par là et beaucoup autour de lui ont tendance à penser que la seule question est de savoir si le score du second tour sera 52 ou 54 %.

Le film des sept années passées aurait dû les inciter à davantage de prudence.

Le septennat a pourtant commencé par une véritable lune de miel entre VGE et les Français. « De ce jour date une ère nouvelle... vous serez surpris par l'ampleur du changement » sont les premiers mots du nouvel élu de justesse face à François Mitterrand. Il entre à l'Elysée non en jaquette, contrairement à ses prédécesseurs, mais en simple costume. Le rythme de la *Marseillaise* est ralenti, moins chant guerrier, plus musique de chambre. Le Président va serrer la main d'un prévenu à Lyon après une révolte dans les prisons. Il invite quatre éboueurs à un petit déjeuner à l'Elysée. Il fréquente les bistrots en famille et conduit de temps à autre lui-même sa voiture. Il s'invite à dîner chez l'habitant, d'un encadreur parisien à un garde champêtre de l'Eure, en passant par un couple de jeunes cadres tourangeaux. Les réformes touchant aux questions de société battent leur plein à l'instar du droit de vote à dix-huit ans et de la libéralisation de la contraception et de l'avortement. Jacques Chirac est Premier ministre, les gaullistes ralliés, la majorité à l'unisson.

Mais les difficultés ne tardent pas. La première grande crise pétrolière fait des ravages : récession, chômage et hausse des prix. Le pessimisme gagne. Après la lune de miel, voici venir la lune de fiel. Le 26 août 1976, Jacques Chirac démissionne de ses fonctions avec fracas. Quelques mois plus tard, il lance le RPR en grande pompe, à la porte de Versailles, et, l'année suivante, prend d'assaut la mairie de Paris au nez et à la barbe du candidat officiel Michel d'Ornano.

Le Président doit impérativement reprendre la main. Le 10 janvier 1978, il fait lancer l'UDF qui regroupe tous les non-gaullistes de la majorité. Avec le Premier ministre Raymond Barre et, il est vrai, une campagne très active du RPR qui n'entend pas être marginalisé, il gagne les élections législatives de mars 1978. L'UDF n'arrive pas à dépasser le RPR mais constitue à l'Assemblée nationale un pôle presque égal et permet à Giscard de disposer d'« un parti du Président ».

La dernière phase du septennat peut inciter à l'optimisme. Aux élections européennes, la liste UDF emmenée par Simone Veil bat celle de Jacques Chirac. Le parti communiste restant vassal de Moscou, qui envahit l'Afghanistan et continue à mettre au pas les velléités de liberté des pays de l'Est, la gauche se divise durablement. A l'intérieur même du parti socialiste, la rivalité entre François Mitterrand et Michel Rocard, très populaire, s'installe. Deux clignotants pourtant sont allumés. Le climat économique reste morose. Jacques Chirac, bien que calmé depuis « l'appel de Cochin », en novembre 1978, où il dénonçait en ciblant d'une façon à peine voilée le président de la République, « le parti de l'étranger... avec sa voix paisible et rassurante », est devenu plus un ennemi qu'un concurrent.

Passer du Président en exercice au candidat citoyen impose plus que des mots. Giscard est un magnifique inventeur de concepts intellectuels. Il se sent assez fort pour que la réalité s'y conforme. Il cherche à les exprimer, avec simplicité dans les mots mais plus difficilement dans l'attitude. Il finit souvent par s'enfermer dans ses concepts, s'entêter jusqu'à la caricature dans leur mise en œuvre, pestant alors devant l'incompréhension des journalistes ou de l'opinion.

Une campagne à contresens

C'est ainsi que Giscard déclare sa candidature, en direct de l'Elysée, par une allocution radiotélévisée, ce qui fait plus président que citoyen.

Alors qu'il ne devait pas s'occuper des autres candidats, il ne tardera pas à les qualifier de « chœur des neuf pleureuses », ce qui revient tout de même à s'attaquer indirectement à plus de 70 % des électeurs français.

Alors qu'il ne devait attaquer personne, il finira sa campagne en mettant violemment en cause François Mitterrand et en consacrant une intervention médiatique à « rétablir les faits » à partir de plusieurs extraits du programme du parti socialiste et du dernier livre de son candidat, *Ici et maintenant*.

C'est ainsi qu'il choisira comme slogan de campagne : « Il faut un président à la France ». La formule peut paraître simpliste mais, associée au portrait géant de Giscard, elle fait sens. Ce président ne peut être que lui. Là encore, on est plus dans le registre du Président candidat que du candidat citoyen.

A l'époque directeur de l'agence de Michel Bongrand, je suis beaucoup intervenu dans le cadre de la communication du Premier ministre, Raymond Barre : déplacements, meetings, grande réunion de présentation des « objectifs de Blois », le programme électoral de la majorité pour les élections législatives de 1978. Notre participation à la campagne présidentielle de VGE a été plus modeste : quelques réunions et la conception de documents électoraux. Le fait d'être catalogué proche de Raymond Barre, laissé à l'écart du jeu électoral, n'était sans doute pas le meilleur sésame pour y tenir un rôle central.

Au-delà des incohérences sur le positionnement du citoyen candidat qui ont été décrites, la campagne de

Giscard aura été une suite de contresens dus, pour l'essentiel, comme souvent, à une surestimation de ses atouts et à une sous-estimation de la concurrence.

L'organisation de la campagne repose sur un organigramme très savant. Monique Pelletier, ministre de la Condition féminine, préside aux comités de soutien. Jean-François Deniau anime la cellule « Idées » de la campagne. Jean-Philippe Lecat, ministre de la Culture et de la Communication, est le porte-parole du candidat. Philippe Pontet, député de l'Eure et jeune espoir de la politique, est le grand coordinateur mais sans avoir encore le titre de directeur de campagne pour ne froisser personne, et parce que Giscard entend diriger lui-même sa campagne. Les principaux conseillers du Président, Jean Serisé, Jean-Etienne Riolacci et Jean-Marie Poirier, restent à l'Elysée mais doublonnent cet aréopage. Seuls Philippe Sauzay, comme chef de cabinet, et Bernard Rideau, « Monsieur Sondages », partent du palais pour s'installer au 6 de la rue de Marignan, dans le VIIIe arrondissement de Paris. Jacques Hintzy, le publicitaire qui a conçu la fameuse affiche électorale de 1974 avec VGE et sa fille, s'occupe justement de l'affichage. Plus ou moins vite, de nombreux responsables rejoignent la rue de Marignan, notamment Alain Madelin, Ladislas Poniatowski, Pierre-André Wiltzer, sans compter ceux qui passent régulièrement, afin de faire croire qu'ils y jouent un rôle.

Ce qui frappe le plus, ce sont les absents. On l'a dit pour Raymond Barre, jugé trop impopulaire mais qui aurait pu capitaliser sur le bilan, laissant au Président la vision de l'avenir. C'est aussi le cas de Michel Poniatowski, trop antigaulliste dans la perspective de la récupération des voix de Chirac au second tour. Quant à Jean Lecanuet, le président de l'UDF, il convient de ne pas contredire l'annonce d'un Président « au-dessus des partis ». De Gaulle, quand tu nous tiens...

J'en atteste, l'ambiance rue de Marignan était assez détestable : Stéphane Denis, dans *Le Quotidien de Paris*, écrira qu'il n'y a jamais retrouvé le charme, notamment des jeunes filles en fleur et tee-shirts moulants, ni l'ambiance du PC de campagne de 1974. A la place, des policiers en faction depuis les Champs-Elysées, des malabars à l'entrée et des hôtesses à voix d'aéroport à l'accueil. Dès le départ, les résultats dans les sondages ne décollent pas, tandis que ceux de Mitterrand s'améliorent rapidement, les querelles de préséance et les enjeux de pouvoir l'emportent sur la production de messages et la mise au point des opérations électorales. On l'a vu avec la campagne de Pompidou, une campagne se réussit avec un petit staff de tête pour la conception et une grande machine politique pour la démultiplication. Giscard a mis en place une armée mexicaine, qui comptera jusqu'à plus de cent cinquante personnes, et mis à l'index l'appareil de l'UDF, une faute d'autant plus étonnante que c'était déjà celle de Poher en 1969.

Le tir est évidemment rectifié, la campagne reprise en main par le cabinet de l'Elysée, l'UDF remobilisée et ses meilleurs apparatchiks enfin écoutés. Même les grands barons giscardiens, Poniatowski et Lecanuet en tête, font leur réapparition. Trop tard. Je l'ai déjà dit, tout moyen se rattrape par un autre moyen mais on ne change pas de stratégie à trois semaines du premier tour d'une élection. Il est trop tard et les risques d'aller à contre-image sont trop grands.

La stratégie secrète de la tenaille

L'histoire raconte que VGE, invité à découvrir les cinquante projets d'affiche conçus, à l'initiative de Jacques Hintzy, par cinq agences dont celle de Michel Bongrand, s'est naturellement dirigé pour la choisir vers celle dont son portrait était le plus grand, son front barré du slogan : « Il faut un président à la France ». Elle a été conçue par le publicitaire Philippe Michel. On s'est déjà étonné de ce choix, on peut tout autant être surpris de la mise en concurrence d'agences, sur le mode commercial, pour la création d'une affiche de campagne comme si celle-ci pouvait être isolée de la stratégie d'ensemble et d'un travail rapproché avec une équipe capable de conseiller, de créer et même, si besoin, d'organiser.

Le journal *Le Matin* a bien raison de se demander, dans son édition du 30 avril 1981, si le fait d'affirmer qu'il faut un président à la France ne laisse pas entendre qu'elle n'en a pas. Des bulles sauvages sont immédiatement collées sur les affiches commerciales de Giscard répondant à « Il faut un président à la France » par un « Alors adieu ». Jacques Hintzy doit sortir en catastrophe une seconde affiche avec toujours VGE en gros plan mais, cette fois-ci, sur fond de carte du monde assez laide et comme slogan : « Il se bat pour la paix ». Cela signe définitivement la fin du citoyen candidat et la suprématie de la stature présidentielle comme argument de vente.

Ironie de l'Histoire, l'un des projets d'affiche écartés par le Président candidat, en provenance de l'agence que je dirigeais, avait pour slogan : « Un pays fort et tranquille ». Cette création fera l'objet d'une polémique ultérieure, Michel Bongrand étant persuadé qu'un de ses anciens collaborateurs, de gauche, avait fait « fuiter » cet axe de campagne du côté de Jacques Séguéla et du parti socialiste. J'étais présent à la réunion de création de ce « pays fort et tranquille », fin 1980, très précisément lors d'un séminaire à l'hôtel Danieli à Venise. Je sais néanmoins par expérience qu'à partir du même cahier des charges, deux équipes différentes à mille lieues l'une de l'autre peuvent aboutir à des créations proches ou identiques. Je sais surtout, nous y reviendrons, que ce concept s'appliquait mieux à sécuriser le changement incarné par François Mitterrand que la promesse du Président sortant.

Dernière erreur, la cellule communication de la campagne fait le choix d'une stratégie publicitaire écartant pour l'essentiel la presse écrite. Cette stratégie est construite sur un seul média, l'affichage, avec une unique affiche durant toute la campagne du premier tour. On vient de le voir, une seconde affiche sera finalement improvisée sur le thème de la paix.

La stratégie secrète est, en fait, de tout miser sur le second tour, le moment de l'affrontement direct avec François

Mitterrand, le moment où il faudra séduire les électeurs de Chirac et rassembler large.

« L'astuce » est d'avoir réservé un grand nombre de panneaux d'affichage commercial pour l'entre-deux-tours, de façon à obtenir une pression publicitaire beaucoup plus forte que celle de l'adversaire.

Il s'agit, au moment ultime du choix, à la veille du second tour, de prendre en tenaille Mitterrand. D'un côté en le dominant, comme en 1974, lors de l'inévitable face-à-face télévisé ; de l'autre, en l'écrasant publicitairement, par affichage interposé, partout sur le terrain.

Les stratèges giscardiens pensent disposer ainsi des deux clés de la victoire. La commission de contrôle de la campagne électorale ayant interdit l'affichage publicitaire pour la campagne du second tour, cette stratégie fait chou blanc. Il ne reste donc plus que l'option de dominer le candidat socialiste lors du débat télévisé, ce que beaucoup, dans son entourage, considèrent comme un jeu d'enfant pour Giscard.

Campagne de pub

La campagne d'affichage conçue par Jacques Séguéla pour François Mitterrand commence par un bide et finit par un triomphe. La première affiche est doublement originale en cela qu'elle utilise pour la première fois le double format 4 mètres sur 3 et montre François Mitterrand entouré de différentes personnalités, dont sept sur les dix deviendront ministres, en particulier Jacques Delors, Charles Hernu, Catherine Lalumière et Nicole Questiaux. L'idée est d'opposer à un Giscard solitaire un Mitterrand en équipe ouvrant, comme l'indique le slogan : « L'autre chemin, une autre politique, un autre président » (il y a comme une parenté avec le « Gouverner autrement » de Lionel Jospin, en 2002). Selon Séguéla lui-même, « l'intention était louable mais la réalisation fut catastrophique ». Ces personnages figés comme dans un photomontage, pas très bien détourés, dans un halo de lumière, font penser davantage au musée Grévin qu'au futur gouvernement de la France. Les dirigeants du parti socialiste, que la culture dominante ne portait guère à choisir un publicitaire « commercial » et pas vraiment socialiste pour concevoir une campagne, demandent aussitôt la tête de Séguéla. Mitterrand ne veut rien entendre, sous le prétexte judicieux qu'un professionnel se trompe rarement deux fois de suite, et a une sentence prémonitoire : « Sa deuxième affiche sera réussie. »

Une affiche pour la droite

C'est alors qu'apparaît « La force tranquille », un François Mitterrand en gros plan légèrement surexposé sur fond de ciel tricolore au-dessus d'un paysage très « France profonde » avec son arbre, son champ et sa petite église, celle de Sermages, dans la Nièvre. Une nouvelle fois, cette création fait l'unanimité contre elle au parti socialiste. On peut le comprendre. Du tricolore au paysage, de l'église au slogan certes paradoxal mais plutôt musclé dans son premier mot, cette affiche un brin réac a tout pour plaire à la droite. François Mitterrand, qui l'a approuvée tout en s'offusquant du risque de passer pour un calotin, laisse tomber, impérial : « Ma voix vous suffira. »

Je ne le répéterai jamais assez, ce qui compte dans une campagne, au-delà de telle création ou tel support, c'est la stratégie d'ensemble. « La force tranquille » est la création qui marque encore aujourd'hui la publicité politique contemporaine. Mais ce qu'il faut retenir d'essentiel dans la démarche de Jacques Séguéla en 1981, c'est que pour la première fois une campagne est pensée, conçue, organisée, structurée d'une manière cohérente avec des moyens complémentaires et un objectif unique : sécuriser le changement. C'est bien pourquoi, cette campagne est, selon moi, bien supérieure à celle de 1988 et sa « génération Mitterrand » dont, n'en déplaise à Jacques Séguéla, la partie stratégique me paraît délaissée au profit de « l'effet de mode ».

En 1981, tout est né à partir de deux constats très « séguéliens ». La méthode de communication de son agence, fondée sur l'humanisation des marques, pouvait convenir encore mieux à un homme-marque. Le consommateur et l'électeur sont une seule et même personne, l'acte de vote n'est pas l'acte d'achat mais les méthodes du marketing peuvent s'appliquer à une finalité autre que commerciale.

Une véritable étude de marché est donc réalisée par une société spécialisée, la Cofremca. Les Français y sont classés en trois catégories. Pour 20 %, celle de l'engagé idéologique avec comme figure de proue Georges Marchais. Credo : il ne faut pas s'embarrasser à comprendre le monde mais changer la société. Pour 33 %, celle du craintif. Plutôt giscardien, il privilégie l'ordre et la sécurité. Nostalgique des Trente Glorieuses, il est attaché à des valeurs comme l'estime et l'argent. Enfin, 42 % sont typés comme « personnalistes », curieux du monde dans lequel ils vivent, tournés vers l'autonomie, le dynamisme, l'ouverture aux autres, prêts au changement et surtout disponibles pour une offre politique. La marque-personne a donc de quoi s'incarner.

Une stratégie globale

C'est sur ces bases que la stratégie de communication de la campagne est conçue par une petite équipe conduite par Jacques Séguéla et Jacques Pilhan, qui deviendra ensuite le conseiller du président de la République à l'Elysée, et le restera avec Chirac. L'objectif est de révéler une image positive du leader socialiste à l'opposé des clichés qui la caractérisent. Giscard plaît mais n'a pas su concrétiser la modernité et le changement, d'où cette attente de 42 % des Français. Mitterrand sera l'homme qui veut. Il est jugé vieux, on le montrera sage. Il est présenté comme un intellectuel, on l'affirmera réaliste. Il est caricaturé comme un loser, on l'affichera tenace.

Le plan de campagne en quatre phases décline cette stratégie. Pour révéler l'homme privé, une série de doubles pages est achetée dans la presse magazine. Des personnalités comme Françoise Sagan, le président Senghor, Willy Brandt, Haroun Tazieff livrent des témoignages personnels. L'audience publicitaire est limitée mais l'impact démultiplié, exactement comme pour l'affiche de « La force tranquille », par la reprise de l'information par les médias et les commentaires des journalistes.

La deuxième et la troisième étape ont déjà été décrites avec le raté de « L'autre chemin » et de l'équipe figée autour de Mitterrand, puis « La force tranquille ».

La quatrième phase ne verra jamais le jour. Elle devait viser les jeunes, nouveaux électeurs, via le cinéma et la radio à partir de ce que Jacques Séguéla, toujours lyrique, a baptisé « le premier hymne politico-disco ». Les paroles, la musique et le film pourtant tourné avec le candidat resteront au musée de la communication politique, la Commission de contrôle des élections en ayant interdit la diffusion.

Il faut reconnaître que les concepteurs de la campagne étaient peut-être moins sûrs d'eux qu'on ne l'imagine aujourd'hui. Sinon, pourquoi avoir exploité des versions du visuel de « La force tranquille » avec d'autres slogans infiniment plus conventionnels, « D'abord l'emploi » ou « Vivre autrement » ? Pourquoi l'affichage sauvage n'a-t-il pas repris le slogan central de la campagne mais un autre : « De toutes les forces de la France » ?

Au fond, on en revient toujours à l'essentiel, au-delà des erreurs, des loupés, de la déperdition au niveau des moyens : c'est la bonne ou la mauvaise stratégie qui compte, et pas uniquement parce qu'elle est gagnante.

Les conseils des publicitaires sont allés beaucoup plus loin que la stricte conception des affiches, des annonces presse ou des documents électoraux. Je pense au rythme de la campagne, à ce que certains journalistes ont appelé la stratégie de l'esquive, le candidat qui prend son temps, met de la distance, fait même un voyage lointain en Chine, en pleine campagne électorale. Je pense à ces détails qui peuvent devenir essentiels et ont suscité tant de commentaires et de polémiques : les canines limées et le changement de look vestimentaire. Ou comment Mitterrand passe du costume de notable de province à une tenue plus rive gauche et de ses dents choquantes rendant le sourire narquois à des traits plus sereins et ouverts. Je pense à la préparation très poussée du duel télévisé du second tour, sur lequel nous reviendrons. Séguéla déclare paradoxalement s'être surtout mobilisé « sur le fond » en recensant tous les angles d'attaque possibles, en les formulant dans le style de Giscard et en travaillant avec Mitterrand les répliques.

Un père tranquille

Cette image rassurante, le candidat socialiste l'a portée tout au long de la campagne et face à Giscard à la télévision. Jacques Séguéla s'en est clairement et franchement expliqué : « Le Mitterrand mal rasé, aux canines agressives, au complet engoncé, aux yeux papillotants a laissé place à un homme neuf, au sourire amusé, au costume chaud, au regard serein. » La dentition et l'habillement n'ont demandé, selon lui, que deux heures en début de campagne chez un bon dentiste et un bon tailleur, en la circonstance Marcel Lasance. Séguéla ajoute : « N'en déplaise aux grincheux, l'habit fera toujours le moine et il est affaire de tailleur et non de publicitaire. » Quant aux fameuses deux canines mitterrandiennes, il reconnaît avoir critiqué, comme beaucoup, l'ancien sourire mais assure que le principal intéressé en a assumé seul la décision. On reconnaîtra que c'est bien la moindre des choses.

Début mai 1981, *Le Quotidien de Paris* titre un papier sur « Mitterrand, apparemment sûr de l'emporter, fait une campagne de père tranquille ». Le journal note que « tout désormais est dans le style, le comportement, l'image reçue et entretenue ».

Encore aujourd'hui, alors que la communication structure les relations humaines, l'espace public, les échanges entre gouvernants et gouvernés, j'imagine les réactions indignées que les pratiques qui viennent d'être décrites peuvent susciter. Eh bien, justement, avec vingt-cinq ans d'avance, cette entrée fracassante de la publicité dans une campagne présidentielle nous livre des leçons encore d'actualité sur nos vieilles lunes et nos archaïsmes.

Pourquoi un leader politique serait-il entouré de toutes sortes de conseillers pour ce qu'il est censé maîtriser le mieux, l'économie, le social, les relations internationales, et non pour la communication, qui nécessite quelques méthodes et techniques particulières ?

Une idée, une formule, une mesure même sont-elles nécessairement stupides en provenance d'un communicant et naturellement géniales lorsqu'elles sont issues du cerveau d'un technocrate ?

De toute façon, l'homme politique fait son marché et assume seul la responsabilité de la décision qu'il prend comme du message qu'il décide de faire passer. La meilleure preuve en est la personnalité du candidat socialiste de 1981. Personne ne peut l'imaginer sous influence ou manipulé. Plus vous vous sentez en situation, assuré de votre projet et de vos arguments, plus vous êtes libre de communiquer avec intensité et audace.

Deux personnes qui se parlent, se jugent sur des impressions, des sentiments puis sur les mots qu'elles échangent, sur du rationnel et de l'irrationnel. Tout cela fait la communication. Pourquoi voudrait-on qu'il en aille différemment dans la vie publique ? Il n'y a plus de frontière entre le fond et la forme, la décision et l'explication, la gestion et la communication. Rien ne sert d'avoir la bonne idée, le meilleur projet, la mesure la plus efficace si vous êtes incapable de les faire partager. Heureusement, en sens inverse, la communication techniquement la plus géniale ne masquera qu'un temps limité l'absence de crédibilité.

L'élection présidentielle est la jonction, au bon moment, entre un destin et une situation, une offre et une demande, un homme (au sens du terme générique qui embrasse la femme) et un peuple. C'est la communication qui les rapproche.

Campagne à dix

A l'origine, il y a soixante-quatre prétendants à la candidature. Beaucoup d'inconnus qui cherchent au moins une citation, un jour, dans un journal. De nombreuses personnalités qui n'arriveront pas à réunir les fatidiques 500 signatures d'élus. C'est le cas, par exemple, de Michel Jobert, de Jean-Claude Delarue, de Roger Garaudy, de Jean-Marie Le Pen. Deux comiques ont également exprimé leur intention. Monsieur Dupont, plus connu sous le pseudonyme d'Aguigui Mouna, avec sa grande barbe et son vélo, est une star du Ve arrondissement de Paris, où il a été candidat aux élections législatives de 1973 (380 voix) et 1978 (392 voix). Il a dû considérer que sa progression était insuffisante pour aller plus loin, car il renonce finalement à présenter sa candidature. Ses thèmes de campagne sont très inspirés de ceux du regretté Ferdinand Lop, décédé en 1974 : prolonger le boulevard Saint-Michel jusqu'à la mer dans les deux sens et assurer l'extinction du paupérisme à partir de 20 heures. Michel Colucci, plus connu sous le nom de Coluche, annonce, lui, sa candidature comme une boutade, fin 1980 : « La France est coupée en deux, elle va se plier en quatre. » Soutenu par *Charlie Hebdo*, encouragé par *Libération*, promu par *Le Nouvel Observateur* (« la France de Coluche », en novembre 1980), il fait acte de candidature par un avis à la population, sous forme d'affichettes titrées « Coluche candidat » avec pour slogan : « Tous ensemble pour leur foutre au cul ». La signature est manuscrite, complétée du slogan : « Le seul candidat qui n'a pas de raison de mentir ». L'avis en question ratisse large puisque Coluche en appelle « aux fainéants, crasseux, drogués, alcooliques, pédés, femmes, parasites, jeunes, vieux, artistes, taulards », etc. Sa campagne sera marquée par une grève de la faim pour être invité dans les grandes émissions et par la diffusion de gadgets, badges, tee-shirts, chapeaux et une pièce de collection : un bras d'honneur oscillant à coller, grâce à une ventouse, sur la vitre arrière des voitures. Crédité jusqu'à 10 % des voix dans les sondages mais privé du nombre suffisant de signatures, Coluche ne concrétisera pas cette percée humoristique sur la scène politique. Quelques années plus tard, il entrera pour longtemps dans l'histoire contemporaine avec « Les Restos du cœur ».

Parmi les candidats ayant réuni les 500 signatures, les premiers à se déclarer, durant l'été 1980, furent Brice Lalonde et Michel Debré. Georges Marchais et François Mitterrand entreront en lice à la fin de l'année, Jacques Chirac, le 5 février 1981, et Valéry Giscard d'Estaing, le 2 mars 1981.

L'offre se fragmente mais, en 1981, l'électorat reste polarisé autour des principaux candidats. Au premier tour, VGE et Jacques Chirac totalisent, pour la droite, un peu plus de 46 % des voix. François Mitterrand et Georges Marchais, pour la gauche, rassemblent un peu plus de 41 % des suffrages. Les six autres « petits » candidats s'échelonnent de 3,88 % pour Brice Lalonde à 1,11 % pour Huguette Bouchardeau, avec un total inférieur à 13 %.

Ces petits candidats font une campagne modeste avec un accès très faible aux médias, seule la campagne officielle leur permettant, dans la limite du temps attribué, une égalité de traitement dans les conditions d'expression avec les grands candidats.

Brice Lalonde s'annonce sur sa première affichette « en vert et contre tous » et appelle à voter « pour la vie » en se présentant comme le candidat de l'écologie. Sur une seconde affiche plus élaborée, son nom figure entre une vague déferlante et un ciel bleu, au-dessus des nuages, sous le slogan : « Aujourd'hui l'écologie ». Michel Crépeau sort une très belle affichette naïve sous le sigle du Parti radical de gauche avec un slogan manuscrit : « Il est temps de bien vivre » et son nom sur un fond de petites maisons, de bateaux, d'un arbre et d'un soleil. « Et si l'on votait pour des idées ? », proclame Huguette Bouchardeau, du PSU, avec sa photo sur fond de couleur neutre. Marie-France Garaud est martiale sur la photo de son affichette avec uniquement son nom et le slogan : « Une volonté pour la France ». De tous ces petits candidats, Michel Debré, ancien Premier ministre, est le seul à avoir recours à des emplacements publicitaires commerciaux et, comme trois des quatre grands candidats, à des professionnels de la communication. Sur une création de l'agence Michalon Berges Conseil, son affiche annonce en énormes lettres capitales : « VRAI. MICHEL DEBRÉ », lui-même apparaissant en petit, à gauche, les bras en V et un sigle symbolisant la Ve République figurant à droite.

On l'a dit, la campagne s'est focalisée sur « la bande des quatre » et même essentiellement sur le match retour de 1974 Giscard-Mitterrand, les deux se concentrant pour le second tour. Cette situation a pu parfois rendre la campagne un peu terne, ce qui fait titrer *Le Point*, dans son édition du 6 avril 1981 : « Pourquoi la France bâille ». Explication de l'hebdomadaire : les deux challengeurs ont appris à ne rien dire d'excessif ou de scandaleux, ils ménagent leurs forces pour le grand match avec comme au catch « les deux méchants, Marchais, le faux pote de Mitterrand, et Chirac, le faux copain de Giscard ».

Georges Marchais fait pourtant, comme toujours au parti communiste, une très active mais très classique campagne à base de meetings, appels d'intellectuels, diffusion massive des cent trente et une propositions du parti contre la crise et pour le changement. Cela fait vingt et une propositions de plus que celles du candidat Mitterrand pour la France. Révolté, bien sûr, contre « les méthodes dégradantes de la publicité politique », le parti communiste rejette les grandes affiches commerciales. Il multiplie, en revanche, les affichettes mettant en scène Georges Marchais à partir de reportages photo, en situation, au milieu des gens. Assuré d'une forte notoriété, son nom figure en minuscules sur l'affiche, de même que la signature du PCF. Des bandeaux le présentent comme « le candidat antichômage » ou « l'anti-Giscard ».

Jacques Chirac entre en lice à partir d'une création concoctée par la cellule mise en place par Charles Pasqua, le grand ordonnateur de la campagne. Une série de doubles pages est publiée dans la presse écrite : « La France en panne, la France en marche », assortie d'une première affiche : « Jacques Chirac, un espoir pour les Français ». Il s'agit évidemment de supplanter Mitterrand comme alternative à Giscard et de faire référence aux Français, et non à la France, comme le Président sortant. Apparemment peu satisfait de l'affiche, le staff de campagne fera appel au

Dès 1889, la République s'affiche. Les candidats ont ensuite pris le relais.
Lithographie de C. Burckardt.

Toutes les affiches sont issues du fonds documentaire du CIRIP-Alain Gesgon.

Election présidentielle de 1965

Le double symbole de la France et du père de la nation.

Une affiche austère pour une gauche encore industrieuse.

Le « Kennedy français » pour ses supporters, « Dents blanches » pour ses adversaires : le premier vrai sourire à l'affiche.

Une approche très « promo » du premier candidat de l'extrême droite.

Election présidentielle de 1969

Pas de prénom, un nom qui se scande, le regard « plein objectif » pour capter l'attention des passants.

Grand classicisme, détourage de la photo approximatif, slogan inoxydable.

Affiche sobre, photo de médiocre qualité, regard presque apeuré.

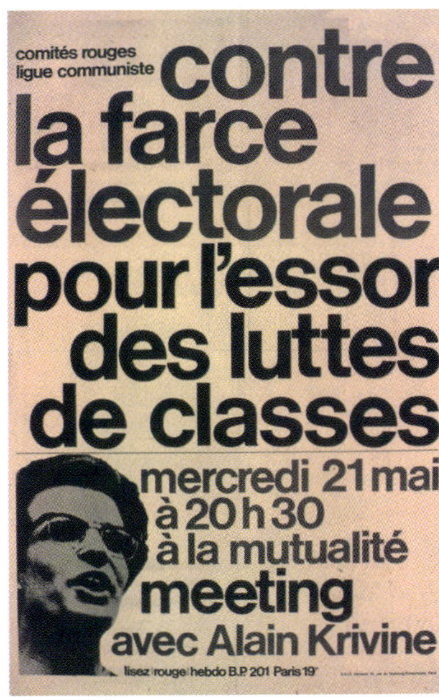

On ne dit plus :
« Elections, piège à cons »,
mais presque.

Un tract plus qu'une affiche…
et un très bon score quand même.

Election présidentielle de 1974

Simplicité, complicité, proximité, affect : une vraie réussite.

Un homme, une marque, mais une campagne qui ne prendra pas.

A gauche, l'argumentation prime encore sur la personnalité du candidat.

A l'extrême droite, les slogans restent encore traditionnels.

Arlette n'est pas encore star et ses affiches sont bien tristes.

Election présidentielle de 1981

Giscard annonce une campagne de « citoyen-candidat » et choisit une affiche de « Président-candidat ».

L'affiche de tous les paradoxes, la gauche se réconcilie avec la publicité.

Une première affiche
de candidat sérieux qui
s'adresse aux Français
plus qu'à la France.

Une affiche surannée comme
une nostalgie du passé.

La force de la photo-reportage et le slogan qui claque.

Election présidentielle de 1988

Le symbole de l'avenir pour accompagner l'appel « Tonton, laisse pas béton ».

Pas de nom, un visage, trois mots : l'efficacité.

Election présidentielle de 1995

Le candidat se fait plus séducteur, le slogan plus « tour operator ».

Une affiche solide, comme le slogan, mais où est le rêve ?

Dents blanches et haleine fraîche pour une affiche d'inspiration PMU.

Superbe photo,
slogan consensuel…
et le fameux pommier en logo.

On aurait pu mettre le même slogan que celui de Raymond Barre et se poser la même question sur le rêve.

Bonne photo avec
les yeux rieurs,
slogan pas vraiment clair.

Tout un programme,
donc pas vraiment
une affiche.

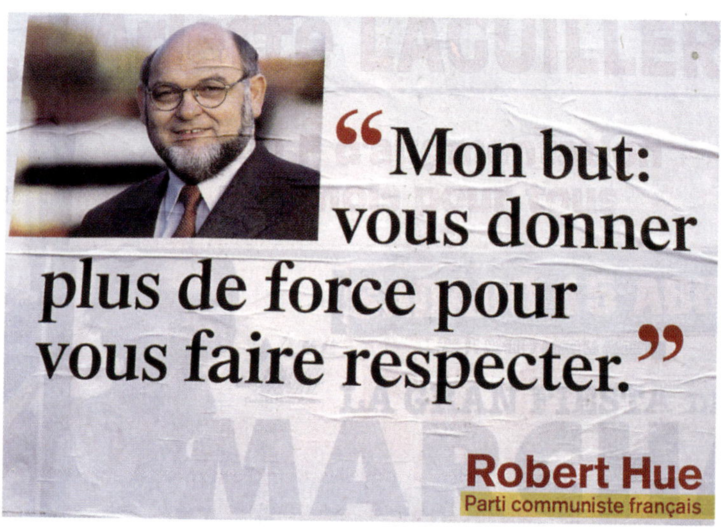

Belle affiche,
photo sympa,
slogan peu
concret.

Election présidentielle de 2002

Affiche très présidentielle,
slogan très consensuel.

Enfin « l'austère se marre », n'a plus à dire son nom. Le slogan traduit bien l'obsession de se positionner par rapport à Jacques Chirac.

Drôle de photo
d'un candidat ébloui :
qu'est-ce qui l'emporte ?
Le gigantisme des lunettes
ou le slogan racoleur ?

Original, peut-être
plus un mur peint
qu'une affiche.

Une affiche belle
comme une candidate.

publicitaire Philippe Lorin pour concevoir la phase suivante. Pour ce professionnel, il faut imposer Chirac comme l'homme de la situation, d'où le choix de l'axe « maintenant » qui fait penser au slogan victorieux de Reagan *The time is now* (« le moment est venu »). Une vaste campagne d'affichage commercial présente avec des créations et des photos variées deux messages : « C'est maintenant qu'on a besoin de lui » et « Le Président qu'il nous faut, Jacques Chirac maintenant ». Une petite polémique accompagnera le choix de l'une des photos, les lunettes que portait Chirac étant sans verres. Nul doute qu'il y avait là de quoi en faire une affaire d'Etat... Certes, Jacques Chirac est partout par publicité interposée, sur les murs, dans les journaux et les magazines, mais, comme toujours, c'est sur le terrain que la bête politique assurée d'une machine politique perfectionnée, le RPR, donne sa pleine mesure. Il visite par une multitude de sauts de puce, y compris en hélicoptère, tous les départements français. Le 4 avril 1981, dans l'avion qui le ramène à Ussel, sur ses terres de Corrèze, il confie : « Ou Giscard réussit un coup et je peux redescendre à 16 %. Ou bien il le rate et tout est possible. »

Cet activisme est contagieux, cette énergie est séduisante. A partir de ses passages dans les grandes émissions de télévision plutôt réussis, de la performance physique de ses déplacements, du relais de la machine du RPR, de la progression dans les sondages, il double effectivement Georges Marchais. La question s'est posée durant les derniers jours de la campagne du premier tour d'un « effet Chirac », d'une énorme surprise possible. A coups de sondages plus ou moins confidentiels, voire « bidons », le QG de la rue de Tilsit peut affirmer que Mitterrand, Giscard et Chirac obtiendront entre 23 et 25 % des voix, personne ne sachant lequel sera en troisième position.

Il y a bien eu un « effet Chirac » mais pas au point de compromettre la revanche annoncée de l'élection précédente. D'ailleurs, depuis, chaque fois qu'il a été candidat à une élection présidentielle, y compris les deux fois où il a été élu, Jacques Chirac n'a jamais dépassé 21 % des voix au premier tour. Il s'est toujours trouvé, bon an mal an, dans une fourchette variant de 5,6 millions à 6,3 millions de voix. Mais toujours il s'est battu, et parfois débattu, en annonçant qu'il allait gagner et en mettant en œuvre cette technique du candidat d'arrondissement qu'il affectionne, aller chercher chaque voix l'une après l'autre, ce qui est évidemment plus complexe à l'échelon national qu'en Corrèze ou même à Paris.

Selon les préceptes chiraquiens, il faut donc serrer le maximum de mains. C'est un indicateur de performance. Selon la tradition gaullienne, il faut aussi de grands rassemblements populaires. Le 11 avril 1981 au parc des Princes, comme Johnny Halliday, Chirac fait son meeting géant face à une foule en délire, entonnant avec Line Renaud, son égérie, *la Marseillaise* sur envol de milliers de ballons tricolores laissant apparaître sur le sol un énorme « Jacques Chirac Président ». La fête ne fait que commencer, car défile alors tout ce que les gaullistes aiment des traditions françaises : bergers landais, orchestres bretons, troupes folkloriques alsaciennes, etc. Cela n'empêche pas l'innovation, la création pour ouvrir les meetings d'une chanson pop disco (probablement pas de la même veine que celle que voulait diffuser Séguéla pour Mitterrand). Les paroles vantent les mérites de l'homme de courage et de résolution. Le refrain tourne à la rengaine : « Pour tous, Jacques Chirac maintenant Président, ensemble maintenant, Jacques Chirac Président, pour tous Jacques Chirac maintenant Président. »

On sait combien les meetings ou les grands rassemblements sont source de mobilisation militante et de couverture par les médias, donc relais d'une campagne en interne et en externe. Chirac s'est fait une réputation de « bulldozer » lors des campagnes de la mairie de Paris, en 1977, et la présidentielle de 1981. Cela compte. A l'opposé, certains spécialistes doutent de la rentabilité de tels investissements.

Comme Valéry Giscard d'Estaing, François Mitterrand s'est relativement épargné cette harassante tournée des provinces. Il a, bien sûr, participé à des meetings, vingt-quatre en tout. Il a surtout multiplié les rencontres ciblées avec reprise médias comme cette réunion de deux cents experts économiques, dont Pierre Mendès France, destinée à compenser l'insécurité économique qui était liée à la gauche, ou la rencontre avec quelques dizaines de jeunes – mais durant toute une journée – alors que Giscard participe à un grand rassemblement à La Villette avec des milliers de jeunes.

Comme lors des consultations précédentes, les personnalités, les « people » comme l'on dirait aujourd'hui, sont mobilisées sur les estrades et dans les comités de soutien. Le restaurateur Alain Chapel, le chef d'orchestre Roberto Benzi et Brigitte Bardot entourent Giscard lors de sa première visite à son PC de campagne. Ils seront rejoints par Mireille Mathieu, Alain Delon, Jean Richard et Pierre-Jean Vaillard. Jacques Chirac ne dispose pas d'un grand nombre de soutiens mais peut toujours compter sur l'appui de Line Renaud et de Philippe Clay, membres du comité central du RPR qui entraînent dans leur sillage quelques gloires plus ou moins fanées comme l'accordéoniste Aimable, Jacques Chazot, Jean Constantin, Perrette Souplex, etc. Heureusement, Hervé Vilard se joint à eux au titre de la nouvelle génération.

Le parti communiste aligne ses « clients » habituels : Jean Ferrat, Louis Aragon, Isabelle Aubret, etc. De nombreux anciens habitués brillent par leur absence : Catherine Sauvage, Leni Escudero, Marina Vlady se sont éclipsés, comme, bien sûr, le couple star Montand-Signoret passé à l'ennemi de classe sur un aveu terrible : « Oui, nous avons été cons et dangereux. » Les défections ne manquent pas non plus au parti socialiste malgré le travail actif de recrutement de Roger Hanin. Yves Robert, Danièle Delorme, Georges Moustaki, Claude Nougaro n'ont pas signé en 1981. Pour Serge Reggiani, c'est devenu trop « politicard ». Marie-Christine Barrault avoue qu'elle vote Mitterrand « mais dans le désespoir ». Restent Claude Chabrol, François Truffaut, Michel Piccoli, Marie-Paule Belle, Dalida et de nombreux intellectuels comme Paul Guimard et Claude Manceron. Et, cas particulier, Alice Sapritch qui figurait en 1974 dans le comité de soutien de Giscard s'engage, en 1981, pour

Mitterrand. L'actrice avait-elle à ce point « la folie des grandeurs » qu'elle entendait systématiquement être du côté du Président élu ?

Campagne en ménage à trois

La campagne présidentielle de 1981 n'a pas seulement vu s'amplifier le rôle des publicitaires ou des communicants qui feront florès dans la décennie à venir. Elle a vu se structurer l'espace public autour du rôle central de la télévision dans le domaine de l'information et de l'émergence des sondages comme un acteur à part entière du système de communication et d'influence.

Il y a dix-sept ans déjà, dans l'un de mes précédents ouvrages[1], j'ai analysé le pouvoir des médias et leur mise sous tutelle de la classe politique. J'ai évoqué, à cette occasion, le ménage à trois et j'y reviens, puisque c'est lors de la campagne de 1981 que cet attelage s'est constitué pour se développer ensuite.

C'est Dominique Wolton, dans la revue *Hermès*, qui a établi comment l'on était passé, selon lui, d'un jeu à deux, homme politique/médias, à un jeu à trois intégrant l'opinion publique via les sondages. Il a décrit la complémentarité naturelle qui se serait établie : l'action aux hommes politiques, l'information aux médias et la connaissance de l'opinion publique aux sondages. Il a défini la communication politique comme l'espace où s'échangent les discours des trois acteurs qui ont légitimité à s'exprimer publiquement sur la politique.

Je ne crois pas plus aujourd'hui qu'hier à cette définition angélique et optimiste de l'échange. Je n'accepte pas davantage de voir placer au même niveau de légitimité un élu, un journaliste et un sondage. Je pense qu'il y a concurrence entre les trois acteurs pour la maîtrise de l'interprétation de l'actualité et que deux d'entre eux, les médias et les son-

1. *Nous sommes ici par la volonté des médias*, Robert Laffont, 1990.

dages, font le plus souvent jeu commun face au troisième, le seul à être légitime. Je crois que cela a été pour beaucoup dans le discrédit des élus comme des candidats qui ont accepté et même encouragé ce transfert de légitimité du monde politique au système « médiatico-sondagier ».

Le paysage médiatique de cette campagne repose encore beaucoup sur la presse écrite, influente sur le plan intellectuel à Paris, puissante sur le plan régional à travers la France. La radio diffuse quelques émissions stars, « Le Club de la presse » d'Europe 1, « Le Grand Jury » sur RTL. Ce paysage est déjà dominé par la télévision, présente dans 90 % des foyers français Les deux grandes chaînes disposent chacune de leur émission politique diffusée en prime time où se succèdent les principaux candidats. Jean-Pierre Elkabbach et Alain Duhamel ont lancé sur Antenne 2, le 20 avril 1977, l'émission « Cartes sur table ». Jean-Marie Cavada et Patrice Duhamel ont créé, le 9 septembre 1980, sur TF1, « Le Grand Débat ».

Le show télévisé démarre, le lundi 9 mars 1981, avec l'invitation de Jacques Chirac à « Cartes sur table » sur la Deux. Interrogé par Jean-Pierre Elkabbach et Alain Duhamel, le maire de Paris réussit une belle entrée en campagne, alors même qu'il n'a pas la réputation d'être une bête de scène. Le lendemain, sur la Une, Jean-Marie Cavada et Patrice Duhamel accueillent Valéry Giscard d'Estaing, excellent, ce qui ne constitue pas une surprise pour cet homme qui maîtrise depuis longtemps l'outil télévisuel. Le Président ne résiste pas au besoin de se faire pédagogue et se lève pour inscrire sur un *paper-board* les chiffres qui soutiennent sa brillante démonstration économique. Excellent, à deux réserves près et de taille. Le Président réagit à deux affaires qui ont entaché son image et miné, même à la marge, sa crédibilité. La première touche au protocole « royal » que, selon certains, Giscard ferait mettre en œuvre et qui va à l'encontre de l'image de simplicité qu'il cherche à mettre en avant. Ses explications restent vagues. La seconde concerne la plaquette de diamants qui lui a été offerte par l'empereur Bokassa.

L'Elysée a d'abord traité cette affaire par le mépris. La première réaction du porte-parole est sans appel. Il ne serait pas digne pour la fonction présidentielle d'avoir à se justifier à propos d'informations qui relèvent de la diffamation et d'une campagne de dénigrement savamment orchestrée. Giscard lui-même coupe court à toute question des journalistes, par exemple en répondant sèchement : « Je vous en prie. » Des explications confuses sont ensuite délivrées sur la pratique des cadeaux aux chefs d'Etat et la vente de ce cadeau au profit d'œuvres caritatives. La seule certitude est qu'on a laissé s'enkyster le doute accentué par la personnalité très controversée de l'empereur et le goût excessif du Président pour les chasses africaines, notamment en République centrafricaine.

Lors de cette émission du 10 mars 1981, Giscard a beau s'offusquer avec un culot d'acier qu'aucun journaliste ne lui ait posé la question plus tôt, les diamants prennent place dans la campagne. En piratant, comme on l'a vu, les affiches commerciales de Giscard grâce à deux diamants posés sur ses yeux. Par une affichette du parti socialiste baptisée « tendres cousins » et montrant Bokassa dans les bras de Giscard, ce dernier demandant : « Et les enfants ? », l'empereur lui répondant : « Et les diamants ? »

Cette « affaire des diamants », qu'il aurait fallu tuer dans l'œuf dès l'origine, empoisonne la campagne de Giscard au même titre que le « soutien » de l'URSS au Président sortant. Le journal *Le Monde* lance un pavé dans la mare en reprenant un article de la *Pravda* élogieux pour la politique de la France et mettant en exergue « un bilan globalement positif ». Le parti communiste s'indigne. François Mitterrand s'étonne. Valéry Giscard d'Estaing fait référence, lors de sa participation à l'émission « Cartes sur table », à la diffusion d'une luxueuse brochure qui prétend qu'il est « le candidat du Kremlin ». *Le Monde* reconnaîtra sa regrettable erreur d'avoir mis entre guillemets, comme une citation, « le bilan globalement positif » qui était en fait le jugement personnel de son correspondant à Moscou. Le pouvoir des médias est ainsi démontré par deux guillemets qui alimentèrent tout une chronique. Le deuxième volet de cette incursion étrangère dans la campagne commence par la rencontre Giscard-Brejnev à Varsovie, en mars 1980. Le Président français est mandaté par son homologue soviétique pour transmettre un message aux Occidentaux lors du sommet de Venise, au mois de juin suivant. Mitterrand en profite pour lâcher une première salve : « Il fallait bien que le voyage de Varsovie reçoive un salaire », suivie d'une petite phrase assassine qualifiant Giscard de « petit télégraphiste ». Le Président sortant pense, sur le coup, que cette polémique le sert, ce qui joue un rôle dans le choix de la seconde affiche de campagne : « Il se bat pour la paix ».

Journalistes stars

D'innombrables polémiques sur l'attitude des journalistes de la télévision conduisant les entretiens dans les grandes émissions politiques marquent cette campagne. Les questions portent surtout sur leur indépendance et l'égalité – ou l'inégalité – de traitement des différents candidats. C'est lors d'un grand débat de TF1, face à Jean-Marie Cavada, Patrice Duhamel, Yves Mourousi et Alain Fernbach que Marie-France Garaud met les pieds dans le plat : « On cire les bottes du Président candidat et on tire la laine de M. Debré, tout le monde l'a vu. » Il est vrai que, lors de l'émission en question, Michel Debré avait été interrompu à tout bout de champ, alors que, bien sûr, encore aujourd'hui, une interrogation de chef d'Etat, même citoyen candidat, est plus courtoise.

Dans son billet du *Monde* du 14 mars 1981, Claude Sarraute confirme que Giscard n'a évidemment pas été traité « comme un vulgaire Debré ». Elle salue néanmoins le « ton Cavada », « cet évident souci de ne pas se laisser rabrouer et remettre à sa place par les politiciens ».

Georges Marchais, lors de son « Grand débat », avait pris les devants en vociférant d'entrée, durant de longues minutes, contre les grands médias et les journalistes de la télévision. Jacques Chirac, on l'a vu, s'est plutôt trouvé dopé par les mises en cause ou les questions les plus « toniques ». François Mitterrand, ayant pris le parti du détachement d'un sphinx, ne s'en est pas trop offusqué, pestant en revanche régulièrement contre les reportages, d'après lui tronqués, de ses meetings... bien que ne se regardant pas, en principe, à la télévision.

Avec le développement des chaînes privées et de la concurrence, cette question de l'indépendance des journalistes se posera de moins en moins. On s'habituera aussi à un journalisme plus agressif même si l'on est loin, dans notre microcosme de connivence, de la pratique américaine. Le *star system*, qui commence à être en vigueur en 1981 à la télévision, ne cessera pas, lui, de s'amplifier. Le plus beau symbole sera celui d'Yves Mourousi se mettant en scène lui-même, dans un super-show avec plateau spécial, clips, invités surprise, debout, face à François Mitterrand, président de la République, assis. Les grands journalistes de télévision ont eux aussi une image qu'ils entretiennent à grand renfort de portraits, interviews et échos en tout genre. Ils ne sont plus seulement maîtres de la scénographie ou médiateurs mais acteurs du système « médiatico-politico-sondagier », « courtisans courtisés, promus et promoteurs, touche-à-tout intouchables », selon l'expression de Régis Debray.

La sondagite se profile

Finissons ce ménage à trois avec les sondages. En 1981, leur rôle est encore modeste, on n'en publie qu'un en moyenne tous les quatre jours, de janvier à avril 1981, alors qu'aujourd'hui nous en sommes plutôt à deux ou trois par jour en moyenne. Mais, dès cette époque, se dessine ce qui va devenir leur influence négative. Ils renforcent les caractéristiques de la télévision et s'en inspirent, font vivre la compétition des acteurs dans l'instant au jour le jour. Ils transforment l'élection en course de chevaux où la place du cheval finit par avoir plus d'importance que son pedigree et la qualité du jockey. Ils conditionnent une partie de l'opinion qui se réfère à des estimations d'ensemble pour adopter un comportement qui devrait être mûri personnellement. Il y a eu aux Etats-Unis une émission très populaire qui illustre par l'absurde cette logique. Les téléspectateurs devaient deviner non pas la bonne réponse mais celle majoritairement fournie par les participants.

Mais il ne faut pas jeter le bébé avec l'eau du bain. Les sondages sont aussi un outil de la transparence. Ils peuvent informer et enseigner. Bien utilisés, ils sont indispensables à tous ceux qui ont besoin de mieux comprendre une situation ou une opinion. Pour cette campagne, à une exception près, les indications fournies par les sondages sont judicieuses.

En septembre 1980, dans le baromètre mensuel Sofrès, la confiance à Valéry Giscard d'Estaing s'affiche à 54 % et, en avril 1981, elle tombe à 44 %, ce qui reste néanmoins un score appréciable en pleine bataille électorale. Mi-mars 1981, un sondage Sofrès-*Nouvel Observateur* montre dans l'opinion une volonté massive de changement. L'image de François Mitterrand n'effraie pas. Une forte proportion de Français est encore hésitante.

Du 13 au 24 avril 1981, avant le premier tour, sur l'ensemble des sondages publiés, les lignes bougent peu pour Giscard. Crédité de 29 %, il finit dans le dernier sondage à 27 %. Son score sera de 28,32 %. Mitterrand démarre ce cycle à 24 %, le finit à 23,5 %. Il fera 25,85 %. C'est du côté de Georges Marchais et de Jacques Chirac que la situation évolue le plus. Le 13 mars, le candidat du parti communiste est crédité de 16 % et celui du RPR de 11 %. Le 24 avril, les sondages leur donnent respectivement 19 et 18,5 %. Chirac est toujours derrière Marchais. Il lui passera nettement devant avec 18 % contre 15,35 %.

Le grand duel

La campagne électorale officielle à la radio et à la télévision ne semble pas avoir eu un impact important. Elle est peu reprise par les médias et, déjà, éclipsée par les grands shows télévisés avec les candidats. Néanmoins, les deux dernières interventions de Giscard et de Mitterrand, l'avant-veille du second tour, sont intéressantes car elles illustrent le durcissement de fin de campagne. Foin de décrispation, de démocratie paisible et réfléchie, le Président candidat citoyen entend « rétablir les faits » sur le programme socialiste, pilonne son adversaire accusé de vouloir conduire le pays à la faillite et en finir avec la Ve République. Il déclare : « L'austérité est au bout de ce chemin-là. » C'est prémonitoire de la situation de 1983 mais contradictoire avec toute sa stratégie de campagne. A l'encontre de tous les usages qui conduisent à ne jamais valoriser la campagne de ses concurrents, Giscard lâche même : « Où est la force tranquille ? »

Mitterrand, de son côté, dément point par point la longue liste de calomnies qui, selon lui, déferle sur la métropole et l'outre-mer et qui va de la taxation des résidences principales à la mise en cause de la retraite des cadres, en passant par la nationalisation de la médecine et l'abandon des territoires d'outre-mer.

Cet épilogue « musclé » a été précédé du grand face-à-face télévisé entre les deux candidats. On le sait, Giscard comptait essentiellement sur ce débat pour faire la différence auprès des hésitants et des indécis. Objectivement, on ne peut pas dire que Mitterrand ait dominé le débat, au contraire. Giscard est infiniment plus précis, plus sérieux, plus concret mais il se met lui-même en difficulté en multipliant les questions à Mitterrand sur le mode « si vous êtes élu ». En cherchant, sans succès, à le démasquer, il se place dans un rôle d'interviewer, confère à son adversaire la stature présidentielle et donne de la crédibilité à sa victoire potentielle. A la question censée le mettre en difficulté sur le cours du deutsche Mark, Mitterrand répond : « Je ne suis pas votre élève et vous n'êtes pas le président de la République ici, vous êtes simplement mon contradicteur. » Et comme toujours à la télévision, une seule petite phrase peut marquer durablement la mémoire collective. En 1974, c'était en faveur de Giscard avec : « Non, Monsieur Mitterrand, vous n'avez pas le monopole du cœur » ; en 1981, c'est

Mitterrand qui place une botte minutieusement préparée avec les équipes de Séguéla : « Il y a sept ans, vous avez dit que j'étais l'homme du passé, aujourd'hui vous êtes l'homme du passif. »

Ce face-à-face fait l'objet, pour la première fois, d'âpres négociations à l'initiative de l'équipe de François Mitterrand. Celui-ci n'entend pas rééditer l'échec du débat de 1974 où il avait été effectivement dominé par Giscard. Mitterrand a imposé un accord sur le choix des journalistes, l'absence de recours aux notes et documents (chers à Giscard), le nombre de caméras, les types de plan (avec plans de coupe bannis), les éclairages et même la présence d'un conseiller de chaque candidat pour assister le réalisateur.

Cette méfiance tatillonne suscite les critiques de la presse : « Pourquoi pas aussi la couleur des cravates ? », s'indigne *Le Quotidien de Paris*. Jean-Pierre Elkabbach, pas en reste, se dit scandalisé du rôle de bouc émissaire qu'on fait jouer aux journalistes. Mais aux yeux de Mitterrand, les contraintes imposées et acceptées par Giscard vont beaucoup plus loin que la technique. Peu importe que ce soit ou non sous l'influence de Séguéla, cet homme de lettres comprend l'importance de la communication non verbale à la télévision comme dans notre vie quotidienne.

Il y a au moins autant de vérité dans un regard, une attitude, le mouvement des mains, la pose de son corps que dans un discours. Cette impression générale est le premier critère sur lequel on vous juge et on vous jauge. Viennent ensuite, selon l'expression de Saussure, la musique des mots, de l'intonation de la voix au rythme de l'élocution, tout ce qui manifeste la conviction, la spontanéité. Et arrive, enfin, ce que l'on dit avec les mots et dont le public ne retiendra qu'une infime partie, celle qui l'aura vraiment marqué.

Cela explique la minutie avec laquelle Mitterrand a préparé avec Séguéla ce duel. Au-delà de la dentition et du costume, il restait un troisième problème à régler pour tirer effectivement un trait sur le Mitterrand d'hier. Ce sont ses innombrables clignements d'yeux qui, en matière de communication non verbale, dispersent l'attention du récepteur et donnent le sentiment d'une gêne. C'est pourquoi l'équipe de campagne impose la présence d'un « conseiller » auprès du réalisateur. C'est Serge Moati qui règlera les éclairages sur le candidat socialiste, tamisera le studio et éliminera du même coup les tics visuels mitterrandiens. Il justifiera également, dans les *Cahiers du cinéma* d'octobre 1981, l'importance donnée au choix du cadrage : « Lorsqu'on voit François Mitterrand en plan moyen, il a un côté ramassé, un peu vieux monsieur, enfin monsieur âgé. Il fallait le montrer tel qu'il était, homme de passion et de foi, en gros plan. »

Qui a été le meilleur à la télévision ? Les résultats d'un sondage Ifop-*Le Point*, fin avril, sont très surprenants. A partir du ton, de la voix, du sourire, de la façon de dire, de la qualité du propos, du naturel, etc., les Français ont placé en tête Jacques Chirac, peut-être comme un coup de chapeau à sa campagne menée tambour battant. Il est suivi de François Mitterrand et de Georges Marchais. Le plus étonnant est la quatrième position de Valéry Giscard d'Estaing, descendu de son piédestal audiovisuel sur lequel tous les observateurs l'avaient placé.

Le dernier acte télévisuel de cette campagne se joue le lendemain de l'élection : Mitterrand triomphe, une rose à la main, et, emprunté comme un premier communiant, se rend au Panthéon, suivi de loin par la télévision, pour s'incliner sur les tombes de Jean Jaurès et de Jean Moulin.

Giscard prend congé en direct sur le petit écran, dit « au revoir », se lève, tourne le dos et s'en va, laissant les téléspectateurs en tête à tête avec le petit bouquet de fleurs sur la table. On retrouve ici, jusqu'à l'obsession, cette particularité giscardienne de créer des concepts, souvent originaux et brillants, et de les mettre en scène d'une façon excessive.

Des leçons durables

Le destin des trois acteurs majeurs de cette consultation électorale s'est précisé à cette occasion avec des leçons qui auraient dû servir ensuite et valent encore aujourd'hui. Jacques Chirac a été éliminé du second tour mais son énergie, son allant, la machine politique qu'il avait mise en place le qualifièrent pour des combats ultérieurs. On ne gagne pas en six mois ses galons de présidentiable. Valéry Giscard d'Estaing a, comme à son habitude, parfaitement conceptualisé la nécessité de changer de registre, de l'homme exerçant le pouvoir au candidat descendant de l'Olympe, retrouvant l'élan de la conquête. Il n'a su ni s'incarner en citoyen ni rester fidèle à sa stratégie.

A la veille du second tour, François Mitterrand fait quelques confidences à Michel Gonod dans *Paris Match* : « Je suis en position de force, je n'ai qu'à laisser venir. En 1974, j'ai fait une campagne au cordeau et j'ai perdu, en 1981, j'ai flâné et je vais gagner. » L'histoire ne dit pas si la flânerie se confond dans son esprit avec le choix qu'il avait fait d'une communication professionnalisée. Il incarne, en tout cas, parfaitement son slogan de campagne. Il est, à ce moment précis, en harmonie avec « La force tranquille ».

Revenant sur cette campagne, les *Nouvelles littéraires* du 23 juillet 1982 estimeront que ce n'est pas tant l'homme qui a engendré « La force tranquille » mais l'inverse. Son concept de campagne aurait dessiné ses contours victorieux. François Mitterrand se serait conformé à l'image d'un homme « secrètement mais sereinement assuré de la victoire ».

Une approche purement politique conduit à une analyse différente. On peut la résumer ainsi : Chirac pilonnant Giscard, les reports de voix seront mauvais à droite. Les communistes affaiblis font moins épouvantails et très disciplinés joueront le jeu de l'union de la gauche. Cela fait coup double. Il était donc capital d'occuper une position centrale et de sécuriser le changement. D'où la campagne de « père tranquille », aussi bien au niveau du rythme que de l'expression. A la vérité, je pense que les deux analyses ont leur part de vérité. Il y a eu osmose entre une réflexion politique, fruit d'une longue expérience, et une stratégie de communication scientifique et créative. C'est bien ainsi que les résultats sont les meilleurs.

1988
La campagne d'artiste

François Mitterrand
écrase
Jacques Chirac

par Jacques Séguéla

La première fois que je l'ai vu, en septembre 1978, il m'a appris les arbres. Et ma vie s'est faite plus curieuse de tout. La deuxième, il m'a enseigné le futur. J'allais finir ce siècle sans rien comprendre à ce qui nous attendait. La troisième fois, il m'a parlé des hommes. J'ai compris, moi le singulier, le sens du mot pluriel. Je l'ai revu souvent ensuite, et plus encore durant la décennie qui a suivi. Mais ma grande rencontre professionnelle avec celui qui entre-temps serait devenu « Dieu », ce fut en juillet 1987, lorsqu'il me confia la communication de sa « dernière » campagne. Je n'en ai jamais fait de plus belle, et c'est lui qui me l'a dictée mot après mot, virgule après virgule.

Il y mit tout ce que lui avait enseigné une vie de combat politique et médiatique, il y mit les derniers feux d'un homme déjà malade mais qui refusait de l'être. Il y mit surtout l'intelligence du chef, la roublardise du leader, le talent de l'artiste.

Cette campagne devait aussi marquer la fin de mon « intimité publicitaire » avec cet annonceur hors du commun. Dix années de com, du « socialisme, une idée qui fait son chemin » de 1978 à la « France unie » de 1988, s'achevèrent là. Plus jamais je ne connaîtrais les heurts et les bonheurs de guerroyer aux côtés de cet homme au-dessus des autres. La vox populi, simpliste au point d'être parfois simplette, m'attribuera une fois de plus une part de cette victoire. Erreur. Si Mitterrand n'était pas devenu ce qu'il est, je serais resté ce que je suis.

Nul n'a jamais forcé le destin de quiconque. La starisation politique est une longue ascension solitaire, sans guide ni premier de cordée. Tout au plus le conseil que je suis peut-il jouer les sherpas, plus porteur d'eau que porteur de gloire. Qui peut être assez fou pour s'imaginer changer le cours d'une vie, et plus encore celui de l'Histoire ?

On invita un jour Socrate à Delphes. Le philosophe se fit prier. Citadin à part entière, il n'aimait pas prendre la route, prétendant avoir plus à apprendre des hommes de la ville que des arbres du chemin. Il vint donc en maugréant et, cédant à la coutume, s'en fut visiter le temple d'Apollon. Dès le parvis, il leva les yeux et découvrit, gravée sur le fronton de l'édifice, la phrase de sa vie : « Connais-toi toi-même. »

La vérité tout entière des hommes d'Etat tient en ce précepte. Leur apprentissage de diva n'est qu'une longue reconnaissance d'eux-mêmes qui, un jour, les met sur leur voie. Le seul rôle d'un publicitaire est de savoir formuler ce destin. Certains aiguillons médiatiques, à l'affût du moindre ragot, se font parfois mouche du coche de leur candidat, choisissant à sa place ses pensées, quand ce n'est pas ses cravates. Quel détournement de fonction ! La vraie utilité des publicitaires est d'être les accoucheurs de la vérité profonde des candidats. Le candidat Mitterrand est devenu président le jour où il s'est reconnu dans ces trois mots : la force tranquille. Après tout, la formule n'a ni magie ni invention. Mais son adéquation à un homme, à sa légende et à son action, a scellé l'Histoire. François Mitterrand n'est pas devenu l'incontournable homme d'Etat qu'il fut d'un coup de baguette magique en franchissant le perron de l'Elysée. Mais en étant, sept années durant, la preuve permanente de sa promesse de sérénité active. Preuve par neuf : il lui suffira de démentir son slogan pour être un moment désavoué. Qu'il cautionne par son silence les coupeurs de tête de Valence, qu'il laisse se réveiller la guerre de l'école ou, pis, qu'il soit accusé de prendre l'argent des riches pour payer la quarantième heure des pauvres, et la sanction de la cohabitation viendra le rappeler à l'ordre.

Aussi suis-je peu convaincu de l'efficacité des slogans en cours de campagne présidentielle, même si, bien formulés, ils en sont le fil directeur. Ce n'est que confronté à sa propre application, dans l'exercice d'un mandat, qu'un mot d'ordre se fait concept de gouvernance. « La force tranquille » a été d'un piètre secours à l'impétrant de 1981. Tout le prouve : les sondages s'étaient inversés en sa faveur dès le 1er janvier (FM 50,5 % – VGE 49,5 %) pour trouver dès le 1er février (FM 52 % – VGE 48 %) le résultat de mai. Or, l'affiche ne vint sur les murs qu'en mars, se contentant de voler au secours de la victoire. En revanche, elle fut l'atout premier de la réélection de 1988. Quant à « La France unie », le dernier slogan mitterrandien, il deviendra le support du deuxième septennat. Cette volonté d'ouverture prendra le pouvoir dès le lendemain de sa réélection et réglera le cours politique de ses dernières années de règne.

Dieu que cet affrontement fut âpre, derrière les sourires convenus de la cohabitation ! Pour Jacques Chirac, à qui Mitterrand força la main, il débuta deux ans avant le scrutin. Seul Nicolas Sarkozy osera lancer les hostilités présidentielles avec trois ans d'avance, un record absolu en France et un terrible handicap. Comment se répéter sans se redire, trente-six mois durant ? Comment conserver cette fraîcheur que l'électeur attend ? Comment jouer l'étonnement en fin de course lorsque les choix se figent ? En vieux renard, François Mitterrand ne tomba pas dans le piège et inventa en réponse la stratégie du désir, devenue depuis à la politique ce que la stratégie de la surprise est à la guérilla.

La plus redoutable guerre médiatique de ses deux septennats est déclenchée. Souverain, Mitterrand va y déployer des trésors de machiavélisme multimédia. Chirac, mal préparé à l'affrontement, accaparé par Matignon, obnubilé par l'Elysée, y perdra son latin... et l'élection. Les Français, aux anges, vont aller au spectacle et compter les coups. Le feuilleton politico-médiatique n'en finira plus de rebondir. La France a son *Dallas* et il est en direct live.

La première salve viendra mi-mai, lors de sa traditionnelle

grimpette médiatique de Solutré, à l'occasion de conversations *off*.

François Mitterrand, entre deux enjambées, lancera : « Je n'ai jamais inscrit dans ma tête qu'il me faudrait être une deuxième fois président de la République. Il ne faut pas s'incruster, il faut laisser un peu de souplesse à la vie. » Insidieusement, la campagne est lancée à mi-voix. En feignant de se retirer, le tenant du titre pousse son adversaire à la faute. Chirac va jouer les présidents avant l'heure et tomber dans le piège. Sacré Jacques, si énergique et si manipulable...

Tonton va désormais beaucoup utiliser le *off*. Une façon de scier en permanence la branche de Matignon. Le principe, pour le chef de l'Etat, est simple : entretenir – et ses hommes avec lui – des relations directes avec les journalistes liges. Chacun a ses réseaux et les active d'un petit déjeuner par-ci ou d'un dîner par-là, prolongés de stratégiques coups de fil. La règle est non écrite et non transgressive. Tout ce qui est dit en ces moments plus intimes est *off*. La presse peut en faire usage, mais sans citer d'auteur. A elle de trouver la formule cache-pot : « Dans l'entourage présidentiel, on pense que... », « A l'Elysée, on s'étonne que... ». La formule est diabolique. Le Président n'est pas engagé par ces commentaires, il peut démentir au besoin, mais il distille ainsi sa version des faits. Personne n'est dupe, mais tout le monde marche. Les journalistes font du *off* présidentiel leur opinion. Ainsi va le petit monde médiatique, complice de sa propre manipulation.

Cette cohabitation-guérilla permet au Président de ne plus apparaître en sortant, mais en challenger. « Che Mitterrand » sait que les grands médias lui sont hostiles. La presse française, à 80 % de droite, est tout à sa joie d'avoir retrouvé le pouvoir. Ce n'est guère le moment de se jeter dans ses filets. Mais la montée en charge de l'affrontement qui l'oppose à son Premier ministre est inéluctable. Il faut habilement choisir ses forces. Chirac s'est réservé les armes lourdes : les journaux de 20 heures, les interviews-fleuves, les « 7 sur 7 » et les « Heure de vérité ». Il n'est pas homme de mesure, il fera donc dans la démesure jusqu'à saturer son auditoire. Bien que ne disposant que d'armes légères – petites phrases, allocutions, interviews à la presse étrangère –, le vieux lion élyséen sera sur tous les fronts, activant une guerre sournoise qui va harasser son adversaire et finir par le déstabiliser. Mitterrand-Chirac, ce sera les Afghans contre les Russes. On connaît l'issue du combat.

Attention, ça va commencer !

Face au vieux lion et à ses coups de griffe, les principaux compétiteurs sont dans les starting-blocks dès 1986. Au premier couloir, Jacques Chirac, le challenger officiel, à la tête d'une redoutable machine à trois têtes : le RPR, la mairie de Paris et le gouvernement. Les moyens sont colossaux (la Chiraquie, comme plus tard la Sarkozie, a toujours mélangé les genres), les relais nombreux, les militants pléthoriques. Tous unis dans un seul but : la victoire. Coûte que coûte.

Je me suis toujours étonné que les Français, pourtant si scrupuleux, tolèrent que leurs politiques usent et abusent de l'argent public, autrement dit du leur, sans jamais en rendre compte.

Six mois à peine que la droite est revenue aux affaires, et déjà le vent tourne. Les thuriféraires de gauche et d'ailleurs réclament un Mitterrand II pour 1988. Feignant la gêne, mais n'oubliant jamais la malice, l'homme à la rose précise : « Je ne suis pas candidat à la présidence de la République, je *suis* président de la République. »

La cote elle-même se laisse charmer. Notre héros a 51 % de confiance pour la Sofrès, alors que l'infortuné Premier ministre n'aura régné qu'un trimestre, et tombe au-dessous de la barre fatidique des 50 %. Pis, 60 % des Français se déclarent mécontents de l'action gouvernementale. En quelques semaines et quelques petites phrases, David a montré qu'il pouvait terrasser Goliath.

La cohabitation, telle une guerre de jungle, profite aux disponibles. Chirac, tout occupé à gouverner, s'essouffle déjà. Mitterrand a toute son énergie et tout son temps pour joncher sa route de pièges. Il y a une odeur de Viêtnam dans cet affrontement larvé où l'attaque-surprise l'emporte sur le déploiement de forces, l'ingéniosité sur l'*engineering* politique.

Puis viendra la brisure, au cœur des manifs estudiantines. Dans la nuit du 5 au 6 décembre 1986, les voltigeurs de la police traquent et bastonnent Malik Oussekine, devant le 20 de la rue Monsieur-le-Prince. Lorsque le Samu arrive, l'étudiant est en état de mort apparente. Dès le lendemain, cinq cent mille personnes défileront en silence. Il est des silences qui tuent.

Il restait une seule attitude au gouvernement : présenter pendant le journal de 20 heures ses excuses publiques à la famille et aux jeunes. Une fois de plus, la droite va à la faute, et en rangs serrés. Ce sera le printemps de décembre de Chirac.

L'opinion se met donc en quête d'un nouveau héros. A peine la défaite de 1981 consommée, Raymond Barre s'était vu en candidat « implicite ». Il s'est donc construit, à petits pas d'éléphant bleu-blanc-rouge, une stature d'homme providentiel au-dessus des partis. Alors qu'on lui avait reproché d'être arrivé à Matignon sans légitimité électorale, il s'est mis à sillonner la France à la rencontre des électeurs, ne négligeant aucun département. La tournée a eu son effet sondagique : il est devenu le chouchou des sondages, après avoir été leur tête de Turc.

Mais en 1986, pourtant, la trajectoire jusque-là idéale de celui que la France, Mitterrand en tête, considère comme le plus sérieux prétendant à l'Elysée, se grippe. Opposé à la cohabitation, l'ancien Premier ministre de Giscard boude, s'isole et se retrouvera en marge du débat. N'entendant pas ce goût cartésien des Français pour l'équilibre des pouvoirs, il se mure dans une dénonciation systématique du jeu des partis et refuse de créer le sien alors que ses alliés le lui demandent. Péché d'orgueil ! Certes, on vote pour un homme et non pour un parti, mais nul n'a jamais été élu sans parti. En guise de relais, Barre ne pourra compter que sur une UDF écartelée entre la fidélité centriste des uns et les tentations chiraquiennes des autres. Face à l'armée RPR en marche, il manquera cruellement de bataillons.

Quatrième postulant en lice, Jean-Marie Le Pen est également prêt dès 1986. La percée du FN aux européennes deux ans plus tôt (près de 11 % des voix), puis aux législatives, a confirmé sa position incontournable dans le paysage politique. 9,9 % des voix, trente-cinq députés, un groupe parlementaire : le parti d'extrême droite s'oriente vers une normalisation trompeuse. Son enjeu est désormais de confirmer ses succès en acculant la droite à un fatal double jeu, entre destructrice alliance avec les dirigeants frontistes et déconcertantes tentatives de séduction de leurs électeurs.

Le ver est dans le fruit. Le chef du FN sera le premier à annoncer sa candidature, le 26 avril 1987, depuis son fief de La Trinité-sur-Mer. Commence alors une campagne marathon d'un an, menée tambour battant avec bruits de bottes et harangues populistes en filigrane.

Il ne ménagera ni ses efforts ni son imagination. Je hais cet homme et ses idées nauséabondes, mais comment ne pas lui reconnaître un dynamisme intarissable ? Il entreprend une tournée des plages et lance une première campagne d'affichage : son portrait en gros plan sur fond de vague déferlante titré « Les Français à l'Elysée ». Surcouf n'aurait pas mieux fait.

A l'automne, le Front national passe à la vitesse supérieure en multipliant meetings payants et dîners-débats à travers la France. Les premiers draguent les électeurs et quêtent quelques subsides (30 francs par entrée), les seconds constituent un réseau de notables : autant de futurs relais. Classique, pragmatique, méthodique et diablement efficace.

Les organisateurs du parti connaissent leur atout : les prestations scéniques de leur mentor, un rien grand-guignolesques, mais d'une verve et d'un talent redoutables. Mi-télévangéliste américain, mi-comique de one-man show, Le Pen superstar affronte la scène armé de son seul micro-cravate. Il apostrophe le public, imite ses adversaires, déverse le flot imagé et corrosif de son discours toujours recommencé et martèle ses trois thèmes monomaniaques : l'immigration, l'insécurité, le sida.

L'idéologie est malfaisante, mais l'idéologue a du savoir-faire. Se définissant lui-même sur de nouvelles affiches comme « l'outsider », il use mieux que ses concurrents de sa fibre médiatique. Dans ses clips de campagne officielle, il multiplie artifices et facéties, et ça marche. Il vide ses poches et en exhibe le contenu, conte sa passion pour Beethoven, évoque sa peine à la mort de sa chienne Rumba, ou, mieux encore, ouvre son album de photos de famille... Bref, c'est le vieux cabot tel qu'en lui-même, ainsi que le conclura son ultime slogan : « François, Jacques, Raymond ? Merci, on a déjà donné. Jean-Marie Président ! »

Du grand art populiste. Affiches en avalanche, bulles détournant celles de Barre et Chirac leur faisant dire « Ah, si j'étais Le Pen ! », meetings en nombre, à l'ordonnancement sans faille, s'achevant en apothéose quasi mussolinienne au Stade Vélodrome de Marseille. Du Néron version 1988, tandis que sur le terrain ses légions se déploient...

André, Pierre, Arlette, Antoine et les autres

A gauche, c'est l'embouteillage, vieille habitude suicidaire : quatre candidats, qui, ajoutés à un écologiste et au Président sortant, font six. Soit, pour un seul camp, le total des concurrents de 1965.

André Lajoinie joue mission impossible : enrayer la chute du PCF, effondré à 9,8 % des voix aux dernières législatives. L'homme n'a ni le goût ni le don du combat électoral. C'est le mauvais casting. Son débat télévisé avec Le Pen (septembre 1987) le mettra au tapis, tandis que son slogan « Faites-vous entendre » sera l'aveu de sa propre impuissance à avoir une voix qui porte. Son livre *A cœur ouvert* ne lui ouvrira pas davantage celui des Français. Au terme d'une campagne aussi ennuyeuse que laborieuse, il n'aura été au mieux qu'un porte-parole, au pis un prête-nom d'un parti en mal de charisme.

A sa décharge, la concurrence de Pierre Juquin. Ce communiste réformateur exclu du parti jouera, non sans talent, la carte du renouveau démocratique. Libertaire et intello, mais seul, il ne réussira à jouer que les trublions. Hors parti, point d'avenir !

Arlette Laguiller, pour sa troisième campagne consécutive, restera fidèle aux recettes qui ont fait sa gloire kitch. Même si pointera parfois un zeste de look : ses affiches intitulées « Le camp des travailleurs » sont pour la première fois déclinées en couleurs et en quatre mètres par trois. Un sacrifice sur l'autel du dieu média, qui n'en reste pas moins son diable.

Pierre Boussel, représentant le groupusculaire MPPT (Mouvement pour un parti des travailleurs), mènera une campagne de père tranquille aux parfums mêlés de trotskisme, de radical-socialisme et de franc-maçonnerie. Typiquement français.

Antoine Waechter tentera, lui, d'imposer une image moderne et innovante, miroir de ses idées écologistes. Mais n'est pas moderne qui veut. Il nous refera le coup de Giscard, un enfant sur les épaules, avec pour slogan « La politique change de visage ». Elle n'aura ni la fraîcheur ni la spontanéité de l'originale, ni le même d'Estaing. Sa vraie innovation résidera dans ses meetings-spectacles, tel celui de Rennes. Quatre parties au programme : le chanteur Julos Beaucarne débute le polyshow avec sa voix nostalgique et méconnue, Waechter enchaîne, une troupe de comiques s'illustre dans la troisième partie, et les chansonniers Font et Val achèvent le spectacle. Au sens propre comme au sens figuré. Les militants resteront sur leur faim de politique, les spectateurs sur leur faim de célébrités. Le type même de la fausse bonne idée.

Par bonheur pour la démocratie, l'habituelle ribambelle des faux-vrais candidats ne sera pas autorisée à concourir, faute d'avoir recueilli les réglementaires 500 signatures. Maurice Mercante, responsable d'hôtellerie du Vésinet, avait pourtant dépêché cinq cents hôtesses soigneusement castées par ses soins faire le siège des mairies. Marianne ne se laissera pas séduire. Jacques Kapp, président de l'Association française des bègues, souhaitait être candidat des sept millions de handicapés. Programme insuffisant. Philippe Dervin, président du Mouvement socialiste populaire pour l'Europe chrétienne, s'estimait « désigné par le destin du fait de son don prophétique pour présider la République, don constaté par l'Eglise et par plusieurs personnalités politiques ». Il ne le fut pas par les grands élus.

La pièce va donc se jouer avec trois personnages principaux, Mitterrand, Barre et Chirac. Le genre en sera dramatique : si les ménages à trois peuvent durer dans le théâtre de boulevard, le théâtre de la politique finit toujours à deux personnages.

La guerre de Trois

Les hostilités démarrent début 1987. Il fait un froid de gueux, de gueux à pied : la France est en grève. François Mitterrand me soufflera un jour à l'oreille : « Chirac est foutu, il a tout contre lui, même le froid... » Des événements de 1986, il reste l'image fatale de la mort de Malik. La cicatrice est lente à disparaître. La majorité a perdu sa majorité, au moins dans les sondages.

Pour ne rien arranger, le Premier ministre va à la faute. Une journaliste et un psy, Pierre Jouve et Ali Magoudi, ont couché sur le divan du petit écran les éternels antagonistes Chirac et Mitterrand. Il aura fallu pas moins de deux ans et quinze entretiens pour parvenir à ces cinquante-deux minutes. Elles sont pâlottes, mais vont marquer un peu plus le fossé télégénique entre les deux hommes. Ah ! cette image cathodique, cette icône d'alcôve, de salon et de chambre à coucher, quelle arme à double tranchant ! Jamais le président du RPR n'aurait dû accepter de se prêter à ce duel perdu d'avance. Chacun sait qu'il est homme de culture, de passion, de générosité, de convivialité, mais il ne saura jamais donner sur l'écran une autre image que celle d'un tribun désuet et sans épaisseur. Terrible injustice des images.

La prestation du sphinx, en revanche, sonne son retour en grâce. François Mitterrand atteint alors 55 % d'opinions favorables, une cote jamais effleurée depuis 1981. La reconquête est trop rapide, aucun des chroniqueurs ou des politologues ne croit à un phénomène durable. Lui, le premier, doute. Mais le réchauffement est bien là, le baromètre ne cessera de grimper jusqu'à exploser à 63 % en septembre 1988. Pour confirmer cette hausse, le bilan du Président est considéré comme positif par 56 % des Français. Ils n'étaient que 50 % en 1982 et 30 % en 1984. A titre comparatif, Valéry Giscard d'Estaing avait achevé son septennat à 34 %.

Les sondages ne sont ni hasard ni spéculation, mais le périscope des états d'âme des masses. Ainsi n'ont-ils de valeur que lorsque leur lecture est liée à la variation de leurs courbes dans le temps. Ainsi la remontée des points d'image mitterrandiens s'affirme-t-elle sur la durée. Sur les libertés : il passe de 46 % fin 1983 à 66 % en avril 1987 ; sur la place de la France dans le monde, la progression est de 35 % à 54 % ; sur la construction de l'Europe, de 26 % à 52 % ; sur la paix sociale, il culmine à 55 %. Plus important encore : les défauts généralement reprochés à tout homme de pouvoir – distant, démagogique, superficiel, hypocrite, intolérant, incompétent, autoritaire – s'inscrivaient depuis des mois à la baisse pour le Président, à la hausse pour son Premier ministre. Seul l'item « vieux jeu » restait stable, mais sans dépasser la cote d'alerte. Il plafonnait à 10 %.

En s'attaquant à la reconquête du pouvoir, François Mitterrand a compris dès le début que la France, à nouveau, n'était plus la même. En quelques années, l'éclatement avait tué la centralisation. La protection s'était faite plus rapprochée ; la famille, les groupes de copains, les associations de quartier tenaient la place des partis et des grands mouvements d'hier. L'émotionnel, l'intuitif, le ressenti avaient détrôné l'intellectuel, le rationnel et l'abstrait. Le changement de registre de l'homme au pouvoir s'était fait nécessité. Au grenier : l'affirmation, l'injonction, l'exhortation. Place à l'information, à la suggestion, à l'évocation.

Notre société de communication allait plus que jamais tenir au ton plus qu'à la nature des propos. Les politiques et leurs mentors, toujours trop pressés, en conclurent au contraire que l'ère du look avait sonné et qu'il leur fallait changer de discours. L'analyse était plus subtile : il fallait dire les mêmes choses, mais différemment.

L'ayant intégré le premier, François Mitterrand se retrouve en phase avec les Français. L'essence même des hommes d'Etat est d'être au diapason de leur peuple. Mitterrand paraissait soudain plus moderne, un comble pour son âge, plus proche, plus sensible, plus émouvant que ses challengeurs, tout en restant chargé de légende. C'est le moment qu'il choisit pour me faire entrer en lice.

Il me convia à un petit déjeuner. Nous étions dans sa bibliothèque, le lieu des grandes décisions. Deux heures durant, il me parla de tout et de rien. Je savais qu'avec lui, dans ces moments, seules comptaient les cinq dernières minutes.

« Vous souvenez-vous, conclut-il, de notre rencontre boulevard Saint-Germain ? Il y a sept ans, presque jour pour jour, je vous demandais d'être mon publicitaire. Je n'étais pas encore candidat, mais vous m'avez répondu : "Une campagne se prépare avec un an d'avance, commençons demain." Cette fois, je n'ai pas pris ma décision, et, à vous dire vrai, je pense qu'il y a plus de chance qu'elle soit négative que positive. Mais "au cas où", je ne veux rien négliger. Alors si vous le voulez bien, commençons demain. » Devant l'enjeu, je pâlis et, dans mon trouble, je fis une réponse de potache : « *Bis repetita placent*, monsieur le Président. »

Coup de Barre

Mitterrand, apparemment si serein, n'en fait pas moins un complexe Barre. L'adversaire qu'il craint n'est pas Chirac mais celui qui, lors d'un débat télévisé de 1978, l'a cloué au pilori. Jamais l'homme à la rose n'avait été ainsi dominé. Si la droite s'était unie sur Barre, Mitterrand aurait peut-être abandonné là.

Préparant depuis 1981 sa candidature, l'ex-premier de VGE a dès le début les yeux rivés sur le deuxième tour. Manque de lucidité, inaptitude ou prétention ? Il oublie en tout cas de se consacrer à ce qui est son vrai défi : éliminer Chirac pour pouvoir défier Mitterrand. Lionel Jospin fera la même impasse suicidaire. Et dire que je serai son communicant. Comme lui, Barre ne manquait pas d'atouts. Atouts flatteurs, atouts trompeurs : des sondages engageants, une image de sage, une expérience de Premier ministre, une stature internationale... Autant de qualités réduites en cendres s'il n'y a pas la capacité de « mettre le feu ». Des milliers de litres d'eau tiède ne feront jamais d'eau bouillante.

Première faute de l'impétrant empêtré dans sa contradiction : se placer dès le départ en retrait du combat. Il renâcle à se déclarer avant l'entrée en campagne de Mitterrand, estimant que seul le Président sortant est digne de l'affronter. Mais l'hôte de l'Elysée fait durer l'attente. Chirac voit la faille et dégaine le 16 janvier. Barre, bon gré mal gré, est acculé à suivre le mouvement et à s'engager officiellement à son tour le 8 février. Ces trois semaines de retard au démarrage feront le bonheur de Chirac. Jusque-là distancé, il fait la différence en lançant dans l'arène son arme fatale : la machine RPR.

Autre handicap majeur pour le candidat centriste : son espace politique, pris en étau entre un Chirac harcelé à l'extrême droite, obligé dès lors d'élargir son audience au centre, et un Mitterrand jouant la carte consensuelle et l'ouverture. Face à cette double offensive sur son propre territoire, comment se démarquer et parvenir à construire une identité autour de ses propres thèmes, l'économie en tête ? Pas assez social face à Mitterrand, pas assez sécuritaire face à Chirac, la voie est étroite. C'est l'éternelle quadrature du centrisme. François Bayrou n'a pas l'épaisseur de son illustre prédécesseur mais, plus à son avantage, et plus en phase avec les attentes des Français, il connaîtra pourtant le même mortel étranglement en 2002... qui va inéluctablement se reproduire en 2007. Qu'il est dur d'être centriste dans un pays qui se veut celui de l'harmonie et de l'équilibre !

Pour ne rien arranger, en dépit de ses qualités d'homme d'Etat, de sa finesse politique, de ses sondages encourageants, Barre multipliera les erreurs. Un cas marketing des écueils à éviter : pas de militants, des meetings sans âme, un candidat hésitant et une communication désastreuse. « Barre confiance » pour la première affiche, « Il est temps de faire confiance aux Français » ensuite, et enfin « Du sérieux, du solide, du vrai » (extrait d'un discours de De Gaulle en 1965 !) : croquignolesque ! Apothéose finale, la dernière salve qui franchira le mur du son de la platitude : « Avec Barre on peut y croire » : on s'imaginerait revenus au temps de la réclame politique.

François Mitterrand ne se privera pas d'envoyer *ad patres* son malhabile concurrent : « Barre semble irrémédiablement distancé, analyse-t-il alors. Il paie sa tranquillité, sa naïveté, sa prétention. Quand on a le RPR à ses côtés, il faut toujours se mouvoir le dos au mur... »

Les Français ont toujours élu un Président qui les faisait rêver. Mal protégé par un lancement de campagne falot, poignardé par ses affiches aussi statiques que peu esthétiques, Raymond Barre ne résistera pas plus de quinze jours à la marée médiatique. On peut être une très bonne marque et être un très mauvais candidat.

Car la machine qu'il a en face de lui n'est rien d'autre qu'une machine à tuer.

Chirac à la manœuvre

Etre candidat, c'est son vrai métier. Jacques Chirac sait que tout se joue à droite au premier tour. Il lui faut donc, dès le premier assaut, éliminer celui que les sondages donnent le plus à même de battre le Président sortant.

Surplace de Mitterrand, trop lente montée en puissance de Barre : Chirac voit un espace se libérer. Il s'y engouffre et prend tout le monde de vitesse en se déclarant mi-janvier, depuis l'hôtel Matignon. Il axe son programme sur la future entrée de la France dans le grand marché européen.

Premier ministre jusqu'à 17 heures puis infatigable candidat à partir de cette heure, il espère régler ainsi la contradiction inhérente à sa situation. Mais les Français n'aiment pas le double jeu. Ils veulent un candidat à plein emploi. Jacques le Fataliste, Edouard l'Altier et Lionel le Vertueux l'apprendront tour à tour.

La campagne de Chirac adopte un ton dynamique, quasiment hagiographique, centrée sur les qualités du chef porteur d'espoir. Ses meetings sont enflammés par de jeunes militants, enrôlés pour la cause et savamment mis en scène. Les leçons que Jacques Chirac, cornaqué par sa fille Claude, est allé prendre aux Etats-Unis auprès de *spin doctors* tous les mois pendant deux ans, portent leurs fruits. Pour mettre plus encore le feu, Johnny Hallyday sera du dernier show. Du grand art, que Sarkozy ne manquera pas de copier le jour venu, sans se douter que beaucoup d'eau et de « Star Ac » sont passés sous les ponts de l'opinion. Et que la « peopolisation » de la politique, hier si rassembleuse, joue dorénavant les épouvantails. Ségolène ne se privera pas de le stigmatiser dès le meeting suivant, d'un : « Je n'ai pas amené Johnny Hallyday – ma star, c'est vous ! »

Les affiches chiraquiennes le représentent en portrait, décontracté mais vêtu toujours de manière différente, ponctuées d'une litanie de vertus viriles qu'il est censé incarner : le courage, l'ardeur, la volonté, et signées d'un résolu « Oui, c'est Chirac ». Une autre série égrène les qualités politiques du chef : « Il écoute », « Il rassemble », « Il construit ». La stratégie est centrée sur le personnage du candidat : un magazine pastichant *Paris Match* le montre sous toutes les coutures. Mari fidèle (vous lisez bien, mari fidèle !), infatigable travailleur, père modèle, sportif accompli, chef d'équipe, rien ne manque au candidat idéal. Mais, en dehors de son programme publié en brochure, « La décennie du changement », sa campagne ne dit rien sur la France et rien sur les Français. A force d'entendre ses mentors *yankees* lui répéter que toute campagne est avant tout la mise en scène de sa personne, Chirac en a oublié l'essentiel : l'électeur.

Qu'importe, face au rigorisme de Raymond Barre drapé dans sa vertu, refusant toute promesse inconsidérée et évitant tout excès d'enthousiasme, le dynamisme narcissique de Chichi se révèle payant. « Du pain et des jeux », la vieille recette romaine est toujours d'actualité. A ces fanfares et ces fanfaronnades s'ajoute la tradition gaulliste devenue chiraquienne : les fuites savamment orchestrées. Des sondages de complaisance naissent comme par enchantement, pour mieux écorner l'image de rassembleur de Raymond Barre, lui attribuant des scores de deuxième tour inférieurs à ceux de Chirac, comble de la désinformation. L'Elysée intercepte soudain de faux documents, vraisemblablement constitués par le ministère de l'Intérieur de Charles Pasqua, affirmant que Raymond Barre serait un agent soviétique... Triste conception d'une démocratie où tous les coups sont permis. Et d'abord, la possibilité de disposer de dix fois plus de moyens que son adversaire. André Santini le résumera à sa manière, où l'humour n'exclut pas l'acuité : « Dans toutes les campagnes présidentielles, il y a des candidats Coca et des candidats Pepsi. Coca-Chirac a beaucoup d'argent, on le voit partout. Pepsi-Barre en a moins, il passe inaperçu. »

Mitterrand le mutant

Fin août 1987, le sondage de rentrée révèle que 52 % des Français considéraient François Mitterrand comme le Président de tous les Français, et seulement 38 % comme le chef de la gauche. De là à souhaiter sa réélection, il n'y a qu'un pas, que le fin stratège mettra neuf mois à patiemment franchir. Ce ne fut pas une campagne, mais un enfantement.

En septembre, le Président n'est toujours pas candidat. Certes, il fait campagne, mais il hésite encore. Pour l'avoir vu fréquemment durant cette période charnière de son histoire, je pense qu'au fond de lui-même, à ce jour, le non l'emportait sur le oui. Fallait-il donner sept nouvelles années à la France ou commencer enfin à vivre sans ce poids du pouvoir qui fait de vous un homme entravé ?

C'est mi-décembre que survient la brisure. Saura-t-on jamais ce qui l'a provoquée ? De fait, depuis le début du mois, François Mitterrand ne tarit plus d'insultes contre Jacques Chirac. Que s'est-il passé entre ces deux hommes pour qu'une telle haine surgisse si violemment ? Jusqu'alors, chaque fois qu'il me parlait du maire de Paris, le chef de l'Etat était plutôt flatteur : « C'est un homme énergique, tenace, intelligent et travailleur. » Puis, d'un coup, ce fut l'anathème. « Cet individu manque d'unité intérieure et de vrai caractère. Il finit toujours par écouter les extrêmes. Quel danger pour la France s'il venait à prendre le pouvoir ! » Le Président se fait enfin candidat et se jette, baïonnette au canon, dans la bataille. La vraie campagne va commencer là. Le suspens du j'y-vas-t-y-j'y-vas-t-y-pas certes continuera, mais il ne sera plus qu'une tactique de combat. Un piège qui va successivement déstabiliser Barre, puis Chirac.

Première action, une potion de jouvence. L'immobilisme élyséen nous pénalisait. La force tranquille se faisait tranquillisant. Il nous fallait rajeunir l'image de l'homme à la rose : elle se fanait. Nous décidâmes, avec l'équipe de 1981 reconstituée, Jacques Pilhan et Gérard Colé en tête, de surnommer officiellement le Président. Rien ne vaut un sobriquet pour transmettre une image. Chaplin fut Charlot, Garbo la Divine et Bogart Bogey. Le papa de la France se ferait donc Tonton.

Dans un premier temps, j'avais même envisagé de ne pas faire de campagne publicitaire. Pour mieux laisser nos adversaires s'engouffrer dans la chausse-trappe du matraquage. Je proposai au Président de supprimer tracts et affichage, et de nous contenter d'annoncer chaque semaine l'argent dépensé par nos adversaires. François Mitterrand me répondit sèchement :

— Séguéla, vous vieillissez : voilà que c'est moi qui vais devoir vous vendre les mérites de la pub. C'est le monde à l'envers !

Nous optâmes néanmoins pour une campagne *mezzo voce*. La profession publicitaire, comme à son habitude, ricana et jugea notre stratégie inepte. Mieux, elle prit fait et cause pour l'académique et surpuissant plan média chiraquien. Elle se trompait : le temps de la surpuissance médiatique avait vécu, nous entrions dans l'ère plus subtile de l'agitation médiatique.

A contrario du déferlement de la droite, nous allions alimenter par petites doses la vague souterraine qui noierait tous les autres messages sous son flot. De simples doubles pages de témoignages dans la presse, pour commencer. A Renaud vinrent se joindre Depardieu, puis Catherine Lara, puis tant d'autres que bientôt la France entière se sentit engagée derrière son Président.

Chirac, lui, fit le Jacques. Ses chapelets d'affiches égrenant toutes les vertus du missel civique tombèrent à plat. La communication n'est pas l'apologie de soi. L'électeur a désormais l'esprit libertaire. Voulant décoder lui-même le message qu'il reçoit, il refuse toute affirmation. Je me frottais les mains, nos adversaires se trompaient d'époque.

Cerise sur le gâteau, la droite allait tout au long de ces semaines perdre l'occasion de se taire. Tous les ténors se relayeraient pour critiquer le moindre mot mitterrandien, le moindre ralliement, et devenir par leurs lazzis et leurs attaques le meilleur haut-parleur de nos actions. Pourquoi faire de la pub si vos concurrents vous en font ?

Très vite, grâce à eux, la tontonmania fut de toutes les unes de presse, enflammant les sondages.

Vint enfin le temps de la charge décisive : l'affiche de Mitterrand, chargée de se substituer à « La force tranquille » alors devenue quasi mythique. Jamais je n'eus une telle difficulté à résoudre.

— Séguéla, me dit un matin le Président de son air détaché qui cachait toujours les pires nouvelles. Il faut me trouver une affiche valable même si je ne me présente pas. Je n'ai toujours pas décidé et ma décision pourrait vous surprendre.

— C'est impossible, m'insurgeai-je.

— Mais non, mais non, me répondit-il de sa voix la plus douce, celle qu'il n'était pas question de contrecarrer. Cherchez.

J'étais face à la quadrature de la pub : un message qui puisse à la fois porter la candidature mitterrandienne, s'il en décidait ainsi, mais aussi celle d'un autre – Michel Rocard pour ne pas le nommer. Bref, une communication cessible.

En fait, une pub qui marche aussi bien pour un produit que pour son contraire...

Le concept de « Génération Mitterrand » traînait dans mon inconscient. Je décidai d'en faire le moteur de notre campagne. La formule était juste, « génération » signifie au premier chef « mutation ». Mais générer, c'est aussi engendrer. La formule pouvait donc se transmettre à l'éventuel dauphin. Comment trouver deux mots qui suggèrent plus d'imaginaire « transférable » ?

Le visuel vint quelques jours plus tard. Quoi de mieux que la main tendue d'un homme vers un enfant (en l'occurrence ma fille Lola, alors âgée d'un an) pour symboliser le sens du générationnel ? Surtout, cette main pouvait être celle de Mitterrand comme celle de Michel Roccard. En fait, ce fut la mienne.

Pour marquer notre différence, ce premier secret de la pub, il restait à transformer en un label géant ce qui aurait pu être une affiche comme une autre. Olivier Moulierac, jeune directeur artistique débutant dans l'agence, eut l'idée d'incruster l'image dans la typographie. Aussitôt, le concept devint logotype. Nous tenions notre allégorie. Le résultat n'en était pas moins surprenant. Aux antipodes des codes établis.

Mitterrand me surprit une nouvelle fois lorsque je lui montrai ma maquette. Il accepta d'emblée. J'ai toujours pensé qu'il n'y a pas de grands publicitaires, mais seulement quelques grands annonceurs. Maniant tour à tour la carotte et le bâton, la perspicacité et le charme, le contrôle et la délégation, François Mitterrand fut, de tous les hommes de pouvoir que j'ai pu approcher, le plus stimulant.

Une affiche doit être vraie le jour où elle est sur les murs. Les yeux bleus d'innocence de Lola tendant la main vers l'avenir focalisèrent les embryons d'espoir qui s'élevaient de tous les bords de la tontonmania. Au même moment, le « Il rassemble » de Chirac en fringante chemise Lacoste, plus joueur de polo que présidentiable, venait en contradiction de tous ses discours diviseurs. Comment réunir les Français en prônant leur cassure en deux camps ennemis ? Et comment les étonner en leur montrant une affiche gravure de mode, qu'ils ont déjà l'impression d'avoir vue cent fois dans leurs magazines ?

Les Français se rallièrent à notre différence. Les scores des post-tests Ipsos publiés dans *Stratégies* furent cinglants : 60 % d'agrément positif, 34 % de négatif. Pour sa première vague, l'affiche chiraquienne ne comptera que 42 % de positif pour 54 % de négatif. Le score chutera encore dans la seconde vague à 36 %, Barre se noyant à 27 %.

Durant cet affrontement, j'allais aussi user et abuser de l'arme que j'avais découverte vingt ans plus tôt en créant ma première annonce pour Mercury : la pub de la pub. J'invitai donc *Paris Match* à la prise de vue de Lola, et me précipitai le lendemain, maquette sous le bras, aux journaux de 20 heures. Le résultat dépassa mes espérances. La presse entière y alla de son commentaire. *Le Quotidien* ouvrit le feu, en titrant sur sa une : « Areu ! Areu ! » Quel cadeau ! *Le Canard* se fendit d'un « La layette, nous voilà ! » sur huit colonnes : un régal ! Chaque élu de la majorité donna son petit avis outré. Barre lui-même tomba dans le piège, en offrant à l'affiche mitterrandienne quinze minutes de son « Heure de vérité », alors passage obligé de l'homme politique à la télé française ! Tous s'usèrent les dents sans que le Président en éprouvât la moindre morsure : il n'était toujours pas candidat. D'ailleurs, ce n'était pas lui sur son affiche !

Restait à trouver la deuxième étape de la campagne, celle qui devait être 100 % mitterrandienne. Le Président, de plus en plus nerveux, écartait toutes les propositions. Le ton montait. Je présentai en vain : « L'union fait la France ». « Revenez demain, trancha-t-il, tout cela est sans âme. » Nous revînmes, avec un slogan d'espoir : « Il nous reste beaucoup à faire ensemble ». Je tenais, pour cet ultime message électoral mitterrandien, à une affiche classique et sans esbroufe. Les poses des candidats sont toujours de face ou de trois quarts, au nom de l'idée reçue que, si vous ne regardez pas l'objectif (donc le public) dans les yeux, vous perdez votre ascendant. Raison de plus pour choisir un angle inhabituel. Je me déterminai pour un visuel plein profil, présidentialisant mon candidat. Ne parle-t-on pas de profil de médaille ? Je tins aussi à ce que la photo ne triche pas. Je choisis dans le stock de Gamma une prise de vue récente et interdis toute retouche. Mitterrand me racontera plus tard qu'à Bruxelles, Jacques Chirac l'ayant félicité pour son affiche, il lui avait rétorqué : « Compliment pour compliment, je vous ai trouvé très beau sur les vôtres. Seul problème, vous allez avoir du mal à garder cette tête-là jusqu'au jour de l'élection... »

De guerre lasse, le Président avait accepté notre proposition. Nous étions en gravure, mais, plus je repensais à la niaiserie de notre slogan, plus une honte rétrospective m'envahissait. Par bonheur, Jean-Michel Goudard, à l'époque mon associé dans RSCG, et néanmoins concurrent puisqu'il était le conseiller de Jacques Chirac, allait involontairement me sauver. Un jour, alors que l'imprimeur s'apprêtait à rouler, j'allumai ma télévision et tombai face avec mon partenaire. Il présentait la dernière vague d'affichage de la campagne chiraquienne. Je frisai la crise cardiaque à la vue de son titre : « Nous irons plus loin ensemble ». Plus que la similitude des messages, leur platitude me terrorisa. Je téléphonai à l'imprimeur pour stopper le tirage et nous courûmes, dès le réveil, à l'Elysée. Dans un premier temps, Mitterrand nous calma et proposa de laisser les choses en l'état. Nous lui expliquâmes qu'il nous semblait impossible de ne rien dire aux Français alors qu'ils attendaient un message d'unité. Il nous accorda quarante-huit heures de sursis. Je ne dormis pas de la nuit. Nous avions déjà agité plus de cent slogans sans jamais être satisfaits, lorsque, revenant à l'essentiel, je proposai « La France unie ».

Le Président n'eut pas besoin d'explications. A peine lui dévoilai-je notre projet qu'il approuva : « C'est bien, dit-il, "La force tranquille" a enfanté sa suite. »

Je ne signai pas, pour plus de pureté du message, du nom du candidat : quel Français pouvait ne pas le reconnaître ? « Vous avez raison, conclut Mitterrand, pourquoi rabâcher ? » Je ne signerai pas plus, quatorze ans plus tard, l'affiche (la pire de ma carrière) de Lionel Jospin « Présider autrement ». Curieusement, le PS me reprochera de ne pas avoir mentionné le nom de son candidat. Mais nul ne me fit la vraie critique : c'était une affiche de second tour. Or l'enjeu était de gagner le premier.

« La France unie » connaîtra un meilleur sort, même si le RPR se délectera à apposer des « P » sur l'affiche pour la transformer en « France punie ». Mais la dérision n'a pas droit de vote dans une campagne. Le détournement fera rire les fans de Chirac mais froissera les hésitants. Ces votes qui font la décision.

Notre campagne n'était pas achevée pour autant. Une affiche n'est rien sans l'accompagnement des autres médias. La publicité, si elle veut surprendre, ne peut se limiter au plan média classique – un peu d'affiche ici, un peu de presse là. Elle doit, telle la géométrie dans l'espace, faire rebondir son message d'un support à l'autre afin de créer dans cette accélération l'onde de choc capable d'entraîner l'adhésion.

Le point d'orgue de la campagne allait venir avec la parution simultanée d'un film et d'une « Lettre aux Français ». Pour enraciner un message, il faut tour à tour l'accélerer et le ralentir. Accélérer le regard et ralentir la lecture.

Apothéose, nous allions nous offrir la première campagne présidentielle à la télévision. A la différence de la presse et des affiches autorisées, tout spot politique était déjà interdit d'écran publicitaire. Mais la loi, qui n'est jamais parfaite, avait omis d'élargir cette mise à l'index aux infos. Je préparai donc en catimini un clip capable de forcer l'attention des journalistes. Je résumai en six cents plans l'histoire de France de ces deux derniers siècles. Appâtés par l'événement, les journaux de toutes les chaînes se disputèrent le plaisir de commenter nos images, nous assurant ainsi la meilleure couverture possible. Et gratuite, qui plus est !

La « Lettre aux Français » bénéficiera, elle aussi, du tremplin des médias. Au-delà des quelques pages de pub payées, la presse entière s'en fit l'écho. *Le Monde* alla jusqu'à la publier intégralement et gratuitement.

La rédaction de ce petit livre blanc avait été orageuse. François Mitterrand, lorsqu'il écrivait, était d'une humeur de dogue. Etant les premiers destinataires de la missive, nous étions les plus rabroués. Lorsque, talonnés par les délais, nous tentâmes de presser le Président, je crus que nous allions passer par la fenêtre de son bureau. Qu'importe, il s'exécuta et nous remit son texte *in extremis.* Ce serait l'ultime document à parvenir entre les mains des Français. Ni une simple déclaration de foi officielle mal imprimée sur du papier sans âme, ni le prospectus très hyper que les candidats glissent à la dernière heure dans les boîtes aux lettres des électeurs comme autant de bouteilles à la mer. Un vrai petit livre écrit, et non pas rédigé, de la main même du Président. Comment aurait-il pu être battu ?

Mitterrand Président

Mitterrand aborde le premier tour doté d'une avance confortable. Avance confirmée dans les urnes : 33,9 % des voix, contre 19,8 % à Chirac et 16,5 % à Raymond Barre. Certes, il a perdu quelques points au cours des dernières semaines, toute fin de campagne voyant se rétrécir les écarts, mais il bénéficie d'un socle rassurant. D'autant que Jacques Chirac, lui, n'a guère progressé depuis ses 18 % obtenus en 1981. Il ne dépassera d'ailleurs jamais la barre des 20 % au premier tour, ni en 1995 ni en 2002. Etonnant de pouvoir gouverner douze ans durant un pays avec l'engagement d'un seul de ses ressortissants sur cinq.

L'issue du scrutin ne fait donc guère de doute : l'électorat de droite est trop déchiré pour que Chirac puisse compter sur un report parfait des voix de Barre, et il n'aura donc pas d'autre réservoir que celles de Le Pen, qui, à son ordinaire, ne lui fera pas ce cadeau.

Ce premier tour révèle néanmoins une surprise : avec 14,6 % des voix, Jean-Marie Le Pen arrive en quatrième position, deux petits points seulement derrière Raymond Barre. André Lajoinie s'effondre à 7 %, sans que les 2 % de Pierre Juquin suffisent à expliquer l'érosion du PCF. Le FN est devenu incontournable. Dans *Valeurs actuelles,* Charles Pasqua joue les sinistres récupérateurs sans récolter d'autre fruit qu'un tollé général : « ... sur l'essentiel, annonce-t-il, le FN se réclame des mêmes préoccupations, des mêmes valeurs que la majorité, seulement il les exprime d'une manière un peu plus brutale. » La chasse aux électeurs frontistes est ouverte. Elle est, hélas, toujours d'actualité aujourd'hui.

Vient enfin l'ultime affrontement des gladiateurs, l'épreuve dérisoire et mortelle du face-à-face télévisé. Chirac, une fois de plus, se trompe de combat. Il fait pourtant à cette occasion sa meilleure prestation. La médiascopie (sondage en temps T testant mot par mot) révèlera qu'il l'a emporté pour quatre des six thèmes abordés. Et pourtant, il perdra de n'avoir pas su se débarrasser de son image de prétendant au titre.

J'ai toujours comparé ces joutes médiatiques à des matchs de boxe. A Las Vegas, on voit dans les jours qui précèdent la rencontre les antagonistes se traiter de tous les noms d'oiseaux. Un débat présidentiel ne vole pas plus haut. Chirac s'était répandu çà et là en allusions, prétendant que le champion en titre allait se dérober. De Montpellier, un Mitterrand blême lui répondit par un blâme qui le remettait à sa place : « J'entends des sommations. Que celui qui les profère sache qu'un débat entre un Président et celui qu'il a nommé Premier ministre oblige à sortir des fanges de la vulgarité où l'on essaye de maintenir les Français. »

Comme souvent dans les championnats du monde, la rencontre se joua au premier round. Un K.-O. à froid qui, même si le challenger s'en relève, oriente généralement tout le combat. Mitterrand lâcha d'entrée son direct du gauche, appelant systématiquement son interlocuteur « monsieur le Premier ministre ». Chirac aurait dû se contenter d'esquiver pour frapper à son tour. Il s'enferra : « Permettez-moi juste de vous dire que, ce soir, je ne suis pas le Premier ministre et que vous n'êtes pas le président de la République. Nous sommes deux candidats à égalité et qui se soumettent au jugement des Français. Vous me permettrez donc de vous appeler monsieur Mitterrand. »

Notre champion n'avait plus qu'à placer son uppercut : « Mais vous avez tout à fait raison, monsieur le Premier ministre. »

Nous avions, avec Gérard Colé et Jacques Pilhan, trop préparé cette attaque pour oser espérer que Chirac nous ferait le cadeau de baisser sa garde dès le premier échange. A nouveau, les dieux médiatiques étaient avec nous.

Les thèmes se succédèrent ensuite, et le débat s'endormait quand survint le tournant du match. Chirac reprocha à Mitterrand d'avoir fait libérer des terroristes lors de l'amnistie présidentielle qui avait suivi son élection de 1981. Les deux hommes se lancèrent alors dans un échange surréaliste, évoquant devant trente millions de Français des secrets d'Etat n'intéressant personne. Deux versions s'affrontaient, nul ne comprenant lequel des deux disait la vérité. Mais la haine se faisait jour. La France découvrait en direct le fossé de fiel qui séparait les deux adversaires. Elle choisit. La parole du tenant du titre est toujours plus fiable que celle du challenger.

Chirac ne se remettra pas de ce match perdu. La dernière semaine, il multipliera les coups d'épée dans l'eau, le plus tristement mémorable étant l'assaut des gendarmes contre des indépendantistes en Nouvelle-Calédonie. Coût : dix-sept tués. Il signera là son propre arrêt de mort. En perdant ses nerfs, il avait simplement oublié que les Français élisent toujours une force tranquille. Il saura s'en souvenir sept ans plus tard.

Le 8 mai, François Mitterrand est réélu avec 54 % des suffrages, égalant presque le score de De Gaulle lui-même en 1965. Deux ans après son large succès de 1986, la droite subit l'une des plus lourdes défaites de son histoire, la plus grave de la Ve république. Barre n'a plus qu'à prendre sa retraite et Chirac son mal en patience.

Un candidat gonflé par les sondages, qui se bat contre son camp au premier tour, se contente d'une campagne raisonnable sans promesse et se fait éliminer d'emblée, un Premier ministre piégé par sa fonction, un président jouant de la sienne pour tuer son rival, Le Pen en invité surprise...

De quelle élection parlons-nous, au fait ?

1995
La campagne à surprises

par Thierry Saussez

Jamais sous la Ve République une stratégie destinée à occuper le poste de Premier ministre, puis mieux plus tard si affinités, n'a été aussi méthodique. Edouard Balladur a théorisé la cohabitation, en particulier dans le journal *Le Monde*, pour se gagner les faveurs du président Mitterrand. Il a conforté Jacques Chirac dans l'idée qu'il valait mieux rester à l'écart de cette charge pour gagner la présidentielle. De 1990 à 1993, j'ai travaillé auprès de Nicolas Sarkozy et Nicolas Bazire à cette montée en charge. Plan média, publication d'une lettre d'information régulière adressée aux leaders d'opinion, colloques, notamment sur l'actionnariat populaire, promotion des livres d'Edouard Balladur avec affichage et publicité dans la presse, l'objectif était de rendre naturelle puis incontournable sa désignation comme Premier ministre.

Une stratégie bien huilée

Mon premier entretien avec Edouard Balladur, alors ministre d'Etat, ministre de l'Economie et des Finances, date de 1986 au palais du Louvre. Il m'accueille en semblant glisser plus que marcher, vêtu d'un costume gris classique, trois boutons bien sûr. Comme toujours, ses chaussures sont rutilantes. Je n'ai jamais osé lui demander comment il faisait pour qu'elles n'aient jamais la moindre trace. Comme toujours, il est courtois et, contrairement à ce que l'on pense, plutôt drôle, le sourire des yeux ne trompe jamais. J'ai appris à mieux le connaître durant cette période de 1990 à 1995, Matignon compris. J'ai trouvé étrange, un matin, qu'il juge grotesque l'idée de téléphoner, comme ça, juste pour bavarder avec eux, à quelques journalistes qui font l'humeur du temps. On m'a expliqué qu'il ne faisait jamais lui-même un numéro de téléphone. A bien y réfléchir, j'ai compris un trait central du personnage, cette obsession de ne pas être demandeur, de tout faire pour être appelé ou désigné, ce qui expliquera plus tard la difficulté psychologique à revêtir les habits du candidat.

Après le triomphe de la droite aux élections législatives de mars 1993, la première phase d'une stratégie bien huilée a parfaitement fonctionné. Edouard Balladur s'est installé à Matignon en avril avec la cote de confiance (73 %) la plus élevée des onze Premiers ministres des quatre derniers mandats présidentiels.

Appuyé sur une garde rapprochée conduite par un jeune et brillant directeur de cabinet, Nicolas Bazire, et en lien permanent avec Nicolas Sarkozy à Bercy, la première année d'exercice du pouvoir s'est déroulée comme dans un rêve. Le *Financial Times* le désigne « homme de l'année » en France. Les sondeurs ne tarissent pas d'éloges. Jean-Luc Parodi, de l'Ifop, note, après la désillusion socialiste, « un désir de confiance ». Pierre Giacometti, de BVA, parle d'« un positionnement idéal ». La presse, du *Nouvel Observateur* à *Valeurs actuelles*, sondages à l'appui, évoque « le sacre de l'automne » et annonce qu'Edouard Balladur, à droite, et Jacques Delors, à gauche, sont désormais sans rivaux. Le 12 janvier 1995, à quelques semaines de la présidentielle, *Le Monde* titre un papier de Jérôme Jaffré, de la Sofrès : « Pour l'opinion, l'élection présidentielle est déjà jouée. »

Entre 1993 et 1995, deux ombres sont pourtant passées au tableau. La première s'est évacuée d'elle-même. Jacques Delors, donné en tête de la présidentielle par les sondages (30 % contre 25 % à Edouard Balladur et 16,5 % à Jacques Chirac), annonce en direct à l'émission « 7 sur 7 », en octobre 1994, après avoir entretenu un long suspens, qu'il ne sera pas candidat. Le parti socialiste, laminé lors des législatives, ne pouvant guère s'appuyer sur le bilan mitterrandien rejeté par les Français, est plongé dans un profond désarroi. La deuxième, au printemps 1994, c'est la crise du CIP, le Contrat d'insertion professionnelle baptisé « Smic jeunes » par les manifestants qui défilent et obligent le Premier ministre à retirer son projet. La cote de confiance d'Edouard Balladur baisse spectaculairement (53 % en avril 1994) puis parvient à remonter sensiblement, notamment du fait de l'émission télévisée déjà évoquée et préparée avec soin par le Premier ministre, Nicolas Sarkozy, Nicolas Bazire et moi-même. Lors de cette soirée spéciale sur TF1, Edouard Balladur dialogue en direct avec un échantillon représentatif de Français. Cette cote ne replongera plus vraiment que durant la phase active de la campagne présidentielle.

La malédiction de Matignon

Les variations qui viennent d'être décrites montrent combien le poste de Premier ministre est surexposé et les risques de conflit permanents. Je ne crois pas pour autant à la répétition systématique des phénomènes ni donc à ce qu'on appelle la « malédiction de Matignon » qui empêcherait tout Premier ministre d'être, un jour, élu président de la République. La société bouge trop vite, les pulsions de l'électorat sont trop fortes pour que l'on se contente de regarder dans le rétroviseur. A partir des cotes de confiance mesurées par TNS-Sofrès, depuis 1976, on peut observer des évolutions très différentes, entre 1981 et 2006, dans la cote de confiance des Premiers ministres auprès des Français. Le record de la chute libre appartient à Edith Cresson qui passe, entre 1991 et 1992, de 49 % à 22 %. Le record du grand écart revient à Pierre Mauroy qui démarre, en juin 1981, à 71 % et finit, en septembre 1984, à 25 %. Le record de la stabilité, calculé à partir de l'écart entre la cote de confiance à l'arrivée et au départ, est pour Jacques Chirac (de 57 % en avril 1986 à 48 % deux ans plus tard), suivi de Michel Rocard (de 66 % à 50 % entre juin 1988 et juin 1991). Les records d'impopularité, aux alentours de 20 % seulement de cote de confiance, sont détenus par Edith Cresson, Jean-Pierre Raffarin et Dominique de Villepin.

En général, le dévissage est le fait d'une forte contestation sociale, comme celle due aux réformes de la Sécurité sociale pour Alain Juppé (qui tombe de 65 %, en juin 1995, à 33 % en octobre de la même année) ou des retraites pour Jean-Pierre Raffarin. Dominique de Villepin est le Premier ministre qui prend ses fonctions, en 2005, avec la plus faible cote de confiance de ces vingt-cinq dernières années. Il dévisse également sur une vaste mobilisation populaire, essentiellement de la jeunesse, à l'occasion de la contestation du Contrat première embauche. Il est difficile, après une forte chute, de remonter fortement et durablement. Laurent Fabius et Jacques Chirac y étaient parvenus, entre 1984 et 1988, mais sans effet sur les législatives et la présidentielle qui ont suivi.

Edouard Balladur reconstitue donc ses forces, à la veille de la fin de mandat d'un François Mitterrand affaibli politiquement et physiquement du fait d'une santé chancelante. La menace Delors est écartée. Jacques Chirac a pris la place du Mitterrand de 1981, éternel candidat toujours perdant. On peut ne pas vouloir tout regarder dans le rétroviseur mais s'apercevoir que l'Histoire se répète parfois.

Le retour aux sources

Jacques Chirac n'a pas d'abord semblé croire que son ami de trente ans se présenterait à la présidentielle. Dans sa théorisation de la cohabitation, Edouard Balladur avait effectivement insisté dans ces circonstances sur l'incompatibilité entre la fonction de Premier ministre et une candidature à la présidentielle. Chirac a tant louvoyé qu'on peine à l'imaginer naïf. Il a pensé surtout que Balladur ne serait jamais populaire, puis il a émis un jugement beaucoup plus crédible en provenance d'un animal politique expérimenté : « Même s'il est candidat, il ne saura pas faire campagne. »

Chirac sait faire campagne. Il aime ça. Je m'en suis rendu compte, auprès de lui, à la fois pour les élections municipales de 1983, à Paris, et l'élection présidentielle de 1988. C'est une chaudière qui a besoin de brûler des calories, donc de bouger, d'avancer. Il renouvelle son oxygène en marchant, en serrant des mains, d'abord pour lui-même. Ce mouvement perpétuel l'équilibre. « L'action le simplifie », selon la jolie formule de Jean Prévost sur Saint-Exupéry. Cette énergie, ce panache, cet élan sont tellement forts qu'on se demandera toujours pourquoi ils ne se traduisent pas par des résultats plus concrets. Aptitude à gagner, difficulté à concrétiser. Cette aptitude est au cœur de l'une des campagnes les plus étonnantes de la Ve République, dans la perspective d'un premier tour le 23 avril 1995 et du second tour le 7 mai suivant.

« La défaite, c'est comme un deuil », a dit François Mitterrand. Jacques Chirac a mis du temps pour faire le sien après l'échec de 1988. Il faudra attendre pour le voir mettre en place, autour de Nicolas Sarkozy, avec Claude Chirac, une cellule présidentielle au 174, boulevard Saint-Germain. Affaibli par l'éloignement de Nicolas Sarkozy nommé ministre du Budget en 1993, marginalisé par la réussite d'Edouard Balladur à Matignon, replié dans son hôtel de ville de Paris, il a de quoi se sentir seul. Il a même eu du mal à garder le contrôle du RPR face à la contestation des réformateurs, ces Jeunes-Turcs, ses anciens ministres, Séguin, Carignon, Noir, qui prônent le renouvellement des générations et accentuent son côté « loser », et celui de l'axe plus menaçant encore Séguin-Pasqua, qui s'exprime à l'intérieur du mouvement, depuis le référendum européen de Maastricht.

Le 4 novembre 1994, Jacques Chirac se déclare candidat à l'occasion d'un voyage à Lille, par une déclaration à *La Voix du Nord*, reprise par l'AFP. Il entame l'une des plus longues campagnes présidentielles – cent quatre-vingt-quatre jours – de toutes celles évoquées dans ce livre. En fait, sa décision est prise depuis la mise en place de la cellule présidentielle en 1992. Elle se concrétise le jour où il a demandé à son équipe de changer la nature de ses déplacements. Fini les rencontres en coup de vent, les cortèges de voitures innombrables, les portes qui claquent, la priorité aux notables. Place à des voyages de deux jours au moins, à des entretiens en petit comité, à la découverte des réalités humaines, chômeurs, jeunes en insertion, sans-abri, enfants drogués, malades du sida. On prend son temps, on écoute, on note beaucoup. Et l'on sacrifie néanmoins à l'inévitable déjeuner avec les notables, ébahis par tout ce temps perdu sans eux, aux militants qu'il faut entretenir, à la presse régionale, encore attentive, à la différence de celle de Paris obnubilée par Edouard Balladur.

Libération titrera, plutôt sarcastique : « Le Chirac nouveau est arrivé ». C'est pourtant ainsi, dans la durée, qu'il fait évoluer touche par touche son image.

Les sondages que j'avais fait réaliser, en 1983, auprès d'un échantillon représentatif de Parisiens et de Français, étaient sans équivoque. La base de l'image était la même : le dynamisme. A Paris, on le disait dynamique et bon maire mais en province on le trouvait dynamique et agité. Garder l'énergie, effacer l'agitation, telle a été la première réussite de Jacques Chirac dans ce parcours vers le pouvoir.

A l'époque, en novembre 1994, peu d'observateurs, moi en tête, ont conscience de cette évolution décisive. Lorsqu'il déclare sa candidature, c'est même l'hallali. Patrick Balkany, Patrick Devedjian et tant d'autres députés raillent cette entrée en piste aussi précoce qu'inutile. José Rossi, le secrétaire général du Parti républicain, indique que cela ne peut être qu'une « candidature à la candidature ». Charles Pasqua relance l'idée de primaires. La presse est globalement sur la même ligne que Jérôme Jaffré : Jacques Chirac doit restaurer sa crédibilité présidentielle, sous-entendu Edouard Balladur l'a déjà, lui. Les électeurs RPR sont eux-mêmes dans le trouble. Certes, 61 % approuvent cette candidature contre 30 % mais 54 % d'entre eux souhaitent qu'Edouard Balladur se présente également.

Jacques Chirac ne flanche pas. Je l'ai entendu déclarer en décembre 1994, lors d'une réception à Matignon, au cours de laquelle quelques éminences du gaullisme, Jacques Baumel en tête, l'incitent à se retirer : « Je suis déjà le 8 mai 1995, alors le reste... » Maintes fois, durant ces mois de décembre 1994 et janvier 1995, des journalistes lui demandent s'il va se retirer. A Arlette Chabot, sur France 2, il répond : « C'est une plaisanterie. » A Sylvie Pierre-Brossolette, dans *L'Express*, il confie : « La présidentielle, c'est une course de fond, il faut suivre sa route. »

Les clés du succès

Jacques Chirac déroule tranquillement son plan de campagne. A la nouvelle forme de ses déplacements, il ajoute, en juin 1994, la publication, préparée dans le plus grand secret, d'un livre à succès : *Une nouvelle France, réflexions n° 1*. De novembre 1993 à septembre 1994, une trentaine de groupes de travail coordonnés par Jean-Pierre Denis, un jeune énarque et une recrue de choix de la cellule présidentielle, planchent sur le projet. Tout au long de cette période, une petite équipe sera opérationnelle. On y trouve François Baroin, porte-parole du candidat, Christine Albanel et Jean-Pierre Denis, Jean-Michel Goudard, le publicitaire, évidemment Claude Chirac, Patrick Stéfanini, qui sera directeur de campagne, Jean-Louis Valentin, chargé des études au RPR, Henri Guaino, proche de Philippe Séguin, et Dominique de Villepin. Du côté des poids lourds politiques, Jacques Chirac s'appuie sur Alain Juppé, Alain Madelin, l'un des rares UDF à soutenir Chirac, ce qui lui fera dire : « Je suis venu à la soupe alors qu'il n'y avait rien dans la gamelle », et après quelques humeurs, comme souvent avec lui, Philippe Séguin. Jacques Toubon, ministre de la Culture, et Jean-Louis Debré, secrétaire général adjoint du RPR, sont également très actifs. Le QG de campagne est installé ensuite au 30, avenue d'Iéna, à Paris XVIe. Outre les noms déjà cités, on y trouve dans un organigramme plus formel : Alexandre Basdereff à la communication, Jérôme Bignon à l'animation,

Frédéric de Saint-Sernin à l'opinion publique, Antoine Joly à la logistique et au contrôle financier et Pierre Bédier à l'action politique. On s'y déploiera, au début, avec une certaine résignation puis une humeur plus gaillarde pour mettre en œuvre le plan de campagne, en particulier les nombreux déplacements pilotés par Vincent Le Roux et Michel Balloche. Il ne faut pas omettre non plus de citer deux dimensions souvent oubliées d'un QG de campagne. La conception des argumentaires et leur diffusion vers tous les relais, orateurs, parlementaires, responsables des comités de soutien. La rédaction des réponses aux multiples questionnaires adressés à tous les candidats par les organisations professionnelles, les associations et la presse spécialisée.

Cette équipe soudée, avec des circuits de décision courts et des applications opérationnelles rapides grâce à un appareil du RPR resté pour l'essentiel fidèle, est la seconde clé de la réussite de Jacques Chirac. La troisième proviendra, en novembre 1994, d'une note rédigée par Emmanuel Todd, chercheur à l'INED (Institut national d'études démographiques), pour la fondation Saint-Simon : « Aux origines du malaise français. »

C'est Denis Tillinac, écrivain très autonome dans ses comportements et ses déclarations mais très décidé à contrer Balladur, qui convie Chirac à une réunion avec Todd. Le maire de Paris est séduit par la théorie de l'intellectuel sur la fracture sociale, qui deviendra le concept central de sa campagne. Les uns diront que cela correspondait aux analyses déjà véhiculées par Chirac sur la crise de la société ; les autres constateront que cela a permis à Chirac de se déporter vers le centre gauche face à Balladur qui ratissait large à droite et, en prime, de positiver la dénonciation de « l'immobilisme » du Premier ministre. L'habileté n'est de toute façon pas un défaut en période électorale. A la vérité, la partie politique de la théorie de Todd ne s'est pas vérifiée. Il partait du principe que les classes populaires étaient en déshérence et que l'élection ne se jouerait pas sur les vieux clivages de la gauche et de la droite ou des classes sociales mais sur la dualité peuple/élites, mouvement/conservatisme.

Ces classes populaires ont effectivement exprimé leur mal-être mais en votant Le Pen, et Chirac s'est plutôt partagé l'électorat traditionnel de la droite avec Balladur. Néanmoins, « La fracture sociale » a marqué la campagne de 1995 comme « La force tranquille » avait dominé celle de 1981.

L'effet « Guignols »

Les classes populaires « en déshérence » n'ont pas rallié Chirac mais les jeunes, oui. Si l'on ajoute le vote à Paris et en Corrèze, c'est ce qui a fait la différence avec le score de Balladur, différence finalement très faible le soir du premier tour. Et c'est la quatrième clé de la réussite qui doit, selon moi, beaucoup aux « Guignols de l'info ». Dans cette campagne, en effet, aux trois acteurs déjà évoqués de la communication politique, les hommes politiques, les médias et les sondages, lors de l'élection de 1981, est venu s'en ajouter un quatrième : la satire politique.

Une blague a circulé à Canal + pendant les quinze jours précédant le premier tour : « Alors, les Guignols, quand Chirac sera élu, quel ministère aurez-vous ? » Lors d'un entretien avec Catherine Nay dans *Le Figaro Magazine*, en juillet 1995, Philippe Séguin fait remarquer qu'un certain nombre d'observateurs le confondent avec sa marionnette. Brice Lalonde raconte que les chauffeurs de taxi lui demandent fréquemment pourquoi il se laisse toujours embêter par Antoine Waechter, scène évidemment classique des Guignols. Autrement dit, selon Daniel Schneiderman, dans *Le Monde*, ils ne s'adressent pas à lui mais à sa marionnette « plus vraie que lui-même ». Les Guignols deviennent ainsi, avec les médias et les sondages, coauteurs d'une production qui échappe en grande partie aux acteurs légitimes, les hommes politiques. Ils renforcent le processus médiatique de sélection des intervenants, ceux qui existent parce qu'ils sont sur les plateaux ou disposent d'une marionnette, et les autres. A la différence des « originaux », aucune réglementation en matière de communication ne les contraint. Ils pilonnent à loisir leurs « têtes de Turc » ou favorisent d'autres marionnettes avec une répétition digne de l'effet publicitaire. Cet outil de communication est d'une puissance considérable, trois millions de téléspectateurs en moyenne par jour. Il suffit de quelques passages pour faire entrer les expressions qu'ils utilisent dans le vocabulaire populaire, à l'exemple de « pile-poil », « mon boulot de dans deux ans » ou « mangez des pommes » pour Jacques Chirac. Nicolas Sarkozy, lui-même, se met à commencer certains de ses discours par « Pourquoi, je vais vous le dire », phrase fétiche de sa marionnette. Un sondage Ifop, les 20 et 21 avril 1994, pour le mensuel *Campus* indique que les marionnettes renforcent la sympathie à l'égard de leurs modèles, indépendamment de la proximité politique. Jacques Chirac est crédité du meilleur score, 45 % (60 % des 15-24 ans). A propos de la question de savoir si la marionnette rend plus sympathique ou moins sympathique son modèle, les résultats sont clairs : 33 % d'écart positif pour Jacques Chirac, 22 % pour François Mitterrand, 13 % pour Edouard Balladur.

Dans *Libération*, fin mars 2005, Jacques Séguéla affirme que les Guignols « ont popularisé Jacques Chirac, fragile, humain » et ajoute : « Ils ont l'instinct des modes, avant les sondages ils ont lâché Balladur. » Durant des mois, en effet, quel spectacle ont-ils donné ? Un Balladur bouffi, mal rasé ou contusionné, illustrant le « péril vieux ». Cette image a donné le ton et la couleur d'une campagne qui a gagné le microcosme puis l'opinion sur le thème « Qu'est-ce qu'on va s'ennuyer avec lui ». A l'inverse, Jacques Chirac apparaît non plus en traître mais trahi, le dos couvert de poignards, mangeant ses pommes à l'ombre de son pommier, logo de campagne réellement lancé par les Guignols. Un homme plus humain, plus sympathique, deux qualités qui ne lui étaient pas spontanément attribuées jusque-là.

Débordés par cet effet, les auteurs des Guignols ont tenté de se justifier : « Chirac, on l'a imaginé. C'est l'entourage qui a vampirisé nos thèmes. » Les médias, dont les phénomènes de conformisme sont bien connus, se sont évidemment calés sur cette image à succès. Face à un public de jeunes, Michel Field recevant Jacques Chirac dans son émission « L'hebdo » lui demande quel effet cela fait d'avoir plein de couteaux dans le dos : « Est-ce que cela pique ? » Le maire de Paris lui répond : « Pas tellement, ils ne sont pas très fortement plantés », et il ajoute deux vers du poète Rutebeuf : « Que sont mes amis devenus, Que j'ai de si près tenus. » Au lendemain du passage de Jacques Chirac dans l'émission d'Anne Sinclair, « 7 sur 7 », Agathe Logeart écrit dans *Le Monde* : « Il parle longuement pour ne pas dire grand-chose, obéissant servilement à sa marionnette des Guignols qui s'escrime à ne pas bouger dans les sondages. »

Au lendemain du premier tour, dans un sondage du CSA, 13 % des électeurs jugeaient que les Guignols étaient le moyen le plus utile de faire leur choix. Ce score montait à 25 % auprès des jeunes électeurs. Aucun analyste sérieux ne peut dire si l'effet Guignols a été déterminant dans la remontée de Chirac à un moment crucial ou s'il a simplement accompagné une évolution de l'opinion. Je reste convaincu, pour ma part, qu'il a accentué le mouvement du TSB, Tout Sauf Balladur, construit sur l'inaptitude du Premier ministre à se rapprocher des Français, qu'il a amplifié la stratégie plus proche et plus humaine de Chirac candidat et donné le ton d'un argument décisif qui a couru les universités comme les dîners en ville : « Chirac a beaucoup attendu, personne ne doit lui voler sa place, il est juste que ce soit son tour. Et ce sera moins ennuyeux qu'avec l'autre. »

Les urnes confirmeront les sondages. La droite progresse considérablement parmi les moins de 35 ans : 29 % des 18-24 ans votent Chirac au premier tour, 11 % Balladur. Cette avance suffit à Chirac pour assurer son avantage sur Balladur. Au second tour, 55 % des 18-24 ans choisissent Jacques Chirac, et 45 % Lionel Jospin.

Il est vrai que, pour être ennuyeux, Edouard Balladur n'a pas déçu durant la première partie de sa campagne. De plus, la compétition a été rendue globalement beaucoup plus terne par la nouvelle législation en vigueur.

Une campagne sans pub

Afin de mettre un terme à la dérive des financements politiques incertains et limiter l'emprise de l'argent sur la politique, la loi du 15 janvier 1990 impose à juste titre un plafonnement des dépenses électorales et un contrôle des recettes. Le législateur aurait pu et dû s'en tenir à cela pour laisser le candidat libre du choix de ses moyens. Mais il a voulu « laver plus blanc », considérant en quelque sorte que le plus sûr moyen de paraître honnête était de faire pauvre. Il a donc interdit la publicité politique par voie d'affichage commercial et de presse, pendant trois mois, « à compter du premier jour précédant le scrutin ». La politique rejoint ainsi l'alcool et le tabac comme un grand fléau nécessitant de réglementer sa communication. En limitant ses moyens autonomes de s'exprimer, le législateur reconnaît que la vraie campagne se passe ailleurs, c'est-à-dire dans les médias. Il organise un transfert de légitimité du politique au médiatique dont nous n'avons pas fini de mesurer les dégâts.

L'un de ces dégâts les plus regrettables concerne l'affiche politique, un élément central de notre culture, l'occasion de différencier les candidats, le moyen d'animer les réseaux de militants, la capacité de signaliser l'élection et donc de jouer un rôle de mobilisation civique.

Dans ce contexte, on comprend aisément l'avantage qu'a tiré Jacques Chirac de sa longue campagne de proximité avec les Français et de présence sur le terrain. Il applique à la lettre la théorie du jeu de go, « qui tient les bords finit par investir le centre ». On voit aussi pourquoi la campagne éclair d'Edouard Balladur, sans le relais d'audience massive de la publicité, a trouvé ses limites.

Etre un poids lourd de la politique est le meilleur moyen d'éviter les inconvénients de cette campagne sans pub. L'accès aux médias est garanti, et les poids lourds sur la ligne de départ ne manquent pas – surtout à droite –, Giscard n'attendant que cela pour prendre sa revanche, Raymond Barre plus populaire en dehors de l'exercice du pouvoir et, bien sûr, Edouard Balladur et Jacques Chirac. Les deux premiers conviennent finalement que le Premier ministre en exercice occupe trop bien le créneau central de la droite républicaine et que Jacques Chirac prendrait le reste. A gauche, la situation est désespérée. En pleine crise économique, sociale, politique et même morale avec la multiplication des « affaires » sous le deuxième septennat Mitterrand, les prétendants sont peu nombreux. Le premier secrétaire du parti socialiste, candidat « naturel » du parti, Michel Rocard, vient d'être éliminé par son score calamiteux aux élections européennes de 1994 (14,5 %), à peine deux points de plus que Bernard Tapie. Pourtant, Jacques Delors apparaît comme un possible sauveur. Le Président sortant de la Commission européenne est perçu comme honnête, compétent et surtout extérieur au clan mitterrandien. Sa popularité spectaculaire, au moins à égalité avec Edouard Balladur, confirme, en plein marasme socialiste, qu'il y a toujours place pour une offre politique originale et que rien n'est jamais joué d'avance. Delors se retirant, Rocard *out*, Emmanuelli peu convaincant, les socialistes finissent par se replier sur la candidature de Lionel Jospin. Selon tous les sondages, il n'a aucune stature présidentielle mais apparaît comme honnête. Il finira en tête du premier tour et réunira plus de 47 % des voix au second tour. Les clivages partisans ne sont pas morts.

L'offre et la demande se fragmentent

La campagne proprement dite du premier tour, de janvier à avril 1995, est, bien sûr, dominée par les trois candidats qui arriveront en tête : Lionel Jospin, Jacques Chirac et Edouard Balladur. Nous y reviendrons. Six autres candidats se disputent les suffrages des électeurs.

Jean-Marie Le Pen confirme sa percée de 1988 et les excellents scores du Front national aux élections intermédiaires. Il franchit la barre des 15 %. Sa campagne, ses thèmes comme ses meetings à grand spectacle sont à peu près toujours les mêmes. Son slogan est « Le Pen, le peuple ». Une première affiche le montre de dos, les bras en V, face à la foule, avec une très forte visualité tricolore. Une deuxième affiche le fait apparaître de face, confiant et serein, sur fond d'un triple faisceau tricolore avec pour slogan : « Les Français d'abord » et en signature, « Pour la VIe République ». Il y aura d'autres variantes et même une affiche où il apparaît, cette fois, avec des lunettes.

Ce qui change, c'est la nature de son électorat. Il perd une grande partie de ses électeurs proches de la droite républicaine, en particulier cadres supérieurs, commerçants et artisans. Il gagne chez les ouvriers, les employés, les salariés notamment du secteur public et les chômeurs, tous ceux qui se sentent exclus ou en régression. Il est, de très loin, devant Jospin, Chirac et Balladur, le candidat préféré de la classe ouvrière. Ces reclassements expliquent la stabilité du vote Front national depuis 1995 et, du même coup, l'enjeu central des classes moyennes pour les candidats de la gauche et de la droite républicaine. Le Pen ne manquera pas d'ouvrir la campagne du second tour sur un bon mot qui en dit long sur ses préférences : « Pour nous, disons-le clairement, Chirac, c'est Jospin en pire. »

Robert Hue arrive ensuite avec 8,64 % des voix. Il défend, lui aussi, les thèmes traditionnels du parti communiste et fait une campagne classique mais extrêmement active, imparfaitement relayée par l'appareil du parti, semble-t-il, au vu des résultats dans plusieurs bastions communistes. « Vraiment à gauche », proclame son affiche. Il y a même, à l'encontre du rejet de la publicité politique par le parti communiste, quelques affiches au format commercial 4 mètres sur 3. Il parvient à améliorer le score du PC par rapport à celui d'André Lajoinie, en 1988, mais pas vraiment à endiguer le déclin communiste pris en tenaille entre l'extrême gauche, d'un côté, et le Front national, de l'autre.

Arlette Laguiller franchit même de justesse la barre des 5 %. Depuis 1974, elle est devenue une habituée des campagnes présidentielles et les téléspectateurs finissent par attendre avec gourmandise l'introduction de ses discours électoraux « Travailleuses, travailleurs... ». Ses affiches sont réduites à la plus simple expression, généralement pour annoncer des meetings, avec une photo d'elle de face, la main sous le menton. Elle prône toujours le grand soir, la destruction du capitalisme, la révolution dont elle dit qu'« elle sera meurtrière mais moins que toutes les guerres », néanmoins avec de plus en plus de retenue. Elle confie même : « On a toujours dit que je racontais la même chose. La différence, c'est que ce qui était un défaut passe aujourd'hui pour une qualité. » Pourtant, à force de s'habituer à sa présence au fond plutôt distrayante, elle finit par ne plus effrayer personne, y compris chez les « bobos » en rupture de ban avec le parti socialiste, les jeunes indécis et même les bourgeois qui s'encanaillent. C'est ainsi qu'avec 5,3 % des voix, l'employée du Crédit Lyonnais, qui lève plus le poing qu'elle n'ouvre le guichet (elle ne travaille plus depuis trente-six ans, du fait de son statut de permanente syndicale), fait progresser spectaculairement l'extrême gauche et obtient pour la première fois le remboursement de ses dépenses officielles de campagne.

Philippe de Villiers n'a pas cette chance avec 4,74 % des voix. Il n'a pas suffi de supprimer la particule sur son affiche et d'affirmer « Votez Villiers, votez France » pour réussir une percée lors de cette première aventure présidentielle de l'homme du bocage vendéen. Son électorat est bourgeois, âgé, agricole. Il a donc plutôt pris des voix à Chirac et Balladur qu'à Le Pen. La candidate des Verts, Dominique Voynet, avec 3,32 % des voix, fait un peu moins bien que Brice Lalonde, en 1981, et Antoine Waechter, en 1988. Elle a tenté d'élargir sa thématique avec son double slogan de campagne « Oser l'écologie, ça change tout », « Oser la solidarité, ça change tout », mais sans parvenir à éviter des transferts vers le vote socialiste. Le petit dernier, avec 0,28 % des voix, est l'anonyme de service, Jacques Cheminade. Dès septembre 1994, une vingtaine de permanents de la groupusculaire Fédération pour une nouvelle solidarité ont démarché les mairies pour obtenir les fatidiques 500 signatures, le sésame pour être candidat. Ses professions de foi contre la « désertification des campagnes » ont, semble-t-il, fait mouche. En fait, selon *Le Monde* du 21 avril 1995, Cheminade est l'ami et le relais en France du dirigeant politique américain Lyndon Larouche, responsable d'une constellation d'associations et de comités. M. Larouche a été candidat à de nombreuses élections présidentielles américaines, y compris en 1992, de sa prison du Minnesota où il purgeait une peine de quinze années d'emprisonnement, notamment pour fraude fiscale. On comprend mieux pourquoi beaucoup souhaitent durcir les conditions de participation à la campagne présidentielle.

Au total, ces six candidats non issus des grands partis de gouvernement totalisent 38 % des voix, plus d'un tiers des électeurs, alors que jusqu'à cette élection de 1995 ils se cantonnaient à environ un quart. Après la fragmentation de l'offre apparaît donc fortement la dispersion de la demande, l'affaiblissement des partis de gouvernement.

Pour la première fois, un président élu sera parti d'un score d'à peine 20 % au premier tour. Pour la première fois, les électeurs se servent massivement de leur bulletin de vote, non plus pour peser réellement sur le choix d'un président capable de gouverner, mais pour exprimer leur mécontentement, comme un outil de contestation. Le vote « utile » recule. Le vote protestataire se développe.

Trio de tête

Edouard Balladur déclare sa candidature, de l'hôtel Matignon, le 18 janvier 1995. Il fait la course en tête dans les sondages, aux alentours de 30 %, toujours dix points de plus au moins que Jacques Chirac. Il faut être attentif à certains indicateurs des sondages qui restent dans l'ombre. Les médias ne s'intéressent qu'aux intentions de vote, à ce qui est spectaculaire, même quand il s'agit de 2 % gagnés ou perdus qui ne veulent statistiquement rien dire puisqu'ils sont dans la marge d'erreur. En décembre 1994, je fais une analyse détaillée de tous les sondages disponibles et je constate deux faits troublants qui vont à l'encontre de l'euphorie du camp balladurien. Le Premier ministre est le favori des électeurs. Le pronostic des Français, à plus de 60 %, est qu'il sera élu. Mais leur souhait de le voir président est de 35 %, alors que 45 % sont d'un avis contraire. Sans envie des électeurs, il n'y a pas de dynamique de campagne. Et pour leur donner envie, le candidat doit leur montrer la sienne. Il n'y a pas, non plus, de différence importante entre la politique attribuée à Edouard Balladur et celle des socialistes qui font, à ce moment, l'objet d'un rejet considérable. Sans territoire d'attribution spécifique, il n'y a pas de forte mobilisation électorale durable, il y a même dans cette confusion un risque mortel à apparaître comme le « sortant ».

A la veille des fêtes de fin d'année, je ne réussis pas à réunir en urgence les deux Nicolas, Sarkozy et Bazire, pour en discuter avec eux. Peut-être n'avaient-ils aucune envie de voir remise en question une stratégie qui jouait gagnant. Chacun m'écoutera néanmoins poliment, de son côté. Peut-être est-ce également la raison pour laquelle j'ai, à tort, approuvé l'idée de la déclaration de candidature à Matignon. Il fallait évidemment quitter les lieux de l'exercice institutionnel du pouvoir, le costume du Premier ministre, pour prendre la tenue du candidat, aller à la rencontre des Français.

La première partie de la campagne s'est jouée à l'opposé de cette stratégie de différenciation. Logique d'une campagne éclair comme un simple trait d'union entre Matignon et l'Elysée, un Premier ministre déjà président de la République. Edouard Balladur considère qu'il ne faut pas faire durer les réjouissances, quelques meetings et deux ou trois émissions de télévision feront l'affaire. Il n'est évidemment pas le candidat d'un parti, ce qui amplifie la mobilisation du RPR en faveur de Chirac. *Le Monde* annonce que sa campagne se fera dans un premier temps sans lui, car il faut continuer à gouverner. C'était presque la réédition de ce qui avait conduit Poher, en 1969, à l'échec. Gérard Demuth, de la Cofremca, livre pourtant un pronostic très favorable : « Les Français ne veulent pas d'un Rambo mais d'un pro à qui ils donnent leur confiance prudente. La société française va bien mieux qu'on ne le croit. » La confiance est de mise. La machine à perdre est en route.

Chirac continue imperturbablement son petit bonhomme de chemin dans une relative indifférence. Après son livre *Une nouvelle France*, il en sort un second, en janvier 1995, *La France pour tous*, titre qui est aussi son slogan de campagne. On voit apparaître un pommier sur la couverture, comme une petite illustration pour l'égayer, sans savoir alors que le pommier deviendra plus célèbre encore que le slogan et marquera la campagne, notamment grâce aux Guignols. Avec le pommier, la fracture sociale prend son envol comme thème de campagne. Son affiche électorale comme l'ensemble du matériel, en particulier la brochure-programme diffusée à quinze millions d'exemplaires, a fait l'objet de tests favorables dans le cadre d'études qualitatives auprès de petits groupes, et quantitatives auprès d'échantillons représentatifs, administrées par les instituts Ifop, CSA, Louis Harris ou BVA. Les études régulières depuis deux ans sont devenues quasi quotidiennes à partir de janvier 1995. La photo de l'affiche est prise en demi-profil gauche, les yeux ne regardent pas l'objectif mais un horizon lointain, le sourire est léger. Sa tenue chemise-cravate est sérieuse mais le col est celui d'un imperméable, tout un symbole en ces temps encore contrariants pour le maire de Paris. L'appareil politique du RPR tourne à plein régime avec la grande majorité des députés, des élus et des responsables de fédération et de section. Cela permet à Jacques Chirac de parcourir durant cette campagne 25 000 kilomètres, de visiter 52 départements, de présider 38 tables rondes et de prendre la parole lors de 35 meetings. La force dont on fait preuve, lors d'une campagne électorale, épreuve morale, intellectuelle et physique de tous les jours, est un atout déterminant. Néanmoins les sondages restent déprimants, et le ralliement à Edouard Balladur de Charles Pasqua, populaire auprès des gaullistes, inquiète Jacques Chirac et son équipe.

Le 5 février, le parti socialiste, après bien des luttes intestines et des atermoiements, a donc un candidat, celui qu'on n'attendait pas, celui que Jack Lang, le candidat tellement éternel qu'il finira bien un jour à l'Académie française, présentait comme « le loser, recordman des échecs électoraux ». Chacun aura reconnu Lionel Jospin, qui, on l'a vu, finira non seulement en tête du premier tour, mais sera Premier ministre deux ans plus tard.

Le candidat socialiste, comme celui qui n'a aucune chance et cherche surtout à se qualifier pour la suite, démarre en petite foulée. Un mois pour mettre en place le financement, concevoir le programme, construire l'équipe de campagne, installer le QG de campagne au 100, rue du Cherche-Midi dans le VIe arrondissement de Paris. Excepté quelques modestes sorties dans une indifférence médiatique presque totale, les journalistes étant trop occupés par le duel Balladur/Chirac, il faudra attendre le 22 mars avec le grand meeting de Rennes pour voir la campagne socialiste s'animer vraiment. Cette campagne est dirigée par un fidèle, Daniel Vaillant. Selon la plupart des observateurs, la principale caractéristique du QG est qu'il est bruyant, trop chauffé. L'ambiance est à la pagaille, la campagne improvisée et prudente. Il ne faut pas assumer le passif Mitterrand. Le slogan de campagne retenu est : « Avec Lionel Jospin, c'est clair ». Comme cela paraît un peu court, il est modifié et rallongé pour devenir : « Un vote clair pour une France plus juste. » Le candidat y apparaît en plan américain, dans un halo de lumière, les yeux regardant l'objectif et donc les électeurs, avec l'esquisse d'un sourire.

Les giboulées de février

Le 21 février, les courbes d'intention de vote s'inversent entre Edouard Balladur et Jacques Chirac. L'actualité du mois est délétère pour le Premier ministre. Il a certes sorti son affiche de campagne avec une très jolie photo le représentant en mouvement, marchant décontracté, la main dans une poche, avec néanmoins le regard fuyant. Le slogan est « Croire en la France ». Il a été préféré à celui que j'avais proposé : « Rien de grand ne se fera sans une France rassemblée ». Cela montrait bien, selon moi, que quelque chose commençait et que le nouveau Président pourrait faire plus que le Premier ministre sortant. Edouard Balladur avait d'ailleurs apprécié la formule puisqu'il m'avait demandé si elle était de lui. Il a tenu également son premier grand meeting au pavillon Baltard à Nogent-sur-Marne. Scène classique, personnalités en rang d'oignons à la tribune, pauvre décor de couleur beige délavé sur fond de slogan parfaitement institutionnel. Même Nicolas Sarkozy, dans le rôle de chauffeur de salle, n'est pas arrivé à réchauffer l'ambiance réfrigérante. Dans les coulisses, les éternels courtisans, « ces pauvres enrichis par la mendicité », selon Chamfort, viennent féliciter Nicolas Bazire, le directeur de campagne. Je lui dis : « Nicolas, ce n'est pas possible, c'est d'un ennui mortel, la caricature des "Guignols de l'info" qui prétendent que l'on va s'ennuyer avec lui. Qui, en plus, a choisi cette couleur de fond hideuse ? » Bazire me répond : « Tu crois ? », pensant déjà mais trop tard au retournement stratégique qui conduira à multiplier les déplacements et à transformer les meetings d'un autre âge en grandes fêtes où Edouard Balladur verra défiler les banderoles au nom de « Doudou » et montera même sur les tables. J'étais, je crois, crédible dans mon analyse critique : j'avais déjà conçu à Paris (au Zénith, à Bercy, sur la pelouse de Bagatelle ou la place de la Concorde) quelques meetings mêlant décor spectaculaire, animations et discours en images pour Valéry Giscard d'Estaing et Alain Juppé lors des éléctions européennes de 1989, pour le RPR en 1993, pour Jacques Chirac à la présidentielle de 1988.

Dans la semaine du 6 février, c'est la crise dans les Instituts universitaires technologiques. Les études de 50 000 jeunes sont menacées par une décision gouvernementale. Le 10 février, Edouard Balladur suspend la circulaire incriminée. L'épisode n'a rien de grave mais remet en lumière la technique de la marche arrière qui a déjà servi et affaiblit l'autorité du pouvoir. Le 20 décembre 2004, une sombre histoire, l'affaire Schuller-Maréchal, éclate sur fond de remise d'un million de francs par Didier Schuller, le directeur de l'Office des HLM des Hauts-de-Seine (département présidé par Charles Pasqua), au beau-père du juge Halphen en charge justement d'un dossier sur les HLM. Le coup est monté, la souricière tendue, le Dr Maréchal est arrêté en flagrant délit, le tout accompagné d'écoutes téléphoniques.

Le 8 février, la chambre d'accusation de la cour d'appel de Paris annule les écoutes et reproche à la police d'avoir participé à une provocation. Le 18 février, Edouard Balladur couvre son ministre de l'Intérieur, Charles Pasqua. Le 20 février, il reconnaît qu'il s'est trompé ou qu'il a été trompé. Pasqua, présenté comme une pièce maîtresse du dispositif Balladur, devient, selon *Le Nouvel Observateur*, « L'homme qui peut faire perdre Balladur ». Dans les sondages, 25 % des électeurs retiennent l'attitude de Balladur dans cette crise comme un élément négatif. Il y aura en mars, comme à chaque élection présidentielle, d'autres affaires comme les revenus d'Edouard Balladur et ses plus-values de cession d'actions, l'appartement loué dans des conditions avantageuses par Jacques Chirac à une société dépendant de la Ville de Paris, affaires lancées par *Le Canard enchaîné* et relayées par *Le Monde*. Mais les dés sont jetés, l'espoir a changé de camp.

C'est Jacques Chirac qui fait dorénavant la course en tête. Il suit scrupuleusement sa feuille de route, présente son projet, fait un discours annoncé « fondateur » à la porte de Versailles, lors d'un de ces grands rassemblements très prisés du gaullisme, réunit des états généraux de la Culture à la Mutualité et bénéficie, outre les « clients habituels », du soutien de Frédéric Mitterrand, de Pierre Bergé et Pascal Sevran. On a compris dès le 25 août 1994, à l'occasion du cinquantième anniversaire de la Libération de Paris, dans le cadre d'un long aparté médiatisé dans le bureau du maire de Paris entre Jacques Chirac et le président de la République, que ce dernier était militant du TSB (Tout Sauf Balladur). Pour certains, c'est le renvoi d'ascenseur du coup de main de Chirac pour éliminer Giscard en 1981.

Fin de campagne à surprises

La fin de campagne du premier tour voit l'ensemble des candidats se démener quasiment jusqu'à minuit, l'heure légale de la clôture. Edouard Balladur s'efforce de rattraper le temps perdu en se rendant dans la même journée dans l'Ain, la Saône-et-Loire, l'Hérault et la Seine-Maritime. Lionel Jospin est à Méru, puis Creil dans l'Oise avant de conclure par un meeting à Amiens. Jacques Chirac, Robert Hue et Jean-Marie Le Pen choisissent les médias, Europe 1, France Inter et France Info. Dominique Voynet se rend auprès de parents étrangers d'enfants français, qui font une grève de la faim pour être régularisés. Arlette Laguiller s'exprime dans une grande réunion publique à Bordeaux.

La campagne électorale à la télévision a enregistré des audiences convenables. Les cent quatre-vingt-dix-huit émissions de deux, de cinq ou de douze minutes ont bénéficié, entre le 7 et le 21 avril, d'une audience globale de près de 100 millions de téléspectateurs. Jean-Marie Cotteret du CSA fait remarquer que cette audience est sensiblement la même que celle des émissions normalement diffusées à ce moment-là. Chaque candidat peut insérer, à ses frais, 50 % d'images dans les émissions courtes, ce qui permet d'éviter les lourdes contraintes légales de l'enregistrement en studio et de se rapprocher des clips, plus en harmonie avec l'univers de la télévision.

Robert Hue et Dominique Voynet font un grand usage des extérieurs, le premier sur fond d'accordéon pour mêler des images de la vie quotidienne et de ses meetings, la seconde avec en générique une marelle assortie de mots-clés comme solidarité, fraternité, écologie, etc. Jean-Marie Le Pen est classiquement martial, Arlette Laguiller très fixe, en gros plan avec son inimitable débit rapide. Philippe de Villiers est très « clip » avec des images rapides qui intercalent la nature, les enfants, un bateau, lui, une balade à vélo, un tracteur, lui, des chiens de chasse, des enfants, la nature et enfin son message central. Jacques Chirac met en avant son pommier et son slogan de campagne avec des mots-clés de son programme et des messages *cut*. Lionel Jospin apparaît au ralenti (comme au début de sa campagne) sous les applaudissements, une voix de femme lançant « Pour une France plus juste avec Lionel Jospin » avant que le candidat ne s'exprime debout, en costume gris, face à la caméra, sur fond orange.

Edouard Balladur commence, lui aussi, par des images de meeting, sur fond bleu (on a quand même fini par changer la couleur hideuse d'origine), avec une petite fille dans les bras, et conclut en voix *off*. Il y a également de nombreux micro-trottoirs et déclarations de Françaises et de Français qui ont « du vécu », ce qui fait écrire à Ariane Chemin, dans *Le Monde* : « Les anonymes ont envahi la campagne. »

Au soir du premier tour, on connaît les résultats. Tiercé dans l'ordre avec Lionel Jospin (23,30 %), suivi de Jacques Chirac (20,84 %) et d'Edouard Balladur (18,58 %). Les sondages ont plutôt bien évalué « les petits candidats » (à 15 %, Le Pen n'en est pas vraiment un) ainsi qu'Edouard Balladur, mais pas du tout les deux premiers. En moyenne, pour tous les instituts, Chirac a été surévalué de 3 à 4 points, Jospin sous-évalué de 3 à 5 points. Peut-être est-ce en 1995 que les électeurs ont commencé à se jouer des sondages pour ne pas en être l'instrument. Jean-Marc Lech d'Ipsos explique la sous-estimation de Jospin par la crainte d'électeurs de gauche d'être complices de son absence au second tour. C'est l'analyse de l'Ifop qui confirme, le 23 avril, à la sortie des bureaux de vote, la thèse du vote utile, au tout dernier moment, de la gauche non socialiste pour le candidat du parti socialiste. Roland Cayrol, du CSA, précise qu'effectivement 12 % des électeurs ont déclaré avoir fait leur choix le jour même. Et personne ne peut exclure un vote tactique de certains électeurs de Jacques Chirac en faveur de Lionel Jospin pour éliminer Edouard Balladur au second tour.

La campagne électorale du second tour ne présente pas d'intérêt significatif. Lionel Jospin et Jacques Chirac se sont facilement mis d'accord pour l'organisation du débat télévisé contradictoire. Ils ont récusé, l'un ou l'autre, bien des journalistes stars comme Anne Sinclair, Patrick Poivre d'Arvor, Jean-Pierre Pernaut, Claire Chazal, pour retenir Guillaume Durand, jeune gloire montante du petit écran, et, comme en 1974, Alain Duhamel. Le duel se déroule « à fleurets mouchetés », Lionel Jospin ne cherchant jamais à prendre l'avantage, trop heureux de s'être qualifié, Jacques Chirac ne prenant aucun risque, trop content de voir arriver « son boulot de dans deux ans ». Comme le souligne *Libération*, les deux duellistes se sont mués en « stratèges de la non-expression ». Les Français ne s'y sont pas trompés. Ils étaient 23 millions devant leur téléviseur, en 1974, pour le face-à-face Giscard-Mitterrand, un peu plus encore, en 1981, pour la revanche, mais seulement 16,8 millions, en 1995, pour ce débat qui leur est apparu sans enjeu mobilisateur. Il est vrai que depuis 1988 et ses 15 millions de téléspectateurs devant le duel Mitterrand-Chirac, il faut également prendre en compte les diffusions différées qui augmentent l'audience globale.

De l'opinion au comportement

L'histoire de la présidentielle de 1995 nous rappelle une fois de plus que rien n'est jamais gagné d'avance, qu'une campagne électorale peut faire bouger les lignes, qu'un appareil politique est un atout majeur.

Elle nous renseigne sur la nécessité pour un homme politique de ne pas rester seulement dans la logique de l'offre mais obligatoirement d'aller vers la demande. Edouard Balladur le confessera honnêtement. Il n'a pas mesuré « le besoin des Français d'entrer en contact avec ceux qui demandent leur confiance, de les connaître mieux, de se faire une opinion sur eux ». Il dira également à François Mitterrand : « Les Français voulaient tourner la page et j'étais sur la même page que vous. » Les grands gestionnaires qui ont tous été Premier ministre, Raymond Barre, Edouard Balladur, Alain Juppé, Lionel Jospin, n'ont encore jamais réussi à concrétiser un réel capital de crédibilité. Le gestionnaire ne livre rien ou le moins possible de lui-même. Il a du mal à aller naturellement vers les autres. Il ne s'intéresse pas aux gens en général, miroirs de la démagogie et de toutes les tentations électorales, mais à quelqu'un ou à quelque chose en particulier. Il voit du courage là où l'opinion ressent de la hauteur, quand cela va bien, et de la distance voire du mépris, lorsque cela va mal. Il trouve du cynisme à ceux qui revendiquent le contact direct, mélangent sentiment et action publique, émotion et décision, gestion et communication.

Cette histoire nous enseigne également qu'il convient de distinguer, en particulier dans l'analyse des sondages électoraux, la période longue qui précède la campagne et la compétition électorale elle-même. Dans un premier temps, les Français expriment une opinion en fonction de l'image, sur des critères plus proches de la popularité que de la réelle intention de vote. Dans la ligne droite de l'élection, tous les facteurs jouent et surtout interagissent entre eux : l'image personnelle, les actes lourds qui ont marqué la mémoire collective dans le parcours des candidats, leur vision et leur projet, la confrontation des messages, la contradiction des débats, l'environnement économique et social, la dynamique des campagnes, le rôle des médias, etc. C'est à ce moment-là et à ce moment-là seulement que les comportements se cristallisent vraiment pour la majorité du corps électoral et même, pour ces hésitants et indécis qui feront la différence, le dernier jour, au dernier moment, jusque dans l'isoloir.

Les dix commandements de l'Élysible

par Thierry Saussez

1. Fais campagne

Le conseil peut paraître saugrenu. Pourtant, on l'a vu, plusieurs candidats ont pensé pouvoir être élus sans payer de leur personne. Ils ont toujours perdu, d'Alain Poher en 1969 à Edouard Balladur en 1995. Valéry Giscard d'Estaing, dans le troisième tome de ses Mémoires, reconnaît avoir fait la même erreur en 1981 et s'être préparé à la campagne électorale avec beaucoup trop de retard. On n'est jamais élu d'avance. Une campagne, c'est donner envie aux électeurs d'avoir envie de voter pour vous. C'est un moment unique de partage et pour recevoir il faut donner, tout donner, sans réserve, à la limite de ses possibilités. Toute dynamique de campagne part du candidat lui-même, se transmet par capillarité à son équipe, puis se diffuse par tous les moyens de communication possibles.

2. Définis ta stratégie

Toutes les prises de l'Elysée se sont jouées sur une stratégie de conquête clairement définie et parfaitement respectée. Le gagnant trace sa route, ne change jamais de cap, ne se laisse pas influencer ni décourager par les aléas. Cette stratégie est toujours définie et suivie avec une toute petite équipe soudée, et non avec une armée mexicaine au sein de laquelle les enjeux de pouvoir finissent toujours par l'emporter sur la nécessaire créativité. Cette ligne de conduite – ce guide de campagne – est ensuite enrichie, relayée par un comité politique, afin d'associer toutes les compétences et toutes les influences. On l'a assez vu, une erreur de moyens est rattrapable, une bonne affiche peut en remplacer une mauvaise, le schéma d'un meeting peut être amélioré. L'erreur d'aiguillage, elle, est généralement définitive.

3. Dispose d'une machine opérationnelle

On élit un homme (terme générique qui embrasse la femme), pas un parti, mais on n'est jamais élu sans parti. Les principaux candidats, de 1965 à nos jours, ont disposé d'un appareil le plus souvent puissant pour relayer les messages, occuper le terrain, animer la campagne dans nos villes et nos villages. Tous ceux qui ont cru pouvoir faire l'impasse sur la démultiplication militante l'ont payé cher. A l'inverse, la désignation préalable par un parti n'empêche pas d'être élu, à condition, comme François Mitterrand, d'avoir le talent d'élargir ensuite sa base électorale. Valéry Giscard d'Estaing, en 1974, disposait, au niveau partisan, d'un appui logistique certes inférieur à celui de Jacques Chaban-Delmas. Mais, avec l'appui de Chirac, il a su créer la division à l'UDR.

4. Rassemble ton camp

L'engagement d'une grande formation permet également de s'appuyer sur une base politique, un noyau dur de l'électorat. Il faut d'abord parler à ses électeurs acquis pour les fidéliser. C'est la seule garantie de se qualifier au premier tour de l'élection présidentielle pour le grand duel du second. Personne n'a oublié l'élimination de Jospin et le séisme du 21 avril 2002. Mais il est vrai que notre démocratie est devenue consumériste. La société est fluide, mobile, les attentes contradictoires, les humeurs changeantes, les électeurs zappeurs. Il faut savoir gérer les paradoxes pour les rendre fertiles, fédérer les attentes pour ne pas s'enfermer dans les contradictions. Dès lors, chaque victoire est une prouesse : rassembler son camp sans mépriser ni exclure l'autre, être clairement identifié à une famille politique sans rester dans ses limites, car elle ne fait jamais une majorité, démontrer une capacité de rassemblement, en particulier vers les hésitants et les indécis qui constituent le premier parti de France.

5. Trouve la *virtus*

A l'origine, elle est l'énergie que développe le stratège pour mobiliser ses troupes, selon Zun Zi, l'un des plus grands chefs militaires de l'Histoire. *Virtus*, la vertu au sens antique, exprime la vaillance, la fulgurance, le courage du chef, sa valeur d'exemplarité, sa capacité à incarner un modèle, « l'homme arraché aux forces irrationnelles du destin ». L'élection présidentielle est une course de fond et d'obstacles qui nécessite une exceptionnelle puissance morale, intellectuelle et physique. Le dernier aspect n'est pas le moindre. L'engagement sur le terrain, le contact direct avec les citoyens doivent être une joie mais représentent simultanément une épreuve physique. Cette « politique du corps » qui doit satisfaire la volonté de voir, d'entendre, de toucher le candidat est, selon Régis Debray, la marque de l'Etat faible. Je crois plutôt l'inverse. La performance physique est généralement l'une des clés d'une campagne électorale réussie, l'un des codes qui permettent à l'électeur de tester l'équilibre et la résistance des postulants. Et cela ne vaut pas seulement pour Jacques Chirac. Régis Debray en est resté sur ce point aux *Mythologies* de Roland Barthes, publié voici cinquante ans. A cette époque aujourd'hui dépassée, il était de bon ton de s'affirmer supérieur, toute ellipse du langage constituait une arme « anti-intellectuelle » tendant à « escamoter la politique au profit d'une manière d'être ». Selon cette thèse, en montrant « son effigie aux électeurs », le candidat proposait « un climat physique, un ensemble de choix exprimés dans une morphologie, un habillement, une pose ». Cet intellect sans chair, cette pensée sans tripes ont été renvoyés au magasin des accessoires.

Il y a autant de vérité dans une attitude que dans un mot, il y a plus d'authenticité dans l'action que dans l'image. L'énergie est le joker de toute élection, la base du leadership, cette force qui vous fait tenir et surpasser les autres.

6. Ne sous-estime pas tes adversaires

En 1981, Giscard a sous-estimé Mitterrand. Balladur, en 1995, et Jospin, en 2002, ont sous-estimé Chirac. On sait ce qu'il en est advenu. Les concurrents de Ségolène Royal au parti socialiste en savent quelque chose, eux qui ont commenté sa percée fulgurante du bien peu subtil « Qui va garder les enfants ? ». On a vu que la campagne électorale était un hall de gare où beaucoup d'électeurs circulent dans tous les sens juste avant de prendre le train du vote. A ce moment précis, tous les facteurs interagissent entre eux selon une alchimie que personne ne contrôle ni ne sait vraiment analyser. Mieux vaut donc surestimer l'adversité plutôt que le contraire.

7. Maîtrise l'agenda

Au-delà de la connivence du microcosme, il y a une concurrence objective entre politiques et médias pour maîtriser l'agenda, dire ce qui est important ou non, ce qu'il faut penser ou pas. Le candidat est un concepteur de messages et un créateur d'événements. Afin de ne pas être à la remorque des médias, garder le contrôle de son expression, maîtriser le tempo de sa campagne, il ne doit pas cesser de prendre l'initiative. La campagne n'est pas une guerre de tranchées, c'est une guerre de mouvements.

8. Fais de la communication ton alliée

La victoire, c'est la rencontre d'une offre politique et d'une demande citoyenne. A s'enfermer dans l'offre, on se replie sur soi-même, on ne s'incarne pas au travers des attentes du peuple. A privilégier uniquement la demande, la nouveauté, l'image pour l'image, la facilité du miroir avec son démagogique « mes idées sont les vôtres », on sombre dans le populisme, on devient un produit de consommation jetable ou de cycle court. La communication est le point de jonction du fond et de la forme, de l'offre et de la demande. Elle permet à l'opinion de s'approprier l'énergie du candidat. Elle donne à la puissance morale, intellectuelle, physique une dimension de proximité. Elle équilibre, avec le peu de moyens dont elle dispose compte tenu des lois, la tutelle abusive des médias. A la différence de l'information, elle circule dans les deux sens et permet au récepteur de réagir et de s'exprimer. C'est pourquoi, en 2007, Internet sera sans doute le média qui fera la différence au soir du second tour.

9. A la télévision, ne chasse pas le naturel

Toutes les élections ne se gagnent pas forcément à la télévision mais aucune ne se joue sans elle. Depuis Giscard, trop confiant dans sa supériorité télévisuelle, et Mitterrand bien décidé, en 1981, à corriger ses handicaps de 1974, la plupart de nos leaders ont appris à apprivoiser le petit écran. Tenue sobre, mots simples, phrases courtes, anecdotes et éléments de vécu constituent la panoplie du politique médiatique. Mais, au-delà des trucs et des recettes, la télévision est aussi un sérum de vérité. Le citoyen la consomme d'abord avec les yeux et se fait une opinion à partir de qualités très personnelles – conviction, spontanéité, chaleur humaine... Or, le naturel se travaille mais ne s'invente pas. Le regard, la pose de la voix, la gestuelle qui appuient la conviction échappent à tout contrôle. La spontanéité disparaît dès que le téléspectateur perçoit que le texte est récité, que le propos ne vient plus du plus profond de celui qui s'adresse à lui. Réussir à la télévision avec un peu de talent et beaucoup de préparation est certes possible à court terme, mais il ne faut pas confondre clip et long métrage. Dans la durée, il faut être parfaitement assuré sur le fond pour s'appliquer à être bon dans la forme.

10. Travaille ta trilogie

A un moment ou à un autre, tout électeur se demande, avant de faire son choix : d'où vient le candidat, qui est-il, où conduit-il le peuple ? On a coutume de dire qu'on est élu sur les services à rendre plus que sur les services rendus. Le futur, la capacité à incarner l'avenir, le projet, la vision l'emportent donc sur le bilan. Mais cela ne peut pas conduire à faire l'impasse sur le parcours, l'expérience et même, et peut-être surtout, les échecs surmontés, les crises gérées, les épreuves traversées. Exactement comme on regarde le CV d'un cadre dirigeant avant de l'embaucher. Reste le « Qui est-il ? », sous-entendu : « Peut-on faire confiance à cette personne ? », la rencontre entre une situation et un destin. Tout l'objet de ce livre a été jusqu'à présent de vous en raconter l'histoire et, si possible maintenant, de l'imaginer pour vous.

Mai 2007
La campagne duo

SÉGO
ou
SARKO ?

Les 7 chances de Ségolène

par Jacques Séguéla

D'abord, une silhouette fine, fragile, belle au milieu des corps engoncés et teigneux de mâles en perpétuelle agressivité. Puis la fraîcheur des premiers propos, l'étonnement plutôt joyeux du public en opposition avec l'immédiate rancœur des politiques. La popularité de Ségolène va croître ainsi de semaine en semaine, inversement proportionnelle au désaveu d'une classe politique qui, depuis vingt ans, ne fait plus ni rêver, ni espérer. L'opinion est comme la nature, elle a horreur du vide. Ségolène va timidement s'insérer, presque sans le vouloir, presque sans le savoir, dans l'espace médiatique, et laisser les journalistes lui faire très vite occuper la presque totalité de la place dévolue à la gauche. Puis mordre dans le pré carré de la droite, pourtant classé « Sarko défense ». *Ecce homo !* A la différence près que l'homme est une femme et la femme une présidente en devenir. Etrange fabrication, sous nos yeux, d'une star politique en accéléré. Du jamais vu en France.

Au début, avant même le verbe, est le nom. Lorsque, dans l'émotion et le trouble d'une naissance, les parents baptisent leurs enfants, ils ne s'imaginent pas les marquer au fer rouge de la symbolique des mots. Ségolène Royal est l'accord parfait de deux intonations antinomiques. Un prénom doux comme une caresse, un nom claquant comme un coup de cravache ! La douceur et la sensibilité unies à tout jamais à la puissance et à l'autorité. Un couple mi-fugue mi-raison qui vous condamne à la célébrité.

Mais qu'est-ce qu'un nom sans visage ? Et soudain apparaît une image presque virginale, au milieu de ces têtes trop vues diabolisées par trop de critiques, de rejets, de surexposition. Séduisante mais pas séductrice, féminine mais pas féministe, affirmée mais pas autoritaire. Tout pour inspirer l'amour d'une France exaspérée mais espérante.

Vient ensuite le pedigree. Une famille de militaires et son éducation tout à la fois rigoriste d'un père machiste et émancipatrice d'une mère féministe. Un non-mariage d'amour (tellement plus romantique qu'un mariage conventionnel) et son éducation sentimentale, quatre enfants et leur implication maternelle, des études d'hommes (ENA / Sciences-Po) et leur propension à l'ambition, une carrière mitterrandienne et son évocation élyséenne. Bref, 50 ans de vie de femme, dont la moitié de femme politique, et toujours 20 ans.

Le casting est dans l'époque mais elle n'est pas la seule de sa caste à pouvoir incarner le rôle. Alors pourquoi elle ? « Parce que c'est elle, parce que c'est nous », répondent en chœur les Français. La naissance d'une égérie est toujours troublante, elle n'est cependant que la simple, mais incertaine, rencontre d'un être et d'un momentum sociologique.

Au début, on pense à une aguiche, ce terme pubard pour définir les campagnes à suspens. Ségolène n'est qu'une hypothèse, un « pourquoi pas », un pied de nez à l'ordre déjà décrété deux ans avant l'échéance. Faux, c'est le premier mouvement d'humeur électoral d'une campagne qui ne sera pas imposée (par les partis) mais choisie (par les électeurs). Un vent de fronde qui, dans la foulée du non-politique à l'Europe, annonce une France en révolution sociétale prête à couper les têtes trop vues, les idées trop reçues, les discours trop entendus. Un coup de tonnerre que nul n'entendra dans ce ciel bleu blanc beur du printemps 2006, où Villepin se piège dans le CPE, Nicolas Sarkozy se prend pour le dauphin proclamé, et la gauche se sent déjà vaincue. Pas de panique, ce n'est qu'un retard calendaire sur l'histoire en marche. L'Allemagne vient de choisir Angela Merkel et le Chili Michelle Bachelet. Deux femmes investies aux deux extrêmes du globe dans un même élan de déstabilisation d'un monde régi depuis la préhistoire par des machos. Le temps des femmes a sonné et nos politiques restent sourds, quand ils ne sont pas aveugles. Bien mal leur en prend.

Ségolène est d'abord l'élue d'une avancée sociétale universelle. Mais le secret de cette subite Jeanne d'Arc d'un parti en déroute est ailleurs. Plus profond et plus basique. Enfoui dans nos gênes de 89, il se résume d'un slogan : « Mon parti, c'est le peuple ». Une volonté si éloignée des apparatchiks se croyant riches de l'argent confisqué de leur appareils, intelligents de leurs apparitions télévisuelles et beaux de leur cote de popularité. Notre nouvelle Marianne « a deux copines et pas d'argent », comme le dit si joliment Jean-Marc Lech, le fondateur de l'institut Ipsos. Elle en revient donc aux sources de la politique : s'intéresser en exclusivité aux Français.

Préférant les plateaux de télévision aux tréteaux du terrain, ses détracteurs se sont éloignés du cœur de leur électorat, meeting après meeting, courant après courant, débat après débat. Pris de court, ils feront la bêtise de brocarder cette « démocratie d'opinion » que leur lance à la tête cette intruse. Mais la démocratie du XXIe siècle peut elle être autrement, à l'heure où la personnalisation nourrit la consommation, où la peopolisation dicte la communication et où le net, cet autre savoir partagé venu d'en bas et non d'en haut, s'apprête à mener le monde ?

Qui dit démocratie d'opinion dit conquête de l'opinion. Si vous repensez aux pages que vous venez de lire, vous êtes bien obligés d'admettre que chaque élection s'est jouée sur l'image du candidat (ou plus souvent sur le rejet de celle de son concurrent) et non sur ses promesses politiques. Ce n'est ni la baisse des impôts, ni la x-ième mesure pour l'emploi ou même celle pour la sécurité qui forceront le choix des Français. Mais l'attirance pour l'un plus que pour l'autre des prétendants à la couronne. Il y a belle lurette que nos votes ne sont plus politiques mais sociologiques.

Les médias ont-ils fait la reine ou la Royal a t-elle hypnotisé les médias ? Ni l'un, ni l'autre. Lassés de tant de faux-semblants, de tant de faux disant, de tant de faux faisant, les Français sont depuis des mois à la dérive, ballottés par l'inexorable montée des incertitudes. Ils pensent la planète entrée dans le couloir de la mort (64 %), les valeurs guillotinées (62 %), leur sort embastillé par un monde qui les enchaîne (83 %). Leur rejet de la classe politique est consommé. Sans passé, sans passif, Ségolène est la différence, la fraîcheur, la modernité. Autant d'espérances d'un peuple qui veut tourner la page politique dans le même temps que sa page sociétale. La Dame blanche, sa couleur fétiche (merci Paule Ka), oppose à la force la douceur, à la persuasion la concertation, au « je veux » « nous ferons », aux gendarmes qui protègent Sarko les gens de cœur qui la portent. Elle propose un Ségoland ouvert à tous, un pays où la vie est moins chère et les échanges plus riches. Une terre des femmes comme des hommes, des riches comme des pauvres, des jeunes comme des vieux. Un monde à l'avenir positif où le changement s'oppose à la rupture, la tolérance à la répression. Avec un risque au bout du chemin : celui de l'insoutenable fragilité de l'être. Ségo, c'est du cristal ; Sarko, c'est du béton. Le choc va être rude, qu'importe ! L'humeur du temps n'est plus au rouleau compresseur mais à « cette figurine de porcelaine dans un magasin d'éléphants », aveu de Philippe de Villiers plagiant Bénabar.

Dans le vide intersidéral des redites et des redondances des uns et des autres, elle apparaît telle une étoile nouvelle. Le public, dans un premier temps, ne distinguera ni son pedigree ministériel, ni son action politique, ni son discours. Dans un premier temps, seule comptera cette magie de capter la lumière que Dieu lui a donnée face à la caméra. Cette représentation virtuelle, esthétique et passionnelle règle désormais notre société médiatique. Ségolène se l'appropriera. Ainsi naîtra une popularité de connivence et non de connaissance, jouant sur l'affectif face au démonstratif, sur la vibration face à l'argumentation. En bref, une création de l'opinion. Mais une icône qui a sa raison d'être, donc de durer.

Elle a pour elle d'être le point d'équilibre d'un peuple enclin au paradoxe. Provinciale avérée mais si parisienne dans son éternel défilé de mode, femme de racine mais de modernité, femme politique et mère au foyer, le cœur à gauche mais les valeurs à droite (ordre juste, République du respect), moderniste et conservatrice (travail, famille, patrie), socialiste (merci Mitterrand) et libérale (merci Blair), yin et yang, douceur et fermeté, elle résume nos différences. Avec un revers en ligne de mire : un conformisme qui, s'il n'est pas constamment pétri d'idées neuves, virera au conservatisme. Attention Ségolène !

Sarkozy l'a compris, qui ne cesse de rabâcher que sa concurrente n'a pas d'idées. Il n'a pas intégré, ou se refuse à le faire, qu'elle n'est pas simplement l'élue d'un parti mais d'une partie de la France qui veut balayer les vieilles lunes politiques dont il est le premier représentant. Une partie qui a toutes les chances de finir majoritaire pour devenir une nouvelle patrie, celle des Français avant d'être celle de la France. Face au rouleau compresseur UMP, qui n'arpente que les sentiers battus, l'aspirante à la présidence oppose sa marche, quasi solitaire, vers l'autre France par les chemins de traverse. Celles de nos valeurs perdues, la tempérance et la tolérance, l'harmonie et l'empathie, la générosité et la ténacité. Et, en majeur, le respect de soi et de l'autre.

Que de marches gravies depuis le temps, voici 25 ans, où je découvrais Ségolène, petite souris des couloirs de l'Elysée, protégée de François (le Président, pas le compagnon), glissant presque timidement d'une réunion à l'autre. Les Edith Cresson ou les Martine Aubry, incarnations d'une féminité plus roborative, tenaient alors la vedette, mais déjà les études prédisaient l'arrivée des femmes « femmes ». La germination était en marche, Mitterrand l'avait-il pressentie ? Avait-il prévu qu'un jour sa fille spirituelle (et non naturelle comme l'aimeraient les mal intentionnés) briguerait sa suite ? Et qu'en aurait-il pensé ? Je suis sûr qu'il n'y aurait pas été insensible !

A leur tour, les Français vont se passionner pour le rêve, devenu désormais réalité. Un rêve qui rallume les feux mal éteints de 81. Les médias ont flairé l'aubaine. Jamais une pré-campagne n'aura bénéficié d'une telle couverture. Pas une journée sans que les sorties sarkosiennes, les sourires royaux, les tacles socialistes, les pics fratricides de la droite, forcent les « unes ».

Une agitation bien précoce, le match se jouera dans les dix dernières semaines et sera sans pitié. La victoire se fera sur le fil, seules quelques dizaines de milliers de voix décideront de notre destin commun. C'est désormais la règle des démocraties où l'on s'engage à la dernière heure, comme pour ses achats de Noël ou ses vacances.

Dominique de Villepin le dit à sa manière : « L'élection de 2007 sera la plus inattendue depuis des décennies, parce que les éléments du débat, fixés par les Français, n'émergeront qu'au dernier moment. » A moins que la folie du monde ne s'invite au bal des prétendants. Que l'Iran verse dans la provocation de trop, que l'Afghanistan voie les islamistes s'emparer du pouvoir, que le Pakistan réveille les rancœurs religieuses du Cachemire et oblige l'Inde à la guerre, ou, plus proche et plus probable, qu'Israël trop menacée s'enflamme et, en quelques jours, le monde s'enflammera. La France prendra peur, les sondages battront la chamade, les partis vacilleront. Et nous verrons Jacques Chirac reprendre le flambeau tremblant de la France et entrer dans la bataille.

Qui alors aura le poids, l'expérience, la sagesse nécessaire à brandir le drapeau de la gauche ? Lionel Jospin. Les Français retrouveront leur scrutin manqué de 2002 et voteront enfin en leur âme et conscience.

Pour l'heure, les deux protagonistes du premier tour sont désignés. Si l'on néglige le poids, impossible à estimer aujourd'hui, des trois minoritaires capables de se retrouver au second tour (Le Pen, Bayrou et Hulot), la seule question qui se pose est : lequel, de Ségo ou de Sarko, a le plus de chances ? L'analyse ne peut qu'être subjective. Aux règles édictées par Thierry, auxquelles je souscris sans en tirer les mêmes conclusions, j'ajouterais celles qui, informelles ou circonstancielles, vont aussi régler le cours de cet affrontement sans précédent. Elles vous diront « Ma préférence à moi ». En toute malhonnêteté intellectuelle, c'est la limite de l'exercice. Un publicitaire peut-il être digne de ce nom sans un fond de mauvaise foi ?

Voici donc, selon moi et n'engageant que moi, les sept chances de Ségolène.

Première chance (le timing)

Que dire, à l'heure ou j'écris ces pages, de cette campagne à venir ? En premier lieu, qu'elle semble toucher à sa fin alors qu'elle n'est pas commencée. Nicolas Sarkozy s'est engagé avec deux ans d'avance. Comment le lui reprocher ? La fenêtre de tir s'est ouverte, il l'a saisie et a réussi son lancement. Mais depuis, que de redites, que de redondances, que de rediffusions ! Il parle en boucle, c'est LCI fait homme. Attention danger !, la saturation est le premier ennemi de la communication. A trop se montrer, on finit par paraître invisible. A contrario, cet Anschluss médiatique aura eu le mérite de l'auréoler d'une popularité nouvelle, indispensable à toute élection suprême, gommant revers et trahisons passés. Le nouveau Sarko est arrivé, doté d'un tel corps, d'un tel bouquet, d'une telle force qu'il a enivré les Français. Mais l'abus de tout nectar est dangereux. Au fil des mois, le forcing s'est fait coup de force. Et les électeurs n'aiment pas que l'on viole leur vote ! Ainsi s'est répandu un sentiment du « Tout Sauf Sarko », qu'il essaie en vain de transformer en « Tout Sauf Ségo ». Mais Ségolène est trop *high tech* pour se laisser traiter de TSF.

Sa première chance est ainsi son timing de campagne. La vie politique a ses côtés vie du rail : l'heure, c'est l'heure, avant l'heure ce n'est pas l'heure, après l'heure ce n'est plus l'heure. La Dame rose a pris le soin de se faire connaître mais sans atteindre le « trop c'est trop ! », laissant à point nommé les primaires prendre le relais de la vague people qui l'avait portée et l'ancrer dans les racines d'un projet socialiste, vraie star de débats qui n'en n'étaient pas.

En quelques semaines, ces affrontements feront du PS, entré ringard dans cette campagne, le parti de la modernité. Nous sommes dans un temps où l'important n'est plus d'être à la télé, mais d'y être différemment. Les socialistes auront l'idée de génie d'imposer leur plan de com et de se constituer une télé sur mesure. « Le média, c'est le message », disait Mac Luhan. La créativité politique est désormais à trouver dans le contenant plus que dans le contenu. D'aucuns le nient mais ramer à contre-courant sociologique n'a jamais fait élire un président. Ne vous y trompez pas, ce n'est pas l'enterrement du sens par le signe mais l'art de donner un sens à chaque signe. Cette joute télévisuelle sera symbole de modernité mais tout autant de démocratie. En télévisant ces luttes intestines, il s'attribuera les vertus du moment : transparence, authenticité, simplicité. Dans le même temps, les Sarko-shows, un rien staliniens dans leur décorum fastueux et leur mise en scène grandiloquente, montreront un candidat prévendu s'exhibant aux côtés de deux rangées d'apparatchiks en service commandé. Image désastreuse d'un parti de droit divin face à un parti de droit public. Sarkozy a pris l'UMP mais négligé l'opinion. Ségolène a pris l'opinion et obligé le PS, dans un élan nouveau, à devenir le parti de l'opinion. Et ce au jour dit de son entrée en campagne. Elle, que nul n'imaginait prendre part à la compétition, rayonne dans les starting-blocks au couloir central. Son adversaire essoufflé par deux années de course solitaire va devoir trouver des forces nouvelles. Ses deux années d'incessantes prises de parole sont aux oubliettes, gommées par l'arrivée inopinée d'une ingénue séduisant son monde. Pour lui, tout reste à faire. Et comment faire du neuf avec du vieux ?

Deuxième chance (la surprise)

On ne vote plus désormais pour l'attendu, mais pour la surprise. Ségolène le sait : elle ne cessera d'exprimer son « autrement », qui plus est avec insolence. Toute élection est un examen de passage où le public-expert préfère les élèves remuants et différents aux premiers de la classe. Les Français, hier plutôt consensuels, sont désormais sensibles aux écarts de comportement. Seuls souvenirs marquants des joutes politiques : la provoc qui reste lorsque l'on a tout oublié. Ils attendent de leurs héros d'oser, sachant trop que le temps du pouvoir ne manquera pas de les museler. Ils se méfient de la rupture des faits qui porte en germe la remise en question de leur confort acquis, mais ils raffolent de la rupture des mots, qui les fait rêver à de nouvelles frontières.

Ségolène lancera donc pavé sur pavé dans la mare des éléphants. Ils se réjouiront, pensant à des dérapages fatals. Ce n'était que pièges dans lesquels ils sont tombés : l'ensemble des débats tournera autour des seules provocations de la Dame de fer. Loin de se laisser abattre, elle en sortira renforcée.

J'aime les temps électoraux, ils bousculent l'atonie verbale des années train-train d'entre deux scrutins. On y voit fleurir des idées folles formulées à l'emporte-voix. Soudain, les mots perdent la raison, mais sont-ils pour autant déraisonnables ? Les fous ne sont pas fous, ils disent simplement ce que nous ne voulons pas entendre. Dès lors, nous les enfermons. Ainsi en sera-t-il des « jurys citoyens » que la madone des sondages lancera, telle une grenade dégoupillée, à la tête de ses deux compétiteurs. Aussitôt, le duo ennemi s'associera pour crier haro sur Ségo, lui offrant ainsi la vedette et l'assentiment du public. La provoc n'en était pas une. Le droit de savoir est le premier droit du citoyen, Ségolène, une fois de plus, s'est simplement montrée en phase avec ses électeurs, mettant hors jeu ses détracteurs. Avec sa « gueule d'ange », sa voix trop haut perchée, son discours raz de terrain en décalage des envolées habituelles, La Royal a ringardisé les produits marketinguement à l'ancienne qui l'entouraient. Elle respire l'air du temps, ils entonnent les ritournelles d'un autre temps.

La première règle de tout débat est de consacrer son temps de parole à défendre ses idées, en se gardant d'aborder celles des autres. Conséquence, pour une candidate taxée de ne pas avoir d'idées, elle apparaîtra comme la seule innovatrice. Avec en prime, l'affirmation d'un positionnement. La France des gens face à la France de la politique. Le verdict des électeurs socialistes ne laissera planer aucun doute : 60 %.

Ségolène triomphe des siens et cristallise l'espérance collective d'une démocratie participative, remisant au musée le socialisme pur et dur de Fabius et la social-démocratie de DSK, vieille comme 68. Les Français veulent du neuf. Tout a changé autour d'eux ces vingt dernières années, le monde, la société, les médias... Tout, sauf les mêmes mœurs politiques consternantes portées par les mêmes vieux mâles fatigués. Comment ne pas vouloir les jeter aux oubliettes ?

Le grand vainqueur n'en restera par moins le PS et, quelque part, François Hollande, que chacun s'amuse à prendre pour le frustré de la pièce alors qu'il en est l'artisan. En organisant les primaires, il s'est attribué la palme de la démocratie. Mais la partie ne fait que commencer. L'UMP est une machine à gagner que Nicolas, à l'instar de son modèle Jacques Chirac, a mise en ordre de marche. Le parti socialiste est une machine à perdre. Ségolène ne gagnera que si elle sait s'en garder, tout en lui laissant croire qu'il est le centre vital de son organisation. Selon qu'elle sera mitterrandienne (gardant la haute main sur le moindre détail de sa campagne), ou qu'elle sera jospinienne (cédant aux sirènes de l'Atelier), elle sera la suite de 1981 ou de 2002. En séparant son QG de campagne du parti, elle a fait d'entrée de jeu le bon choix. Mais la pieuvre PS reste redoutable. J'en sais quelque chose.

Troisième chance (l'enracinement)

On vote pour l'enracinement pas pour l'ubiquité. De Gaulle était de Colombey, Giscard d'Auvergne, Mitterrand de Château-Chinon, Chirac de la Nièvre, Ségolène est d'En France, Nicolas seulement de Beauveau.

L'élection présidentielle de 2007 s'est peut-être jouée à trente minutes près, un jour du printemps 1988. La jeune conseillère aux affaires sociales de Mitterrand va arriver en catastrophe une petite demi-heure avant la fermeture de la préfecture des Deux-Sèvres où elle doit déposer, dans les délais, son dossier de candidature aux législatives. A sa défense, elle n'a obtenu qu'au tout dernier moment, sous la pression de Mitterrand, cette circonscription ingagnable.

A 30 minutes près : pas de victoire législative en 88, pas d'ancrage en Poitou-Charentes, pas de victoire aux régionales de 2004. Et pas de ségomania. Car la légende débutera là sur ce « morceau de France » qu'est sa circonscription.

La greffe n'était pas évidente, mais la jeune prétendante arrive avec une idée. Elle vient de publier un livre, *Le Temps des grands-parents*. Il lui ouvre les portes de la victoire en poussant celles des maisons de retraite du département. L'électorat senior fera basculer le vote. Une campagne tonique, un labourage électoral méticuleux, et déjà un caractère trempé : la jeune techno bat de 552 voix son concurrent UDF. Il faut dire qu'il n'avait pas brillé par son slogan : « Votez pour un homme de chez nous ». On dirait du Chirac.

Tout Ségolène est dans cette première campagne qui sonne comme une répétition générale. Un combat pour lequel on la croit mal taillée, un adversaire phallocrate, un instinct très sûr des réalités de son électorat, et la victoire au bout du chemin, modeste mais décisive.

A peine élue, la jeune énarque va faire sa mue et soigner ses attaches locales. Elle y prend goût. Appréciant le folklore et les comices agricoles, à l'aise avec tous, à l'aise avec chacun, elle prend le pouls de cette France qui, pour elle, n'est pas « d'en bas », mais « en vrai ». Elle forge sa méthode en se mettant à l'écoute des agriculteurs, des retraités, des profs, les questionnant sur la situation internationale, le chômage ou l'environnement. Passionnée par les sondages et les statistiques, un virus contracté lors de son hibernation élyséenne, elle sait qu'elle bénéficie là d'un échantillon « qualitatif » irremplaçable. C'est sa prise directe avec les gens. A leur énergie elle nourrit la sienne, à leurs attentes elle construit son discours, à leurs espérances elle échafaude son rêve. Son concept de démocratie participative est né au détour d'un chemin poitevin.

J'ai toujours entendu François Mitterrand répéter à ses ouailles qu'il n'existait pas de carrière politique réussie sans terreau. 2004 va lui donner raison. La décentralisation version Raffarin a donné aux régions des pouvoirs inédits, dont les nouveaux récipiendaires seront désignés lors de ce premier rendez-vous électoral depuis l'échéance tronquée de 2002. Le désaveu sera cinglant pour la majorité, et, d'abord pour son chef, Premier ministre symbole dont la région symbole passe à gauche comme toutes les autres. Mais il y aura plus dans cette victoire régionale : le vainqueur est une femme. La presse, qui pressent le temps des femmes, va en faire une vedette nationale.

Ségo rayonne. Le triomphe du PS devient son triomphe. La « Zapatera du Poitou » a pris le départ de la présidentielle. Personne, pas même elle, ne le soupçonne encore, mais le mythe est en marche. Ses robes chatoyantes, au milieu des costumes gris des présidents tristounets de région, incarnent un nouvel âge de la gauche. Les observateurs n'y verront qu'un effet de mode, c'est le mode de pensée politique qui vient de chavirer. Du cœur de la France à la tête de l'Elysée, la longue marche a débuté, forte d'une première étape victorieuse.

Quatrième chance (la belle histoire)

Quatrième règle : on vote pour un spectacle, par pour la banalité. Toute élection est une dramaturgie. Les Français aiment qu'on leur raconte une belle histoire. Ainsi de Gaulle et sa grandeur de la France, Giscard et sa jeunesse surdouée, Mitterrand et sa rupture sociétale. Les médias en sont les metteurs en scène complices, le public les metteurs en vie. Que la campagne ne soit que factuelle, elle devient vite soporifique. Aussitôt, les électeurs se referment et leurs votes se rebiffent. Souvenez-vous de 2002.

Quelle belle histoire que celle de Ségolène : seul Le Pen, ce vieux renard, aussi futé que nauséabond, aura prédit « le désir d'avenir » dès le 14 juin 2002, au lendemain du séisme de son accession au second tour : « Dans cinq ans, le candidat socialiste à l'élection présidentielle, ce sera Ségolène Royal ! » Il faudra trois ans pour que la prédiction gagne les rédactions et, de concert, l'opinion.

A l'automne 2005, le PS est traumatisé. La victoire du « non » au référendum, conséquence inattendue de la campagne rebelle de Fabius, a créé une déchirure. A l'approche du congrès du Mans, Hollande s'attache à panser les plaies et restaurer l'unité menacée. Rôdent en coulisses les ombres des présidentiables naturels : Lang, Kouchner, DSK, Fabius, et l'omniprésence de l'éternel absent, Jospin. Le PS, plus que jamais, est sa propre caricature.

A mille lieues de cet épouvantail du passé, quelques pages de *Paris Match*, fin septembre 2005, vont esquisser un nouvel avenir en rose. C'est l'apparition cristalline de Ségolène, agenouillée sur les pelouses du Champ de Mars, gazouillant avec sa fille. C'est le début du conte de fées. Une photo rayonnante, bucolique et sereine, une sorte d'image pieuse socialiste.

Mais plus que le choc de la photo, c'est le poids des mots qui mettra le feu : « Si à un certain moment il s'avère que je suis la mieux placée, et donc que je suis sollicitée par le parti socialiste parce que je peux faire gagner mon camp, je le ferai. » Et pour qu'aucun doute ne subsiste, l'interview plante une épingle vaudoue dans le cœur de l'ancien : « Si, au bout du compte, c'est Lionel Jospin qui est le mieux placé, ce serait quand même pour notre génération le signe d'un rendez-vous manqué. » Pas un mot sur les autres prétendants socialistes, l'ingénue a déjà choisi son adversaire.

« Vous vous sentez capable de battre Sarkozy ? », lui demande-t-on pour conclure. « Oui, je m'en sens capable, lui ou un autre. » Les mots sont simples et naturels, loin de l'emphase habituelle des déclarations de candidature. Le propos est sans tabou, sans ambages, sans rhétorique. A démocratie directe, style direct. Un ton que l'on prend pour de la naïveté mais qui n'est que l'aspiration des attentes d'un peuple qui veut que celui qu'il va choisir pour mieux l'entendre et l'écouter parle comme lui.

Les éléphants ricanent et pensent tuer la jeune gazelle de quelques répliques machistes. Fabius : « Mais qui va s'occuper des enfants ? » Emmanuelli : « Je vais ajouter une cartouche dans le fusil de chasse. » Lang : « La présidentielle n'est pas un concours de beauté. » Passant à côté de la mutation sociétale de leurs pays, ils ne savent pas que c'est eux-mêmes qu'ils enterrent sous leurs sarcasmes d'un autre âge. Cette histoire qui commence de s'écrire, c'est leur histoire. Comment ne ferait elle pas boule de neige ?

C'est à la mi-décembre que *Le Nouvel Observateur* scellera l'inattendue percée. Le congrès socialiste du Mans s'est achevé à son habitude sur une synthèse aussi artificielle qu'incompréhensible. Le visage jocondesque de Ségolène surgira alors comme une évidence, et les militants commenceront à penser, sans encore se l'avouer, qu'elle est la seule à pouvoir « dégraisser le mammouth » qu'est leur parti devenu. Le destin, qui aime, lui aussi, les belles romances, va également jouer son rôle. Primé pour la « meilleure couverture de l'année », le magazine se voit offrir un affichage gratuit. Il aurait dû se faire la semaine précédente, mais a finalement dû être décalé. Il tombe le jour où la belle impétrante a les honneurs de la couve. Sur tous les murs de France fleurissent donc les portraits de la dame avec pour titre : « Et si c'était elle... ». Tout un programme.

Nouveau coup de chance : Jack Lang, trop débordé, doit annuler son voyage de soutien à la candidate socialiste chilienne, Michelle Bachelet. Le parti, sans trop y penser et parce que c'est une femme, délègue Ségolène. Certains égarés, au lieu de comprendre ce début de sacre, se gausseront de ses escarpins plantés dans la boue de Santiago. Erreur de vista. Alors que la grande famille socialiste se presse à Jarnac pour le dixième anniversaire de la mort de Mitterrand, Ségolène est ailleurs, absente et cependant omniprésente. Les éléphants se recueillent sur le passé, elle est aux côtés d'une future présidente. Une vivante contre un mort, une femme contre un homme, le nouveau monde contre l'ancien, les grands espaces internationaux contre le ciel gris de Charente : Ségolène, encore et encore, prend tout le monde à contre-pied. Elle écrit son histoire et le feuilleton ne fait que commencer. La Jeanne d'Arc du PS se fait madone des sondages et enchaîne en février avec une interview détonante au très conservateur *Financial Times*. De sa petite voix rebelle : « Je crois que Tony Blair a été caricaturé en France. Je n'ai pas honte de proclamer mon adhésion à certaines de ses idées. » Le Premier Ministre britannique est en difficulté sur ses terres, la gauche française, empêtrée sur les siennes, s'essaye à contourner les avancées de l'extrême gauche et de l'altermondialisme... Ségolène, impitoyable dans son « moi, c'est moi et le PS, c'est le PS », défend le modernisme centriste d'outre-Manche. Ses déclarations font, comme elle l'attendait, hurler en chœur la rue de Solférino. Naît alors l'autre constante de la campagne anti-royaliste : le soupçon d'illégitimité socialiste qui préfigure celui d'illégitimité présidentielle. Curieuse engeance que cette officine politicienne qui cherche à détruire sa meilleure arme plutôt que de faire feu sur son seul vrai adversaire : Nicolas Sarkozy.

Et voici que flotte sur cette campagne l'âme de Tonton. En 1971, Guy Mollet ne l'accusait-il pas de n'être pas socialiste, alors que c'est lui qui dessinait seul la ligne d'un socialisme à la fois moderne et rassurant, audacieux et protecteur ? « Mitterrand, c'est la mort du parti », rabâchait Guy Mollet... Ce n'était que la mort d'une certaine incarnation désuète d'un mouvement rejeté par ses électeurs, éliminé dès le premier tour de la présidentielle de 1969, voué à un déclin annoncé. Toute ressemblance avec un personnage ayant existé ou existant serait purement fictive !

Ségolène, loin de chercher l'apaisement après la tempête, va s'attaquer quelques semaines plus tard aux deux grands tabous du gouvernement Jospin. La sécurité, pour laquelle elle imagine pour les mineurs délinquants des « systèmes d'encadrement à dimension militaire ». Les 35 heures, qu'elle accuse d'avoir eu pour « contrepartie un spectaculaire assouplissement du droit du travail et une flexibilité accrue ».

La sécurité, c'est l'échec de Jospin et dans le même temps, la réussite de Sarkozy. S'y attaquer, c'est s'affranchir de l'héritage Lionel et défier le ministre de l'Intérieur sur son propre terrain, façon de dénoncer l'incapacité socialiste à se saisir de ce thème.

Les 35 heures, c'est la réussite de Jospin et de celle qui était alors sa ministre emblématique, prédestinée à un destin élyséen, Martine Aubry. Sur chaque thème, Ségolène crée l'événement, lance le débat, fait bouger les lignes et marque des points.

Les ralliements s'enchaînent au cours du printemps. Après quelques présidents de région autour de Michel Sapin et quelques figures locales comme Gérard Collomb, le maire de Lyon, c'est le raz-de-marée. La semaine du 6 avril, la madone des sondages réussit l'exploit de faire la couverture des quatre principaux hebdomadaires ! Ségolène ne joue avec les archaïsmes du parti que pour mieux maîtriser ses rouages internes et flatter ses militants. Le 30 avril dans le Pas-de-Calais, ici même où Jospin avait achevé sa campagne de 2002, elle assène : « Mon programme sera socialiste ! » La messe est dite.

Quand arrive juillet, le phénomène médiatique de l'automne dernier s'est fait phénomène politique. Les éléphants et leurs cornacs ne cessent de répéter que cet engouement ne passera pas l'été, que ce n'est que forme sans fond, que la réalité remettra à sa place le rêve : peine perdue. A l'applaudimètre, la photo volée de la sexy quinqua en bikini renverra à nouveau les sexas du parti à leurs rides, leur calvitie, leur embonpoint et leurs erreurs de jugement.

Quant à son dernier grand affrontement interne avant les primaires, Ségolène n'aura pas à le livrer. Lionel Jospin prépare depuis des mois son retour, il a multiplié les signes et n'attend qu'un appel du parti. Le PS restera aux abonnés absents, Ségolène occupe tout le terrain et, par là même, tous les esprits. Lionel Jospin devra rendre les gants avant le match, renforçant celle qu'il voulait abattre. Lang à son tour ayant négocié une reddition polie, ne restent en piste que DSK et Fabius. Ils auront beau jouer de la voix et des muscles, les jeux sont faits. Ni leurs réseaux tissés depuis trente ans, ni leurs impressionnants CV ministériels, ni leur faconde rodée par des lustres de meetings et d'interviews n'ébranleront l'indétrônable championne. C'est la preuve par le neuf que les vieilles pratiques politiciennes n'ont plus cours. A ceux qui en douteraient encore, le retour aux envoyeurs de la vidéo volée où Ségolène, non sans courage, s'attaque au temps de travail des profs, signera définitivement le changement d'époque.

Quelques 500 000 clics voyeurs visionneront dans les 48 heures les images, mais loin de salir leur émettrice, ils écarteront du podium ses adversaires un peu plus vite. Les histoires d'amour ne supportent pas la trahison. Les Français se sont énamourés de leur Royal future présidente. Tout contestataire malhonnête sera banni, toute filouterie décodée et dénoncée, toute attaque trop violente aussitôt méprisée.

Les Français attendent depuis la fin de leur romance mitterrandienne un nouveau *Sissi* politique. Les personnages sont désormais en place : la belle, ayant terrassé tous les machismes et les maniérismes de son bord, va affronter ceux de la droite. Le suspens ne fait que commencer, la série sera palpitante, les Français aimant les rebondissements mais exigeant une happy end. Ségolène part gagnante.

Cinquième chance (le choix de société)

Cinquième chance, la plus décisive. On ne vote ni pour un programme, ni pour un projet, mais pour un choix de société.

Un choix d'autant plus déterminant qu'il sera, comme je vous le disais en débutant ce livre, le premier depuis 1981. 1988 n'a été que la réélection du monarque, 1995 un simple choix d'homme : entre Balladur et Chirac, les Français ont opté pour le plus sympathique. 2002 les a privés de choix. Ils ne se laisseront pas frustrer une deuxième fois.

Prédire le futur président se résume donc à prédire l'avenir que se souhaitent nos compatriotes et pour ce faire, rien n'est mieux que décrypter le portrait-robot de leur président préféré. Une projection qui présume des valeurs sociétales qu'ils espèrent voir marquer le prochain quinquennat. Pour eux, le candidat idéal a fait des études supérieures et parle plusieurs langues. Il est quinqua, à l'image des autres leaders européens – anglais, allemand ou espagnol –, est de sexe féminin (21 %) de préférence au masculin (16 %), honnête, à l'écoute des autres, attentif à leur vie quotidienne, s'impliquant plus dans la vie nationale qu'internationale. Il est moderne, pétri d'idées neuves et porte des valeurs. Les sondés vont même jusqu'à préférer un président arbitre à un président leader. Brusque retour d'opinion : trois mois plus tôt, ils exigeaient l'inverse. Est-ce l'influence de la ségomania ?

Bien sûr, la Dame blanche devra dans les mois qui viennent, sans ne rien renier de sa démocratie participative, s'affirmer en chef de bande, pas en cheftaine. Main de fer dans un gant de velours démocratique. Mais le choix des Français se fera sur la capacité de leur futur président à comprendre leurs problèmes quotidiens (56 %). La capacité à bien représenter la France à l'étranger ne recueille que 17 % des critères.

Désolé pour la presse people, mais les Français affirment ne pas se préoccuper des sphères intimes de leur futur(e) président(e), ni de ses loisirs, de ses goûts culturels ou de son milieu d'origine. Ne leur importe que leur système de valeurs propres : l'honnêteté en premier, loin devant l'écoute, l'esprit de décision, l'intelligence ou la détermination. Aucune prévention contre les divorces ou les unions libres, seul handicap, l'homosexualité (majeur pour 22 %

des Français). Sanction prévisible aussi pour toute aventure extraconjugale (17 %).

Bref, on ne se mêle pas de la vie privée... à la condition qu'elle soit exemplaire.

Mais le plus surprenant est le virage à 180 degrés qui est en train de s'opérer. Nous assistons à un tsunami sociologique. Les Français, que l'on nous disait, sondage après sondage, mécontents de leur sort, déprimés, le moral en berne, ne sont plus ceux que vous croyez. Leur dernier check-up est révélateur.

— Première question : êtes-vous heureux ? La réponse est oui à 80 %.

— Deuxième question : pensez-vous que les Français sont heureux ? La réponse est non à 72 %.

Nous sommes en pleine schizophrénie, contents de notre sort mais si intoxiqués par les discours politiques et leur reprise médiatique que nous pensons la France en dépression nerveuse alors qu'elle est en attente de renouveau. Lorsque l'on fait réagir les panels à une liste de verbes révélant leurs envies, le résultat est à nouveau à l'opposé de nos croyances : apprendre, s'ouvrir, explorer les possibles, rencontrer, partager (traduction : un aveu de multicuriosité), embellir, ressentir, visiter, rêver, s'évader, souffler, se recharger, se faire du bien (un besoin de multisensorialité). De pessimisme à titre personnel, point.

Les temps électoraux sont toujours temps de changements sociétaux, temps d'hypersensibilité où remontent en surface nos espérances enfouies. La passion des engagements, l'hypermédiatisation politique, l'obligation d'une décision poussent tout citoyen à un audit des valeurs qu'il rêve de voir prendre le relais de ses déceptions et de ses rejets. Ainsi monte de l'inconscient de 40 millions de votants une nouvelle âme collective. Le présidentiable qui l'incarnera le mieux sera président. Appliquez donc à chaque personnalité en lice la liste des verbes espérés plus haut, vous disposerez d'un premier élément de réponse.

La chance capitale de Ségolène est de mieux coller aujourd'hui à ce portrait-robot. Mais est-ce une chance ou un meilleur décryptage des études ? « Le bilan annuel de la Sofres, je dévore ça ! », proclame la reine du peuple. Une reine élevée au lait des instituts de sondage qui, dès lors, n'a pas besoin de se travestir pour porter leurs conclusions. Elle est née de leurs entrailles.

Qu'en sera-t-il après 5 mois de fracas journalistiques, de prises de bec politiques, de réactions aux filouteries du net, de décorticage de ses propos, de trahisons possibles jusqu'à la dernière heure, de montée en puissance des trois minoritaires susceptibles de jouer les inattendus du premier tour : Le Pen, Hulot, Bayrou ? La bataille sera sans pitié, mais la Dame rose a un atout, son gilet pare-balles : elle est la porte-parole d'une société en devenir, mais dont elle sent le sang neuf couler dans ses propres veines. D'autant que les vertus qu'elle incarne ne se limitent pas, comme c'est l'usage lors des mutations, à une France de privilégiés faiseurs de mode. Elle a entamé, avec sa rupture à elle, qui est sociétale et non politique, la reconquête des couches populaires : Ségolène est la candidate d'en bas mais son aura ne se limite pas à cet électorat. Elle entraîne dans son sillage de renouveau et de modernité les jeunes femmes actives pour qui la parité a un sens. Et à la suite, les bobos, ces bourgeois bohèmes qui rêvent de changement. S'ensuivent les jeunes sensibles à la beauté physique mais aussi à celle de l'âme, cette pureté de Dame blanche qui leur redonne l'envie d'une politique enfin honnête, transparente, proche, à l'écoute. Et qui rêvent d'entrer sans réticence dans le jeu du participatif qu'elle leur propose.

Ultime chance, mais faut-il la rabâcher ?, Ségolène n'est pas un homme. Les Français, tous sexes confondus, jugent à raison la politique trop machiste et reprochent à ceux qui la conduisent de le faire à l'écart de la vraie vie, de préparer leurs décisions en toute obscurité et parfois obscurantisme, de ne penser qu'à leur carrière. Leur espoir est qu'avec une femme cela va changer, qu'elle sera plus en prise avec le concret. Moins de discours et plus d'actes, moins d'agressivité et plus de compassion, moins d'étatisme et plus d'évolution. Il suffit de suivre la Dame rose dans ses interventions régionales pour comprendre qu'elle a tout compris : pas d'estrade ni de fonds de scène, pas de prise de paroles qui ne soit concrète, inspirée de la vie quotidienne, axée autour de la famille et de l'éducation, dans un français populaire loin des effets de mots ou de manches. Une triple leçon d'humilité, de simplicité et d'efficacité. L'élection est l'ultime média, Ségolène en a fait un grand support populaire et interactif où chacun écrit son article. Et l'ensemble écrit une page nouvelle de notre histoire.

Sixième chance (l'interactivité)

Sixième chance, on vote pour soi, pas pour son candidat. Normal, nous avons en dix ans glissé d'une société de masse à une société de personnes. Chaque électeur attend la réponse à ses questions, non celle toute faite qui cherche à convaincre tout le monde et son père. Le maître du jeu sera donc celui, celle qui saura répondre aux espérances, cible par cible, ou mieux, personne par personne grâce à l'interactivité. Tout message politique est désormais pluriel. Le présidentiable le plus avancé dans la cyber-communication fera la différence. A ce titre, la ségosphère est un modèle du genre.

La légende raconte que le premier blog consacré à Ségolène est apparu dès le lendemain du 21 avril 2002. Même si l'on ne parlait alors pas encore de blogs, ce jour-là vit dans la grisaille du désarroi politique s'ouvrir la fenêtre de nouveaux horizons cyber-démocratiques. Les premières vibrations numériques de celle que personne ne voyait candidate firent peut-être leur apparition à ce moment-là, sans que nul n'y prenne garde. D'aucuns avanceront que c'est plutôt le cyber-activisme des partisans du « non » à l'Europe qui fut déterminant. Les deux versions sont plausibles. Ségolène en tout cas va se souvenir de la campagne du « non », s'en inspirer, s'en servir. Au début de l'année 2006, une trentaine de sites de soutien lui sont déjà dédiés, ils seront les fondateurs de la ségomania.

Aux Etats-Unis, John Kerry a montré la voie. Lors de l'élection présidentielle de 2004, il inaugura un usage intensif des nouveaux médias : mailings personnalisés, relances quotidiennes, mobilisation de réseaux relais, introduction de contacts directs entre le candidat et ses électeurs. Jamais dans une campagne américaine autant d'argent ne fut investi sur le net. Sur les 250 millions de dollars consacrés à la com (auxquels s'ajoutent les 70 millions d'organisation), près de 30 % furent affectés au cyber-marketing. Bush, légèrement plus modeste (210 millions de pub, 40 d'organisation), ne s'éloigna guère de la même répartition. C'est désormais un phénomène incontournable. Le Vatican lui-même n'est pas en reste : connaissez-vous la manière dont les journalistes furent prévenus de la mort du précédent souverain pontife ? par un texto : « Le Saint-Père est mort ce soir à 21 h 37 dans son appartement privé. » Le communiqué officiel n'a suivi que bien plus tard.

Chez nous, le phénomène n'avait pas échappé aux vieux de la vieille, DSK et Juppé en tête, mais ils le firent à la française : faible interactivité, propension à une inflation verbale, usage anecdotique de l'audio et de la vidéo, tout pour dégoûter l'internaute averti.

Ségolène ne se contentera pas de ce degré zéro de la politique en ligne. Coup de génie, elle va inverser l'ordre des priorités. Elle concevra son site non comme un média cosmétique venant enrichir un discours déjà formaté, mais comme le cœur de son projet politique. Pas une mode technologique mais un mode d'action politique, fondé sur l'échange horizontal entre les citoyens et leurs élus. La cyber-démocratie participative.

Le 8 février 2006 naît Désirs d'avenir. Sur un fond bleu brodé de légers nuages fugueurs, le site étonne et détonne par sa touche printanière, son élégance discrète. En un mot, il est le premier site politique féminin-féminin. Clair et simple d'accès, il oublie toute référence technologique : « Ecouter pour agir juste, telle est la raison pour laquelle j'ouvre ce forum », écrira en édito son auteur. « Dans un monde de plus en plus complexe mais aussi informé, chacun détient une part de vérité. » Le flux ne sera donc pas organisé sur le mode habituel de réponses du candidat aux questions des électeurs, mais en mécanisme inverse.

Révolution copernicienne de la politique : on remet l'électeur au centre du jeu. La mutation est théorisée autour du concept de « citoyens experts » : les gens savent mieux que les technocrates quels sont leurs besoins et leurs attentes, ils sont aussi légitimes que les politiques pour inventer un monde qui change. Nul désormais ne les dépossèdera de leur parole, de leurs choix, de leur voix.

C'est le citoyen qui s'exprime sur les sujets qui lui tiennent à cœur, c'est lui qui répond aux questions de sa championne, lui qui suggère les thèmes qu'il souhaite voir abordés, lui le rédacteur en chef. La candidate se contente de faire les synthèses des propositions qui lui sont faites.

Une fois encore, Ségolène tape juste. Sarko l'a compris, mais à sa manière, centralisatrice, donc hors jeu. Il agit selon la « tortue romaine ». Un site amiral sur lequel il garde la haute main, où tout blog, tout courriel est référencé, relu, évalué. Seuls ceux qui s'inscrivent dans la ligne du parti seront hébergés. Le petit César avance sur le net protégé par la carapace de son armée de censeurs en rangs serrés. La reine de la gauche, à l'inverse, se positionne en abeille de la cyber-ruche. Pas de plate-forme, pas de tri, chacun est libre d'aimer ou de critiquer, tout est publié et tout nourrit la Dame rose qui en fait son miel.

Le succès, immédiat, révèle une passion retrouvée pour le débat politique. Début avril, le site s'est déjà enrichi de 6 500 contributions, le chiffre doublera dans le mois. Début mai, il compte 1,6 million de pages vues. Avec un investissement initial de 25 000 €, la rentabilité est optimale ! Chaque jour, entre 5 000 et 50 000 internautes, suivant l'actualité, se connectent, et 35 000 sont abonnés à la lettre d'information que leur adresse personnellement la candidate chaque semaine. Le tout avec le seul concours de 4 permanents, auxquels se joindront une quarantaine de bénévoles. On comprend que l'inutile pléthore des permanents du parti ait vu rouge.

A nouveau, persiflages et lazzis salueront ce que bien peu de politiques pensent être la nouvelle com. Le net est plus qu'un média, un nouveau moyen d'être, de communiquer, de s'informer, de consommer, de voter : un nouveau cerveau.

Cyber-Ségo, la première de sa caste, a compris que la révolution de l'interactivité pouvait être un mode de communication. Elle en fait le point de rencontre virtuel et physique de ses fans dispersés à travers la France. A mi-chemin entre les traditionnelles réunions de section et les fameuses réunions Tupperware. Désormais, le site sert de référence aux 480 comités locaux de Désirs d'avenir qui se rencontrent, se structurent, s'organisent, se cybérisent. Un réseau parallèle à celui du PS, essaimant sur tout le territoire, capable de mobiliser en quelques heures les milliers d'internautes royalistes, qui seront autant de relais d'opinion relayant le message.

Le site fabusien se contentera d'être un simple relais d'information, et le strauss-kahnien, pourtant le pionnier de cette nouvelle infoterre électorale, restera un site voyeur et persifleur. Ségolène lui répondra d'un site, « Poubelle des primaires », collectant les insultes, basses manœuvres et entourloupes de ses « camarades ».

Autant d'atteintes à l'esprit citoyen du moment, qui rêve de débats mais pas d'empoignades, de coups d'éclat mais pas de coups bas, d'idées et non d'insultes.

Reste à s'interroger sur les destins possibles des cyber-outils politiques. La machine à informer se transforme d'un clic en machine à désinformer. Tout intervenant peut à loisir jouer les coupeurs de têtes. Finira-t-on par ne plus pouvoir distinguer le vrai du faux, la paille du grain ? Comment oublier que le Sénateur républicain de Virginie, Georges

Allen, a été forcé de démissionner pour la seule diffusion sur le net de quelques images où il traitait de macaque un vidéaste démocrate d'origine indienne ? Le flagrant délit cyber pourrait bien devenir la nouvelle guillotine de l'info : aux Etats-Unis, des caméramen mal intentionnés suivent désormais les candidats à chaque heure du jour et de la nuit, dans l'attente d'un dérapage, d'une gaffe ou d'une image désobligeante à diffuser aussitôt

Quelle sera la réaction citoyenne des électeurs ? Le flop de la vidéo anti-Ségolène diffusée à l'automne 2006 augure du meilleur. L'internaute a joué les voyeurs sans se laisser influencer, il a décrypté et fustigé le pompier incendiaire. Mais lorsque l'échéance se rapprochera, le ton montera, les passions s'enflammeront, les mots dépasseront la pensée. C'est notre façon latine de pratiquer la *res publica*. Qu'en sera-t-il de cette cyber-pureté au moins d'avril ?

Septième chance (la Mitterrande)

La dernière chance de la Dame rose est en filigrane de toutes ces pages. Les Français aiment les histoires d'amour mais aussi leur Histoire. N'est-ce pas la recette de la plupart de nos feuilletons télé à succès ?

Ségolène, c'est Mitterrand 2. Elle lui doit sa carrière, son éducation politique, ses recettes à succès, ses amitiés, ses ralliements, son courage, son entêtement. Pour son dernier grand meeting du pré-campagne, à Toulouse, l'aspirante à la présidence conclura par un « Bonsoir Toulouse, Bonjour La France », ces mots mêmes que le Président candidat de la gauche avait prononcés ici pour son ultime rassemblement électoral.

Plus ira cette campagne, plus les Français se sentiront et retrouveront ce parfum mitterrandien qu'ils ont détesté ou aimé, mais qui les a marqués au cœur. François Mitterrand n'est-il pas, juste après de Gaulle, le Président préféré des Français ? Ségolène est sa fille politique, Nicolas n'est que le fils adultérin de Balladur et de Chirac. Cette hérédité fera-t-elle rêver les Français ?

Comme François Mitterrand, Ségolène réconcilie dans sa personne la France de gauche et la France de droite : elle les incarne tour à tour, sachant se faire traditionnelle ou moderne, mère de famille ou féministe, autoritaire ou enjôleuse, prudente ou intrépide, iconoclaste ou protectrice.

Le combat va se jouer là, puisqu'il est choix de société, il sera le choix aussi de ses parrains. Voudrons-nous une France de gauche ou une France de droite ? Les politologues se plaisent à répéter que droite et gauche sont des mots vides de sens à force d'avoir trop servi. Foutaise : notre histoire de France s'est toujours écrite ainsi, et le renouveau annoncé ne se fera pas en oubliant nos racines. « Vous avez fait un acte révolutionnaire », clamera Ségolène le jour de son investiture. Elle traduit, à son habitude, en mots simples, l'état de l'opinion. Les Français ne veulent pas de rupture, fut-elle rebaptisée « tranquille [1] », mais une révolution de la pensée et de l'action politique. L'unique façon de changer les têtes et les mœurs d'une espèce politique en voie de disparition.

Entrez, entrez, le spectacle va commencer. Rien n'est joué. Que mes rodomontades et mes fausses certitudes ne vous fassent pas croire à un match déjà plié. Je ne sais que m'enflammer pour les causes que je défends, et ce jusqu'à me brûler les ailes à force de trop en dire, de trop en faire. Que voulez-vous, je ne suis pas publicitaire par hasard. Je vais le rester en cherchant une dernière fois à prédire ce qui ne m'appartient pas, l'avenir : ce vote sera un vote d'amour et pas de raison, même si celle-ci y jouera aussi son rôle.

---

1. L'héritage mitterrandien est décidément une valeur en hausse : après Sarkozy et sa « rupture tranquille », Bayrou s'est mis lui aussi à pasticher le candidat de 1981 avec un « La France de toutes nos forces », qui n'est qu'une pâle copie du « De toutes les forces de la France », autre slogan mitterrandien.

Au fil des dernières décennies, l'acte de vote est devenu acte de consommation. Même mise en avant, même course à la notoriété, même danse nuptiale devant les médias, même conquête de parts de voix. L'enjeu n'est en rien comparable mais, toute hypocrisie rentrée, la technique d'approche du conso-électeur reste la même. La consommation, si on la réduit à sa plus simple expression, se résume à deux vases communicants. L'un symbolise la confiance, l'autre le désir. Le choix va toujours à l'offre qui témoigne de la meilleure synthèse des deux. Sarkozy s'est imposé par la confiance, « je dis, je fais, je prouve ». Son poste de ministre de l'Intérieur ne faisant qu'ajouter de l'eau à son moulin tournant aux vents de l'activisme et du pragmatisme. Quelle erreur de trop prolonger son séjour place Beauvau. Le flic des flics n'a rien pour inspirer l'amour. Trop de confiance annihile le désir, les aventures de superflic ne sont pas la *love story* que souhaitent voir les Français.

Ségolène, dans son éclosion de femme-fleur de la politique, est née du désir. D'où cette fulgurante célébrité, plus proche du *star system* que de la realpolitik. On s'est mis à l'aimer avant de la connaître, l'image l'emportant sur la réalité. On pourrait croire que cette porte d'entrée sera à son désavantage. Nullement. Passer de la confiance à l'amour est une démarche incertaine, les sentiments ne se commandent pas. Le saut du désir à la confiance n'est, lui, qu'affaire de persuasion. Que le projet de Ségolène, sa posture, son entourage, ses prises de position, ses idées convainquent et elle sera présidente. Car déjà une autre Ségo est en train d'apparaître, celle qui tient tête sans donner de coups de tête, celle qui dure sans lasser, celle qui sème sans asséner, celle qui affirme au soir de son triomphe : « Je ne changerai pas. »

Facile à dire et si difficile à faire. Le pouvoir, et d'abord sa conquête, est un poison. Plus encore pour elle, qui n'est pas vaccinée par les intrigues de palais, les trahisons d'amis de trente ans, les coups de boutoir de l'actualité, le maniement des hommes. Ségolène est-elle prête, alors que Sarkozy l'est depuis toujours ? (Il ne faudrait pas que chacune de ses sorties s'achève en polémique. Un Liban, ça va, trois Liban, bonjour les dégâts !) Reste la question à un million d'euros : les Français cèderont-ils plus à la confiance qu'au désir ?

A Sarko, ils confèrent la stature d'un président et lui attribuent en majorité autorité, courage, expérience et vision de l'avenir, connaissance des dossiers difficiles, aptitude à prendre les décisions, capacité à faire face à une crise internationale ou à faire respecter l'autorité d'Etat.

Autant de valeurs viriles, alors qu'à l'opposé Ségolène accapare toutes les valeurs féminines : écoute, dialogue, refus de passage en force, capacité à éviter les traumatismes, capacité d'écoute, aptitude à comprendre, à pratiquer la concertation ou à présenter l'unité des Français.

Deux mondes à l'opposé. Le résultat du scrutin dépendra de l'envie des Français de rompre avec les règles qui les dirigent depuis que la politique existe, ou au contraire de s'engager dans un mode de vie et de pensée fait de partage, de respect, d'échange, d'union.

François Mitterrand m'a donné, un jour de confidence, la plus juste définition de ce temps suspendu : « Est élu l'homme [je rajoute la femme] qui raconte à son peuple l'histoire qu'il a envie d'entendre à ce moment donné de son Histoire. A l'expresse condition d'en être le héros [j'ajoute donc l'héroïne] crédible. »

Tout se livre se résume à cette simple phrase.

Quant à mon mentor, il doit rire dans sa tombe, de voir que pour résister à la déferlante royaliste, le héros de la droite n'a pas trouvé mieux que lui voler son concept. La « rupture tranquille » a du souci à se faire. Il faut en 2007 témoigner d'un peu plus de créativité pour séduire les Français. D'autant que le slogan qu'incarne Sarkozy, c'est « Votez pour moi », celui de Ségolène « Votez pour vous ». Comment ne serait-elle pas la présidente d'une France désormais participative ?

Pourquoi Nicolas Sarkozy en 2007 ?

par Thierry Saussez

Il y a 20 ans encore, nous étions dans la société du *ou*. Nos choix binaires étaient ancrés dans les origines sociales ou idéologiques. On était de gauche ou de droite, pour l'ordre ou le mouvement, la fermeté ou la justice. L'insertion professionnelle était dans la logique du « marche ou crève ». On trouvait un métier, puis on s'occupait de soi et on fondait un foyer. On avait un conjoint et une famille pour la vie. Cette société était stable, enracinée, cohérente. Nous sommes aujourd'hui dans la société du *et*. Les jeunes veulent un job, des revenus et des loisirs. Les clients veulent et le prix et la qualité et le service. Les citoyens veulent l'ordre et le mouvement, la fermeté et la justice. Les attentes sont instantanées, multiples, contradictoires. On réserve moins dans les restaurants, on fragmente ses vacances en décidant au dernier moment, les familles se recomposent. La société est instable, fluide, mobile, zappeuse, à la télévision comme dans les urnes et la consommation.

Dans la société du *ou*, nous pouvions faire des prévisions. Dans la société du *et*, il faut se contenter de faire des pronostics. Le contexte spécifique de cette élection incite plus spécialement encore à la prudence. Sur le plan de la stricte analyse électorale, après trois échecs successifs du pouvoir aux élections cantonales et régionales, et lors du référendum sur la Constitution européenne, la gauche devrait mécaniquement l'emporter. Néanmoins, le rapport des forces illustré par les sondages d'opinion sur le premier tour de la présidentielle (il est trop tôt pour donner de la crédibilité aux projections de second tour) est, sur la moyenne des derniers mois, assez favorable à Nicolas Sarkozy. Il faut donc aller plus loin pour tenter d'y voir clair.

Une chose est sûre, avec Ségolène Royal et Nicolas Sarkozy, l'affiche est belle, le match sera sportif. Je crois que les sondages sont valides lorsqu'ils annoncent une polarisation autour de ces deux personnalités. Plusieurs signes ne trompent pas : une forte attente d'une nouvelle pratique politique et d'un changement de génération, un intérêt pour la compétition nettement supérieur à celui de 2002 qui traduit des enjeux forts. Cette polarisation limite les risques de fragmentation, l'audience des autres candidats et même, pour certains, leur capacité à recueillir les 500 signatures d'élus. Une telle perspective est à l'opposé des sombres prophéties d'Emmanuel Todd, sociologue et démographe, qui déclare : « Les deux grands partis n'intéressent plus personne », et annonce un triomphe du Front national. On a connu le théoricien de la fracture sociale mieux inspiré que dans cet exercice de dénigrement des partis républicains.

Je n'entends en aucun cas sous-estimer Ségolène Royal. Elle vient de faire en un an un parcours éblouissant, en renvoyant au magasin des accessoires quelques-uns des leaders les plus expérimentés et les plus talentueux de la gauche. Elle dispose de plusieurs clés qui viennent d'être définies comme les commandements de « l'élysible ». Sa stratégie s'est révélée implacable. Son équipe rapprochée est compétente. La machine du parti socialiste est rodée. Elle a le talent de la communication.

Pourtant, je ne crois pas que Ségolène Royal sera élue. Il faut être attentif, je l'ai déjà évoqué, à la différence fondamentale entre les deux étapes d'une élection présidentielle. Nous venons de vivre la phase de préqualification des candidatures. C'est le tour de chauffe. L'image domine. L'opinion exprime sa sympathie. Les sondages traduisent une popularité. Nous entrerons bientôt dans la seconde phase, la vraie campagne. Petit à petit, nous passerons de l'expression d'une opinion à un comportement de vote, de la popularité à l'adhésion. L'implication du citoyen n'est évidemment pas de même nature quand il répond à un sondage, à six mois d'une élection, que lorsqu'il met son bulletin dans l'urne. De nombreux électeurs ne vont plus seulement avoir à dire s'ils aiment ou non tel ou tel candidat mais à s'impliquer, à se poser des questions, à prendre en compte toutes les données du débat, à confronter non plus seulement les personnes mais les enjeux, les parcours, les projets, la capacité à faire campagne. C'est le fameux moment de la cristallisation quand tous les facteurs interagissent entre eux et que s'opère alors cette mystérieuse alchimie que j'ai évoquée à plusieurs reprises. De nombreux électeurs vont même adhérer à des propositions qui ne sont pas populaires, qui impliquent des efforts personnels et des remises en cause collectives, ce qui manifeste clairement la différence entre popularité et adhésion.

Ségolène Royal ne sera pas élue car, selon moi, ce qui a fait son succès dans la pré-campagne va constituer ses faiblesses lors de la campagne électorale elle-même.

Toutes les prises de l'Elysée se sont d'abord gagnées sur la capacité à rassembler son camp puis à élargir sa base électorale. La candidate socialiste a d'emblée joué le troisième tour en faisant l'impasse sur sa désignation par les militants socialistes et le premier tour de l'élection présidentielle. Ce volontarisme politique lui a permis de se singulariser par rapport à ses rivaux du parti mais rudoie les valeurs traditionnelles de la gauche, sans même parler de l'extrême gauche. Ses thèmes sont une contrefaçon de ceux de Nicolas Sarkozy qu'elle cherche à déborder sur sa droite, de l'ordre juste à la carte scolaire, de « l'encadrement militaire » des jeunes primo-délinquants aux défauts des 35 heures, du zéro tolérance aux « familles à mettre au carré ». On aurait là l'explication du magnifique lapsus de François Hollande lors de l'investiture officielle de Ségolène Royal par le parti socialiste, le 26 novembre 2006, lorsqu'il a déclaré : « Nous allons battre la gauche. » Ce volontarisme politique tend à transformer violemment le parti socialiste en parti démocrate sur le modèle américain. Le débat idéologique encore vif chez les socialistes, vieux parti historique, structuré, exigeant, devrait ainsi s'effacer, comme par enchantement, devant la primauté du leader charismatique et de ses talents médiatiques. Ce volontarisme politique, enfin, s'est exprimé dans le cadre d'une communication parfaitement maîtrisée et contrôlée, ce qui ne sera plus possible dans le marathon électoral lorsque s'exprime une concurrence directe et permanente. Il ne sera plus question à ce niveau, comme nous l'avons connu entre Ségolène Royal, Dominique Strauss-Kahn et Laurent Fabius, de cette communication réduite à des monologues qui s'entrecroisent de temps à autre. Ce sera un vrai débat, au quotidien, durant plusieurs semaines. Aucun président n'a jamais été élu, en tout cas depuis le général de Gaulle, sans être capable de l'affronter.

J'ai observé toutes les interventions publiques de Ségolène Royal depuis six mois. Par-delà l'effet de mode, un caractère trempé, une réelle capacité de communiquer, apparaît plus qu'une fragilité, une faille. Elle n'aime pas être contredite, ne supporte pas d'être interrompue ou même relancée. Le sourire se crispe. La belle image se fissure. Sa concentration se dilue. L'argumentation visiblement très travaillée perd de sa force. Il manque alors quelque chose pour assurer le rebond qui peut être l'instinct, l'expérience ou la densité.

Nicolas Sarkozy devrait être élu car il est celui qui répond le mieux à l'ensemble des critères de « l'élysible ». Depuis cinq ans déjà, il développe la stratégie la plus claire de tous les présidentiables avec une petite équipe compétente et opérationnelle. Il dispose d'une machine politique performante et acquise à sa cause. Il est le meilleur généraliste de sa génération en matière de communication, de la connaissance des dossiers à la conception de propositions, du discours à la pratique du débat télévisé ou contradictoire.

Ce parcours de cinq années constitue une différence de taille avec celui de Ségolène Royal. Aucun spécialiste de l'opinion n'aurait l'idée de comparer une crédibilité construite dans la durée, y compris au milieu des difficultés, avec une image attirante mais d'affirmation récente. Certes, Alain Duhamel, comme pour se rattraper d'avoir ignoré Ségolène Royal dans son livre sur les prétendants paru en 2006, les met sur le même plan : celui de la démocratie d'opinion, celui de « l'éphémère, du sentiment et des passions ». On a même vu de doctes professeurs ou des rivaux de la candidate socialiste évoquer une certaine forme de populisme dans la volonté d'impliquer l'opinion, voire de la séduire. Voilà pourtant quinze ans que nous avons annoncé la fin de la démocratie représentative, la volonté de l'opinion d'être prise en compte pas seulement entre deux élections, au travers des médias ou via les sondages. Il faut donc communiquer, écouter les Français, les prendre à témoin, les associer en permanence et même les placer devant leurs responsabilités à l'égard des changements et des réformes nécessaires. On risque, sinon, l'immobilisme ou le conflit permanent.

A propos du populisme, il ne faut pas utiliser n'importe quel concept à n'importe quel moment. C'est la meilleure façon de banaliser l'inacceptable. J'ai écrit en 1992 un livre intitulé *Tapie-Le Pen, les jumeaux du populisme*, et j'ai été le premier à définir la panoplie complète du populisme contemporain, c'est-à-dire médiatico-politique. Cette panoplie comprend notamment la revendication des origines modestes qui permet de s'affirmer comme le porte-parole des exclus, la violence pour amie et la justice pour compagne, la révolte contre l'establishment et les élites qui confisquent le pouvoir, la mythomanie du sauveur suprême avec le marketing du bonheur, de la gagne, ou celui du malheur avec l'invasion étrangère qui nous menace, la volonté de mimer le peuple dans ses pires crédulités plutôt que de l'élever et de l'entraîner. On le voit, Nicolas Sarkozy et Ségolène Royal sont bien loin de cette définition même si, il est vrai, certaines formulations de la candidate socialiste comme celle reprise à Le Pen, « mes idées sont les vôtres », ou le projet des « jurys citoyens », qui est un acte de défiance à l'égard des élus, peuvent prêter à confusion.

Nicolas Sarkozy a les qualités du leadership attendues par les Français, l'autorité, la force, la puissance, l'énergie, le rayonnement. Il est devenu un homme marque. Plusieurs thèmes comme la sécurité ou la maîtrise de l'immigration correspondant à des priorités actuelles des Français lui sont spontanément et majoritairement attribuées par l'opinion. Toutes les analyses confortent le point de vue de Jérôme Sainte-Marie de BVA dans son ouvrage *Un fauteuil pour 10*[1], selon lequel les critiques contre Nicolas Sarkozy sur ces deux thèmes « placent la campagne sur un terrain défavorable à la gauche » et « crédibilisent le discours de ses adversaires ». Cela est notamment vrai des attaques personnelles à l'occasion de faits divers comme l'incendie d'un bus à Marseille dans lequel une jeune étudiante a été brûlée vive, polémiques assez indignes au moment même où elle était entre la vie et la mort.

On retrouve ici les risques pris en toute connaissance de cause par Ségolène Royal. Elle sait qu'elle doit, elle aussi, incarner ce leadership, cette autorité. Elle s'en est servi pour s'imposer face à ses concurrents socialistes. Mais en se plaçant délibérément sur le terrain de son principal adversaire, elle surestime sa crédibilité personnelle, décontenance une partie de son électorat potentiel, renforce Nicolas Sarkozy sur des compétences qui lui sont attribuées par les Français.

Ségolène Royal ne s'est pas seulement inspirée de Nicolas Sarkozy au niveau des thèmes mais également pour ce qui concerne le style. Dès 2004, à partir de l'exemple de Nicolas Sarkozy, j'ai défini le style en politique comme la marque de ceux qui multiplient les initiatives, font bouger les choses,

1. Editions de l'Archipel, 2006.

évoluer les mentalités, n'hésitent pas à « mettre les pieds dans le plat », se placent constamment, y compris en créant des polémiques, au cœur de l'actualité et au centre du jeu politique. Le « petit Nicolas » devient « speedy ». « Dormez tranquille, Sarko veille » titre *Le Parisien* tandis que *Libération* annonce « Super-Sarko à la rescousse ». Face au doute et au scepticisme ambiant, le style signe le grand retour du politique sur le mode « on dit, on montre, on fait ». C'est l'idée que la politique peut encore servir à quelque chose, c'est la production de solutions concrètes aux problèmes quotidiens des Français, la culture du résultat qui s'impose à l'action publique.

Le psychanalyste Jacques-Alain Miller a très bien décrypté, dans *Le Nouvel Observateur*, cette nouvelle pratique politique : « On ne renvoie pas à plus tard, on déclare un objectif, on se fixe un délai, on met les mains dans le cambouis. En cas d'échec, on promet de se faire hara-kiri. C'est la course contre la montre, contre la mort. Le spectacle est sans filet... Il parle, il bouge, il argumente comme jamais. La gestuelle, le discours, tout est neuf. » Ce style est en rupture avec l'ordre ancien, la pratique habituelle du notable qui fait avec le temps et observe les choses de loin : distance, condescendance, arrogance.

Cette surexposition permanente dément toutes les analyses classiques. Celle de Régis Debray : « Ce qui atteste sa présence dévalue son autorité. » Celle de Jacques Séguéla : « Plus on entend une marque s'exprimer, plus on est enclin à l'acheter. Plus on la consomme, plus on l'aime. Plus on voit un homme politique, moins on a envie de le regarder. Plus on le consomme, moins on l'aime. » Sans doute la percée éclair et très médiatisée de Ségolène Royal conduira-t-elle Jacques Séguéla à atténuer son jugement. C'est bien le style qui entraîne aujourd'hui l'approbation des Français, comme un coup de chapeau à ceux qui sont capables de libérer une telle énergie, y compris de la part de citoyens qui ne sont pas d'accord sur tout.

En lisant ces lignes, on conviendra que Ségolène Royal, dans les attitudes, les concepts, la méthode a, en partie, calqué sa démarche sur celle de Nicolas Sarkozy, mais avec une différence de taille. Elle n'a pas produit de solutions puisqu'elle n'était pas aux manettes. Elle est dans l'ordre du discours, de la promesse et non de l'action.

Nicolas Sarkozy n'a pas voulu s'enfermer dans l'image du « premier flic de France ». Son passage même éclair à Bercy, ses grands discours programmatiques, les innombrables conventions de l'UMP ont balayé la plupart des sujets du débat public et réactualisé les valeurs du travail, du mérite et de l'effort. Dès 2004, dans son éditorial du 30 novembre, *Le Monde* relevait que le ministre de l'Intérieur entendait « réarmer la droite idéologiquement, lui redonner un corps de doctrine et la décomplexer ».

Cette fierté et cette identité, cette volonté d'engagement et cette capacité de gagner ont effectivement été données par Nicolas Sarkozy à la droite républicaine. Elle est la condition du succès au premier tour. Ségolène Royal aussi a rendu la fierté aux électeurs socialistes. C'est bien pourquoi elle a gagné aussi brillamment la primaire. Mais elle n'a pas tranché la question de l'identité entre le grand soir encore attendu par les uns et la social-démocratie à la Blair ou à la Schröder privilégiée par les autres. Cette question lancinante porte en germe la division des leaders et la démobilisation de l'électorat qui a conduit à la catastrophe du 21 avril 2002.

En redonnant préalablement, contrairement à Ségolène Royal, une identité à sa base électorale, Nicolas Sarkozy obtient les marges de manœuvre pour lui faire accepter des décisions ou des positions pouvant être jugées iconoclastes, comme la suppression de la double peine ou l'organisation du culte musulman. Il poursuivra ainsi durant la campagne présidentielle, par exemple sur le droit de vote des étrangers aux élections locales.

Tout candidat est en effet confronté à la question des paradoxes. Au premier tour, il faut rassembler sa famille sans exclure ni mépriser les autres électeurs, notamment les hésitants et les indécis, de façon à préserver sa capacité à rassembler au second tour une majorité de Français.

L'expérience dans la durée a démontré l'aptitude de Nicolas Sarkozy à gérer ces paradoxes, le moindre d'entre eux n'étant pas d'avoir réussi à exercer le pouvoir, afin de s'appuyer sur des résultats, tout en étant suffisamment autonome pour incarner le changement.

Paradoxe encore, le prochain président est attendu à la fois pour sa stature personnelle et sa proximité avec les Français.

La stature s'acquiert par tout ce qui est fort, puissant, par l'importance des responsabilités exercées, les grandes audiences télévisées, les discours qui marquent, les sommets et rencontres internationales, etc.

La proximité s'entend à la fois par rapport aux préoccupations des Français et dans l'aptitude à les écouter, les comprendre, les aimer.

La stature crédibilise le chef mais isole, éloigne, alors que la proximité, au contraire, rapproche mais banalise.

Sur le plan de la stature, de la « présidentiabilité », toutes les études le confirment, Nicolas Sarkozy, du fait notamment des fonctions de premier plan qu'il a exercées, a une confortable avance sur Ségolène Royal. Cela va de la connaissance des dossiers à la capacité de prendre des décisions difficiles ou de faire face à une crise internationale. La candidate socialiste a voyagé ces derniers mois à la recherche d'une carrure internationale, mais le temps lui est compté pour rattraper son retard, ce qui la conduit à prendre des risques. Ainsi, début décembre, en pleine poudrière libanaise, à vouloir écouter tout le monde y compris les extrémistes, elle s'est pris les pieds dans le tapis du Hezbollah.

La rencontre entre Nicolas Sarkozy et George Bush s'est inscrite dans cette stratégie. Le professionnel de la communication sait que tout geste significatif produit des gains et des pertes. Dans le cas qui nous intéresse et du fait de la mauvaise image de Bush, la perte existe sans doute mais elle est marginale. Les enjeux de politique étrangère sont en effet faibles dans les motivations électorales. Le gain en matière de stature est réel. Le ministre s'est fait entendre du président des Etats-Unis. Nicolas Sarkozy connaissait parfaitement les risques d'alimenter le cliché de « Sarko, l'Américain ». Il les a assumés. C'est sa part de liberté à l'égard des préventions et des précautions d'usage.

Au niveau de la proximité, la situation est plus contrastée. Par rapport à ce que l'on a coutume d'appeler les vrais problèmes des Français, c'est-à-dire les priorités définies par l'opinion à la veille de chaque campagne, la sécurité et l'immigration entre autres, Nicolas Sarkozy a plutôt l'avantage. Sur le plan des qualités humaines, l'écoute, la concertation, la volonté de préserver l'unité des Français, Ségolène Royal l'emporte. C'est un avantage évident, toute la question étant de savoir si une campagne électorale n'est pas plus propice à se rapprocher des Français qu'à gagner en crédibilité.

Le principal défi de Nicolas Sarkozy est donc maintenant de gagner en proximité, en simplicité, en humanité. Il est vrai que l'exercice du pouvoir, la fonction répressive du ministre de l'Intérieur, les portes qui claquent, la sécurité omniprésente créent de la précipitation et de la tension. Cette image « dure » a été renforcée par les déclarations volontaires du ministre sur le nettoyage au Kärcher, la racaille, le laxisme des juges, etc. Elle est amplifiée par les nombreux projets de réforme qui peuvent représenter des contraintes objectives pour beaucoup de Français.

Il n'est donc pas étonnant que Nicolas Sarkozy inquiète. Mais on est là encore dans le paradoxe. Cette nécessité de nous remettre en cause est la principale motivation de vote de ses électeurs. On ne peut pas représenter, sans inquiéter, une alternative non pas à une majorité ou à un gouvernement dont il fait partie, mais à une pratique politique jugée défaillante par une majorité de Français. Raison de plus pour Nicolas Sarkozy d'adoucir son image, de se rapprocher des Français, de prendre son temps et même d'apprendre à en perdre, de quitter lorsqu'il sera désigné candidat de l'UMP ses fonctions ministérielles pour se consacrer exclusivement, partout sur le terrain, simplement et directement, à écouter, à dialoguer, à s'incarner physiquement au travers des réalités de la France multiple et diverse. Il a d'ailleurs déjà commencé à le faire dans le Finistère avec les marins pêcheurs, en Lozère avec les agriculteurs, dans le Maine-et-Loire au milieu de jeunes apprentis.

Toute déclaration de candidature a une portée symbolique et donne la couleur de la campagne qui s'ouvre. Ce n'est donc pas un hasard si Nicolas Sarkozy a décidé de placer la sienne sous le double signe de la proximité et de la puissance. Les journaux locaux sont, par essence, les médias les plus proches des Français. C'est par une interview dans plusieurs dizaines de titres de la presse départementale et régionale que Nicolas Sarkozy a d'abord confirmé, le jeudi 30 novembre 2006 au matin, sa candidature. Les grandes émissions de télévision offrent à la fois la puissance de l'audience nationale et une tribune pour s'expliquer en profondeur. C'est le soir, sur France 2, dans le cadre du magazine « A vous de juger », qu'il a précisé ses motivations, mis en perspective ses projets, capitalisé sur sa connaissance des dossiers.

Déterminé mais ouvert, souriant souvent, Nicolas Sarkozy a visiblement voulu sécuriser le changement, cette rupture tranquille qu'il annonce, incarner le concept central de sa campagne « confiance et respect ». Chacun sait qu'il n'est jamais simple de canaliser ses forces. On est toujours tenté de pousser son avantage. Nicolas Sarkozy a cette passion d'argumenter qui passe parfois, d'autant plus, pour de l'agressivité qu'il l'exprime brillamment. Ce soir-là, avec calme et sérénité, il a dialogué avec les journalistes, les experts, les Français. Parfaitement courtois avec celle qu'il refuse de désigner comme son adversaire, il a même défendu Ségolène Royal face aux accusations de populisme portées à son encontre. Selon un sondage « Opinion-way », publié le samedi suivant par le Figaro, 70 % des cinq millions de Français ayant suivi l'émission ont trouvé Nicolas Sarkozy convaincant. Une jolie performance après ces trois heures d'antenne durant lesquelles il lui a fallu, en direct, écouter, répondre, dialoguer. On se demande aussitôt comment Ségolène Royal passera de la communication parfaitement contrôlée, dont j'ai parlé précédemment, à ce type d'épreuve, sans filet, du feu roulant des questions et des objections.

Au moment même où j'écris ces lignes, Ségolène Royal est justement à la télévision. Et soudain, je l'avoue, le trouble m'envahit. Elle est là, tout de blanc vêtue, comme une icône. Un ange passe, plus exactement une « télévangéliste », comme l'écrit Marc Lambron dans un livre[1] consacré à celle qui défie tous les canons socialistes et multiplie les messages bibliques : « gravir la montagne, « la force d'y croire », « le miracle » et, bien sûr, « l'ordre juste » repris à Benoît XVI. Je la revois, au lendemain de son triomphe au parti socialiste, mettant en scène son arrivée à sa permanence de Melle dans les Deux-Sèvres, seule, à pied, timide, comme effarée par son destin. Je me remémore les pseudo-débats avec ses concurrents socialistes, sa mise en avant de sa présidence de la région Poitou-Charentes, comme un modèle, avec comme argument la défense du chabichou qui conduira des chercheurs de Sciences-Po à écrire, sans plaisanter, dans *Libération*, « qu'elle avait peut-être posé là le premier jalon de sa campagne ». Je l'entends encore au Grand Jury RTL-*Le Monde* ne pas répondre aux questions précises de Jean-Michel Apathie sur les entreprises, l'économie, les impôts, la dette, enfilant les perles sur la croissance qui résoudra

1. *Mignonne, allons voir*, Grasset, 2006.

tout, sans jamais esquisser la moindre mesure un peu concrète.

Je réfléchis, je m'exprime, j'écris depuis 1990 sur l'image, l'opinion, les médias. J'ai dit comment, durant cette décennie la télévision avait envahi notre vie, influencé nos opinions et nos comportements, mis la politique sous tutelle. La preuve de l'existence du politique s'est jouée sur le petit écran puisque la vraie vie, celle des sentiments et des émotions partagées, était ce que l'on pouvait voir à la télévision. Mais j'ai défini, ces dernières années, les limites de la mise en conformité du comportement d'une personnalité publique avec les attentes supposées de l'audience. J'ai perçu la volonté d'un Nicolas Sarkozy de ne pas s'enfermer dans une image médiatique léchée et aseptisée. Je l'ai vu affirmer qu'une offre publique forte et déterminée n'est pas contradictoire avec la prise en compte de la demande, revendiquer qu'il y a plus de vérité dans l'action que dans l'image, dans le faire que dans le paraître. J'ai souligné la prise de conscience simultanée des Français, leur méfiance plus grande à l'égard des trucs et des recettes de la médiatisation. « Où sont les caméras ? », disent les hommes politiques. « Qu'y a-t-il derrière l'image ? », répondent les citoyens. Ces derniers se jouent des systèmes dominants, celui de la télévision qui perd chaque année en crédibilité, celui des sondages, outil qu'ils manipulent parfois pour ne pas être manipulés par lui.

Me serais-je trompé ? Serions-nous toujours sous la domination impérative de l'image, celle du cerveau des émotions contre celui des analyses et des faits ? Trop d'image ne tuerait pas l'image. François Mitterrand avait tort lorsqu'il déclarait : « Un look, ça s'épuise vite », et Philippe Sollers aurait eu raison d'écrire dans le *Journal du dimanche* du 26 novembre 2006 : « Avec Ségo, immaculée conception, divine surprise, la France ressuscite et prend indubitablement le leadership mondial de l'image, c'est-à-dire désormais du réel. » Réduire le leader à une image agréable, soignée, apaisante, non seulement ne viderait pas de son sens sa relation avec les citoyens mais la sublimerait. L'objectif serait non plus de voir un chef nous entraîner, nous aider à choisir les enjeux, à trancher, à décider, à affronter les vents contraires mais à être comme nous, au milieu de nous, avec un besoin absolu d'être écouté, un désir infini de connexion, d'une présidence branchée, participative, interactive. C'est ce que Jean-Louis Missika traduit d'une façon plus intellectuelle : « Un espace public décloisonné où information, délibération et mobilisation politique pourront nourrir la démocratie. » Marcel Gauchet, philosophe et historien, se pose les bonnes questions dans *Libération* du 28 novembre 2006. Il n'exclut pas que Ségolène Royal trace un chemin nouveau et que les Français, rejetant tellement la politique traditionnelle, soient prêts au « saut dans l'inconnu ». Il se demande néanmoins si la candidate socialiste pourra tenir jusqu'à l'élection « en se contentant de lancer des signaux d'opinion et d'indiquer des voies », et si la gauche s'étant « toujours différenciée de la droite par son ambition programmatique », Ségolène Royal pourra échapper « à cette logique de l'offre ».

Dans la perspective de l'élection de 2007, les politologues distinguent deux profils de présidentiables : le modèle de la représentation, du bouclier, de l'arbitre qui incarne la France, et le modèle de l'action, celui d'un président qui s'engage, prend des risques, mobilise et entraîne, s'occupe en direct des Français.

Dans l'hypothèse que je viens de décrire, Ségolène Royal inventerait à elle seule un nouveau modèle présidentiel, celui de « Ségolènet », grande prêtresse de l'animation du débat public, supermédiatrice médiatisée des émotions, des pulsions et des impulsions de la société, facilitatrice plus qu'actrice, la créature enfin incarnée au sommet de l'Etat de la prophétie la moins connue de Mac Luhan : « Un monde flou de simultanéité générale. »

Il est temps de conclure. Dans mon esprit, le mirage s'estompe. Contrairement à Régis Debray[1], je ne crois pas que « la recherche éperdue du contact va emporter avec elle la quête du contrat », ni que « l'alimentation des flux socioculturels va se substituer à la définition et à la conduite des politiques publiques ». Ségolène Royal traduit un symptôme. Jamais les Français n'ont eu davantage besoin d'être écoutés mais, en même temps, jamais ils n'ont été mieux informés, plus lucides. C'est bien pourquoi, elle ne constitue pas le remède. La politique par la preuve, ça n'est pas seulement parler vaguement à l'opinion de ses problèmes, c'est être jugé capable de faire quelque chose pour les résoudre.

Une dernière donnée essentielle conforte mon analyse. C'est le déterminant historique. Il s'est appliqué aux cinq présidents de la Ve République. On parle beaucoup ici et là, pour caractériser l'élection présidentielle, de la rencontre entre un homme et un peuple. C'est une évidence puisqu'une majorité de Français va choisir son représentant. Mais cette rencontre ne s'improvise pas. En s'inspirant de Coluche, on dirait que ça n'est pas « l'histoire d'un mec » qui se réveille le 12 mars en disant qu'il a rendez-vous le 22 avril avec le peuple français. C'est une longue maturation, un véritable parcours initiatique. Le pays choisit toujours un candidat qui a mûri pour exercer la fonction, a assumé des responsabilités le mettant aux prises avec les enjeux essentiels de la nation, a occupé la scène, qui est monté sur le ring, a pris des coups, traversé des crises, connu des échecs, surmonté des épreuves.

Il y a dans ce choix une certaine idée de la justice, du rapport au temps, à l'investissement démontré. Face à la fonction suprême, Nicolas Sarkozy est un leader testé dans la durée, Ségolène Royal une fleur éclose au printemps 2006.

1. *L'Etat séducteur*, Gallimard, 1993.

Jacques Séguéla, je le sais, ne conteste pas cette démonstration, mais rétorque que le temps des femmes bouscule aujourd'hui l'histoire. Je crois que cette évolution est déjà derrière nous. Il faut remonter 15 ans en arrière pour voir les Français, en termes d'opinion, faire encore la différence entre un homme et une femme pour exercer une fonction politique. Ce qui les caractérise aujourd'hui, c'est leur indifférence à l'égard du sexe du leader. Appliquer la parité, c'est juger de la même manière un leader politique, qu'il soit un homme ou une femme. Peut-être même l'abus d'argumentation féministe de Ségolène Royal et sa dénonciation régulière du machisme sont-ils contre-productifs. Il est probable en effet, non en termes d'opinion mais de comportement, que de nombreux électeurs et électrices considèrent que le leadership, l'autorité, la force, la puissance, la stature demeurent des qualités plutôt masculines.

Dans tous les cas de figure, cette dimension historique reste opérante à mes yeux. Elle a conduit à l'élection du général de Gaulle, de Georges Pompidou, de Valéry Giscard d'Estaing, de François Mitterrand et de Jacques Chirac. Elle devrait faire de Nicolas Sarkozy le sixième président de la Vᵉ République.

TABLE

Composition et mise en page

NORD COMPO
multimédia

Achevé d'imprimer en janvier 2007
par ***Bussière***
à Saint-Amand-Montrond (Cher)

N° d'édition : 14132. – N° d'impression : 064553/1.
Dépôt légal : janvier 2007.

Imprimé en France